Georg Mezger

Leben und Wirken eines evangelischen Schulmannes

Georg Mezger

Leben und Wirken eines evangelischen Schulmannes

ISBN/EAN: 9783743458024

Hergestellt in Europa, USA, Kanada, Australien, Japan

Cover: Foto ©Andreas Hilbeck / pixelio.de

Manufactured and distributed by brebook publishing software (www.brebook.com)

Georg Mezger

Leben und Wirken eines evangelischen Schulmannes

Schulrath

Dr. Georg Caspar Mezger,

weiland Rector des Gymnasiums
bei Sct. Anna in Augsburg.

Leben und Wirken eines evangelischen Schulmannes.

Von

Dr. Georg Mezger,

Gymnasialprofessor in Landau i. b. Pfalz.

Nördlingen.
C. H. Beck'sche Buchhandlung.
1878.

Ἤρετό τις αὐτόν · Ἀλλ' ἐπὶ τῷ μήν μέγα φρονεῖς, ὁ Αὐτόλυκε;
Ὁ δ' εἶπεν · Ἐπὶ τῷ πατρί.

(Xenoph Symp.)

Vorwort.

Was mein seliger Vater erstrebt und gewirkt hat,
brauchte ich dankbaren Schülern nicht erst niederzuschreiben;
denn was sie selbst an sich empfunden haben, und was
sie von ihm mit in das Leben hinausgenommen haben,
wiegt die Worte leicht auf, die davon reden. Es ist
mehr als ein bloßes Erinnerungsblatt, das ich ihnen
hier vorlegen möchte. Eigenartige Werke brauchen, um
verstanden zu werden, die Erläuterung durch ihre Geschichte. Daß aber meines Vaters Pädagogik etwas
durchaus Eigenartiges war, weiß jeder, der etwas von
ihr gesehen hat. Nicht hergebrachte und von andern
angeeignete Theorien waren es, nach denen sie sich richtete, sondern das Ergebniß eigener Lebenserfahrung in
einem zwar in bescheidenen Verhältnissen, aber doch nicht
in den gewöhnlichen Bahnen sich bewegenden Leben.
Es war nicht ein ererbtes Kapital, das in ihr arbeitete,
sondern ein durch heißes, mühevolles Ringen mit der
Noth des Lebens erobertes. Denn wenn irgend eines
Menschen Leben, so war das seinige eine Bestätigung

für das Psalmwort: „Wenn es köstlich gewesen ist, so
ist es Mühe und Arbeit gewesen." Ihm fehlten in
seiner Jugend die Schulen und die Lehrer und alle die
Hilfsmittel, die man sonst als selbstverständlich ansieht;
und doch hat sein eiserner Wille sich durch alle Schwierigkeiten hindurchgekämpft und es schließlich seinen Altersgenossen zuvorgethan. „Das macht ihm keiner mehr
nach", so habe ich oft andere von ihm sagen hören,
wenn sie von der Arbeitslast, die er auch in seinen
späteren Jahren noch theils freiwillig, theils unfreiwillig
auf seinen Schultern trug, redeten, obwohl sie nur von
einem kleinen Theile derselben gewußt haben; denn die
ganze Schwere der Bürde, die er auf sich nahm, kennen
nur die Seinigen. Die harte Schule aber, in welcher
diese Kraft und der unbezwingliche Wille, welcher auch
über die Schwächen eines oft sehr leidenden Körpers
Herr zu werden mußte, sich herangebildet hat, hat auch
jene Grundsätze gereift, die seine ganze Unterrichts- und
Erziehungsweise beherrschten. Da hat er gelernt, was
die Jugend bedarf, um feste Grundlagen für die Bildung des Geistes und Herzens zu gewinnen.

Daß er Autodidakt sei, pflegte er selbst hervorzu-
heben, nicht mit dem eitlen Rühmen, wie es solche zu
thun pflegen, die in der Halbwisserei stecken geblieben
sind und den Mangel nicht fühlen, der ihnen damit an-
haftet. Mit diesem sich überschätzenden Selbstgefühl, das
es doch nicht weiter bringt, als bis zum Dilettantismus,
hatte er nichts gemein; es war vielmehr der dankbare
Rückblick auf eine dornenvolle Lebensbahn, die ihn da-

rauf einen Werth legen ließ. Er wußte, wie gut das
Brod schmeckt, wenn man es sich im Schweiß seines
Angesichts erworben hat, und der Trunk aus der Quelle,
wenn man sich über Felsen und Gestrüpp zu ihr durchgearbeitet hat. Dabei hatte er gelernt, daß nicht das
Genießen dem Leben seinen Werth verleiht, sondern das
Ringen und Streben. Das gab auch seiner Pädagogik
den Grundton. Ihm war die Bildung mehr als ein
glänzendes Kleid, das man der Jugend umhängt, daß
sie darin einherstolziere. Ein Mann, ein rechter, ganzer
Mann zu werden und sich Bahn zu brechen zu den
wahren Reichthümern des Lebens, das wollte er sie
lehren.

Nicht eine Musteranstalt, welche die Augen auf sich
zöge, sollte die Schule von Sct. Anna sein, der er vorstand. Gerade zu jenen Erziehungs- und Unterrichts-
anstalten, die mit glänzenden Erziehungsresultaten zu pa-
radieren pflegen, stand die seinige im schärfsten Gegensatz.
Ihm galt es den Kern, nicht die Schale. Das äußere
Ansehen war ihm ziemlich gleichgiltig; aber was Kopf
und Herz der ihm anvertrauten Jugend aus der Schule
mitfortbrächte, das war ihm stets heilige Sorge und Ge-
wissenssache. Ohne selbstgefälliges Vordrängen hat das
Werk dennoch den Meister gelobt; es hat ihm den Dank
zahlreicher Schüler, Ansehen, Achtung und Vertrauen ouch
in weiteren Kreisen erworben, und wenn einer die Geschichte des bayrischen Schulwesens in den letzten fünfzig
Jahren schreiben wollte, so könnte er den Namen meines
Vaters nicht umgehen.

In seinen letzten Lebensjahren hat er selbst den Vorsatz geäußert, sein Leben zu schreiben, wenn er Zeit dazu fände. Nicht weil er sich selbst ein Denkmal hätte setzen wollen, sondern weil ihn die reichen Erfahrungen seines Lebens des Niederschreibens zur Lehre für andere werth dünkten. Es ist auch im Hinblick auf seine eigene Entwickelung zu bedauern, daß er zur Ausführung dieses Vorsatzes nicht kam; denn diesen Mangel kann nun niemand mehr ergänzen. Ueber seine pädagogischen und didaktischen Grundsätze könnten die Rectoratsacten von Sct. Anna, die Gutachten, die er den vorgesetzten Stellen erstatten mußte, und seine Schulreden manchen Aufschluß geben. Aber es würde damit doch nur ein Theil seines Wesens erschlossen, und nicht der wichtigste; es wären nur einzelne Früchte von einem Baume, der mehr noch, als durch sie, durch den starken Stamm und den kräftigen Wuchs seiner Aeste und Zweige bemerkenswerth war. Woher aber die Wurzeln für das schwache Stämmchen einst jenen Lebenssaft gesogen hatten, und woher sie später den Baum nährten, das entzog sich den Blicken der andern, und davon redet kein schriftliches Material; davon wußte nur er selbst ganz, und die Seinigen das, was sie aus seinem Munde gehört und von seinem Leben gesehen haben.

Ist es nun auch nicht möglich, ganz zu ersetzen, was er selbst geboten hätte, so wird doch der Versuch, sein Leben zu schreiben, wie ich hoffe, Billigung finden. Nur von einem der Nächststehenden konnte er gemacht werden. Denn auf Erinnerungen, und zwar vielfach auf

solche, welche nur in diesem engsten Kreise vorhanden
sein können, mußte er sich hauptsächlich stützen. Daß
unter solchen Umständen die Darstellung eine etwas sub-
jective Färbung bekommen muß, ist selbstverständlich und
bedarf kaum einer Entschuldigung. Persönlich Empfun-
denes darf sich auch als solches geben; ja es kann oft
gar nicht anders. Aber vielleicht will es manchem schei-
nen, ich sei darin zu weit gegangen, und es dränge sich
die eigene Person zu sehr in die Darstellung herein, da
ich durchgängig von „meinem Vater" spreche, statt einfach den Namen dafür zu setzen. Ich weiß wohl, daß
es anderen in ähnlichem Falle gelungen ist, die eigenen
persönlichen Beziehungen zurücktreten zu lassen und wie
Unbetheiligte von einem Fernerstehenden zu reden. Diese
Art der Darstellung, welche den Eindruck größerer Ob-
jectivität macht, hätten manche vielleicht auch hier für
wünschenswerther gehalten; aber sie wäre in diesem Falle
gar nicht möglich gewesen. Denn man vergesse nicht,
daß es etwas anderes ist, aus Tagebüchern und Briefen
oder sonstigen Aufzeichnungen eine Biographie zu schreiben, und etwas anderes, den Stoff dazu aus seinem
Gedächtniß zu nehmen und ein Bild zu zeichnen, das
vorher nur im Herzen wohnte. Im letzteren Fall kommt
es ganz wesentlich darauf an, welches die persönlichen
Beziehungen waren, in denen der Darstellende zu dem
Geschilderten stand; sie können da gar nicht aus der
Schrift verschwinden. Es sind nur zum geringsten Theile
die Papiere meines Vaters gewesen, aus denen ich schöpfen
konnte: anderes haben mir Freunde, die ihm in seinen

jüngeren Jahren näher standen, mitgetheilt; einiges habe ich selbst gesehen und miterlebt; das Meiste aber stammt aus dem mündlichen Vermächtniß des Vaters an seine Kinder. Nicht als Material zu einer künftigen Biographie, sondern um ihrer selbst willen zum eigenen, persönlichen Besitz hat er aus dem Schatze seiner Lebenserfahrungen ihnen oft und reichlich mitgetheilt, was er eben nur in ihre Herzen niederlegen mochte. Wenn ich nun daraus entnehme, was sein Wirken auch in weiteren Kreisen erläutern kann und sein Bild lebendig erhalten soll, so schöpfe ich aus einem theuern Erbtheil, dem ich nicht als ein Fremder mich gegenüberstellen kann. Der, welcher es uns hinterlassen hat, war mir, und muß es auch in dieser Schrift bleiben, „mein Vater". Ihre Form würde mit ihrem Inhalt in Widerspruch gekommen sein, wenn ich von dieser Bezeichnung abgegangen wäre. Nicht Unbescheidenheit ist es, die mich sie wählen ließ, sondern im Gegentheil der Wunsch, daß die Schrift nicht als etwas Anspruchsvolleres erscheine, denn als das, was sie sein will, der Bericht eines Sohnes.

So mögen denn diese Blätter hinausgehen in die Oeffentlichkeit, einstigen Schülern ein Andenken an ihren Lehrer, in weiteren Kreisen ein Zeugniß für pädagogische Grundsätze, an deren Richtigkeit es nichts ändert, daß man sie zeitweise vergessen hat. Das eigene Leben des Mannes, der sie ein halbes Jahrhundert in der Schule vertreten hat, ist ein Beweis dafür, daß sie aufwärts führen in die Höhen wahrer humaner Bildung. Möge es denn auch jetzt noch, wo es abgeschlossen vor uns liegt, Segen stiften und in einer Zeit, wo man so viel davon redet, wie man sich eine Stellung im Leben, Ehre und Reichthum erwirbt, andere lehren, wie man sich Lebensgehalt erwirbt und zu edlerem Dasein aufschwingt!

Landau, im October 1877.

G. M.

1.
Steile Wege zu freien Höhen.

In dem anmuthigen Thale der Wörnitz, wo sie sich dem
Theile des fränkischen Jura nähert, der Hahnenkamm heißt,
liegt nicht ferne von dem Fuße des die ganze Gegend beherr-
schenden Hesselbergs das Städtchen Wassertrübingen, schon Wolf-
ram von Eschenbach wohlbekannt als Sitz der Grafen von
Truhendingen und später Grenzort der Markgrafschaft Ansbach
gegen das Land der Fürsten von Oettingen, deren herrlicher
Forst das Thal umsäumt. Schon seit dem Jahre 1702 waren
unsere Vorfahren als Bürger dort ansässig; als mein Vater am
23. Januar 1801 geboren wurde, stand es unter preußischer
Herrschaft. Sein Vater, Georg Dietrich Mezger, war Maurermeister und Steinmetz. Ein Mann von freiem Blick für das
Leben, den er sich in seinen jüngeren Jahren auf weiten Wan-
derungen durch Norddeutschland, Dänemark und Schweden erworben hatte, stand dieser bei seinen Mitbürgern in Ansehen,
war aber immer in bescheidenen Vermögensverhältnissen geblieben, und obwohl er den Meißel in einer Weise zu führen verstand, die über die Geschicklichkeit des gewöhnlichen Handwerkers
hinausgieng, so war er dochgenöthigt, auch noch einigen Feld-
bau zu treiben, um seine Familie zu ernähren. Mein Vater
ist später nie in seiner Heimat gewesen, ohne daß er die Aecker
und Wiesen wieder aufgesucht hätte, wo er in seiner Jugend
mit Hacke, Rechen und Heugabel tapfer hat mitarbeiten müssen;
und für die Landwirthschaft hat er sein Leben lang ein ebenso

großes Interesse behalten, wie sein Herz warm schlug für den
Bauernstand. So prägte ihm schon die früheste Jugend die
Lehre ein, daß Arbeit des Lebens Würze sei. Und daß nicht
erst seine fleißigen Eltern diese Wahrheit zu beherzigen ange=
fangen, sondern sie schon als Erbe von den ihrigen überkommen
hatten, lehrte ihn eine Inschrift, die sein Großvater mit golde=
nen Buchstaben an die Stubenthüre hatte malen lassen. In den
verschnörkelten Zügen des vorigen Jahrhunderts las man hier:

Langweiliger Besuch macht Zeit und Zimmer enger;
O Himmel, schütze mich vor jedem Müßiggänger!

Dieser Vers hat auf ihn in seiner Kindheit großen Ein=
druck gemacht, und uns Knaben hat er später noch davor hin=
geführt und uns eingeschärft, daß einem der Müßiggang ein
Greuel sein müsse. Obwohl niemand daran dachte, ihn zu einem
anderen Berufe ausbilden zu lassen, als dem einfachen, bürger=
lichen seines Vaters, scheint er doch schon in der Volksschule
durch seinen Fleiß und sein Talent seine Lehrer auf sich auf=
merksam gemacht zu haben. Denn bei seiner Confirmation
wählte der Pfarrer, als er ihm den Segen Gottes auf das
Haupt legte, den Spruch: „Welchem viel gegeben ist, von dem
wird man viel fordern.“ Im Städtchen gab es zwar eine so=
genannte Rectoratsschule, in der ein Geistlicher auch die ersten
Anfangsgründe des Lateinischen lehrte. Mein Vater hat sie
auch besucht; aber es war sehr wenig dort zu holen, und über=
dies wurde sie, als er im dreizehnten Lebensjahre stand, auf=
gelöst. Ihn auf eine auswärtige Schule zu schicken, hätten die
elterlichen Mittel nicht erlaubt; die zahlreicher werdende Familie,
in der auf ihn, den Erstgeborenen, noch drei Brüder und eine
Schwester gefolgt waren, legte vielmehr den Wunsch nahe, den
Aeltesten so bald als möglich in den Stand zu setzen, sich selbst
sein Brod zu verdienen. So wurde er denn nach seiner Con=
firmation Lehrling im Geschäfte seines Vaters. Nur kurze Zeit
führte er indessen Hammer und Kelle. „Seht euch den Kirch=
thurm an,“ sagte er zu uns Knaben, als er uns einst vom

Hesselberg herunter durch das Dorf Röckingen führte, „den habe ich decken helfen; da droben bin ich gesessen, als mein Leben die entscheidende Wendung nahm." Während er nämlich mit den Gesellen seines Vaters an der Reparatur des schadhaften Daches arbeitete, kam ein Bote des Rentamtmannes, der einen Schreiber zur Aushilfe brauchte und auf ihn seiner schönen Handschrift wegen sein Auge geworfen hatte. Nur einige Tage sollte die Aushilfe dauern, zu welcher der angehende Maurerslehrling bereitwillig abgetreten wurde; aber er erwies sich als brauchbar, und so wurde er denn auf Wunsch des Amtsvorstandes für die Dauer dort gelassen und zum Schreiber bestimmt.

Obwohl nun schon dem Königreich Bayern einverleibt, hatte damals das Fürstenthum Ansbach doch noch sein eigenthümliches Gepräge. Die Traditionen der mehrhundertjährigen Geschichte unter den Hohenzollern, die dort bis heute nicht erloschen sind, lebten nicht bloß unter der durchaus protestantischen Bevölkerung, die ihr altes Herrscherhaus nicht gerne vergaß, sondern auch in dem Beamtenthum, das eben erst aus preußischem in bayrischen Dienst getreten war, noch frisch fort. Die Eindrücke der Knabenzeit sind in meinem Vater auch in dieser Hinsicht tiefe und nachhaltige gewesen. Nur mit großer Achtung redete er stets von der strengen Pünktlichkeit und Pflichttreue, die er an jenen Beamten sah; denn die meisten blieben im Orte auch nach der Uebergabe an Bayern. Auch von denen, welche nach Preußen zurückgiengen, hat er manchen in lebhafter Erinnerung behalten, wie er z. B. von dem damaligen Kreisdirektor von Lüttwitz, dessen energisches Auftreten in mancher Bedrängniß des Städtchens während jener Kriegszeiten ihm gewaltig imponierte, immer nur mit der größten Achtung sprach. Die Zurückgebliebenen lernte er aber nun auf der Schreibstube kennen, und es hat das Pflichtgefühl, das ihn in seinem ganzen Leben auszeichnete, und dem er jedes Opfer zu bringen fähig war, wohl hier schon kräftige Nahrung erhalten. Es saßen außer ihm noch andere Altersgenossen als Schreiber in der

Rentamtscanzlei; sie sind alle tüchtige Männer geworden und haben gerne zurückgedacht an die Zeit ihres damaligen Zusammenseins. Nur einer ist in der Heimat geblieben; die drei anderen, Söhne eines benachbarten Pfarrers, haben sich den Weg gebahnt zu Stellen des höhern Staatsdienstes; die Freundschaft mit ihnen allen ist treu gepflegt worden bis in das Greisenalter.

Man war auf dem Rentamte wohl zufrieden mit den Leistungen des jungen Schreibers. Das ehrenvolle Zeugniß, das er bei seinem Abgang nach mehreren Jahren erhielt, und das noch unter seinen Papieren sich befindet, bestätigt es. Und doch war der von ihm ungesuchte Beruf kein befriedigender. Zwar war es für ihn wohlthuend, die Sorgen der Eltern durch diese seine Verwendung erleichtert zu wissen, und selbst die Aussichten für die Zukunft waren keine abschreckenden; es war damals auch ohne Gymnasial= und Universitätsbildung möglich, von der Schreibstube aus vorwärts zu kommen, und gewiß wäre das seiner Tüchtigkeit gelungen, wie seinen gleichalterigen Freunden. Aber es regte sich in ihm ein ganz anderer Trieb, der an der äußerlichen Thätigkeit des Kanzleilebens kein Gefallen fand; er fühlte, daß Geist und Herz eine andere Nahrung brauchten, wenn er auch deren Quelle noch nicht kannte. Es ist bezeichnend, daß er in seinen Freistunden die alten Akten, die aus der Zeit des dreißigjährigen Krieges stammten, zusammensuchte, um sie vor dem Untergang zu bewahren. Als er nach Jahrzehnden wieder auf das Rentamt kam, vergaß er nicht, sich nach ihnen umzusehen, und es that ihm Leid, daß sie nicht mehr aufzufinden waren. Man kann kaum voraussetzen, daß er damals schon das richtige Verständniß für den Werth derartigen geschichtlichen Materials hatte; aber diese Aufmerksamkeit auf Dinge, an denen die anderen vorbeigiengen, zeigt seine Achtung vor höheren geistigen Beschäftigungen und seine Sehnsucht darnach. So verwendete er auch seine Ersparnisse zur Anschaffung des damals erscheinenden Brockhaus'schen Conversationslexicons; bei seiner schmalen Einnahme eine nicht geringe Ausgabe. Nicht der eitle Wunsch, zu den sogenannten Gebildeten gezählt zu werden, sondern wirklicher Bildungstrieb beseelte ihn dabei. Daß die Bildung den Schulunterricht zur Voraussetzung hat, der ihm versagt war, lernte er wohl einsehen; wie dieser aber ersetzt werden könnte, das war eine schwierigere Frage. Die Anleitung dazu fehlte ganz, die Zeit fast; denn die Tagesstunden gehörten dem Dienste, und nur die Nachtstunden standen dem Lerntrieb frei; die Hilfsmittel waren schwer zu beschaffen, zumal bei der beschränkten Kasse; und welches die richtigen waren, wer gab da Rath? Aber eines fehlte nicht: der unbezwingliche Wille, dem die äußern Schwierigkeiten weichen mußten. Manche Stunde der Nacht brannte ein ärmliches Licht in dem Zimmer, an dessen Thüre die goldene Inschrift vor dem Müßiggänger warnte, und der Großvater hätte den Enkel, der sich selbst hier im Lateinischen unterrichtete, wenn er ihn gesehen hätte, vielleicht lieber ermahnt, einmal auch ein wenig müßig zu gehen; denn unter der übermäßigen Anstrengung litt die Gesundheit sichtlich. Da trat einmal spät Abends der Vater in das Zimmer, und wie er den bleichen, abgezehrten Sohn hinter seinen Büchern fand, schaute er ihn eine Weile wehmüthig an und entfernte sich mit den Worten: „So ein Schreiber ist doch ein erbärmlicher Kerl." Dieses Wort schmerzlicher Besorgniß aus dem Munde des Vaters sei ihm tief in das Herz gefahren, hat er später erzählt, und von diesem Augenblick an sei ihm der Entschluß unerschütterlich fest gestanden: Du willst und darfst kein Schreiber bleiben.

Es kam ihm wohl der Plan, in einer Stadt, die ein Gymnasium besitze, sich eine Stelle auf dem Rentamt zu suchen, um sich so weiter zu helfen. Eine nach Würzburg gerichtete Anfrage hatte aber keinen Erfolg. So blieb er denn auf sich selbst angewiesen und mußte sich selbst erobern, was andern, die Schulen besuchen können, so leicht gemacht wird, daß sie den Werth des Gebotenen zu schätzen verlernen. Es setzt in Er-

staunen, was er in wenigen Jahren geleistet hat ohne Lehr=
meister, nur in den Stunden, die man sonst nach des Tages
Arbeit der Ruhe gönnt. Seine Kenntniß der lateinischen Sprache,
die ihm so geläufig war, wie seine Muttersprache, ist nicht etwa
nur eine Frucht späterer Arbeit; als er einsam im väterlichen
Hause hinter seinen Classikern saß, hat er ihnen schon abgelernt,
wie sie dachten, und wie sie redeten. Daß ihm Döderlein schon
als jungem Studenten, wie er einmal im philologischen Semi=
nar in Erlangen mit seinem Freunde Hartung disputiert hatte
de Hectore Iliadis deuteragonista, das Compliment machte,
er spreche besser Latein, als er selbst, war ihm eine so werth=
volle Anerkennung, daß er die Aeußerung seinen Kindern mit=
getheilt hat. Die Ausgaben, in denen er die Classiker zum
erstenmale las, sind aber auch sprechende Zeugnisse, wie sauer
er es sich werden ließ, sie zu verstehen und sich zu eigen zu
machen. Virgil's Bucolica und Georgica z. B. waren ihm in
seinem ganzen Leben werth, und er war bis in das Einzelnste
mit ihnen vertraut; ein Blick in die zahlreichen Bleistiftbemerk=
ungen in der Heyne'schen Ausgabe, die er sich von seinem
Schreiberverdienst gekauft hatte, zeigt aber auch den ausdauern=
den Fleiß, der nicht ruhen konnte, bis der Wortschatz, wie der
Inhalt ganz sein eigen war. So pflegen Schüler höherer Lehr=
anstalten die Classiker selten zu lesen, wie er sie durchgearbeitet
hat. Sie wurden ihm aber auch unentbehrliche Gefährten seines
Lebens, und er hat sich nie wieder von ihnen getrennt; selbst
als sich sein gebrechlicher Körper nur mehr mit fremder Unter=
stützung aus dem Lehnstuhl erheben konnte, waren sie in seinen
Händen; Lucan ist die letzte Lectüre in seinem Leben gewesen;
er lag noch aufgeschlagen auf seinem Tische, als er für immer
die Augen schloß.

Auch Griechisch hat er so für sich gelernt. Daß ihm Miß=
griffe nicht werden erspart geblieben sein, läßt sich denken; ist
es ja doch fast unvermeidlich, daß der, welcher sich den Weg
im unbekannten Lande selbst suchen muß, zuweilen auch von der

rechten Richtung abirrt. Wie sehr er aber bestrebt war, was er
etwa verfehlt hatte, später methodisch nachzuholen, zeigen die
Bemerkungen in dem Exemplar von Buttmanns griechischer
Grammatik aus seiner Universitätszeit, das er sich zu diesem
Zweck mit Papier hatte durchschießen lassen.

Er hatte kaum das gewöhnliche Alter überschritten, als
er, ein achtzehnjähriger Jüngling, im Jahre 1819 die Prüfung
in die oberste Gymnasialklasse bei Sct. Anna in Augsburg be=
stand. Das hatte ihm seine Energie in wenigen Jahren er=
möglicht, und auf sie mußte er auch rechnen, wenn er an das
Fortkommen in der Zukunft dachte. Denn Privatunterricht
war es hauptsächlich, der ihm die Subsistenzmittel während des
Jahres verschaffen mußte, das er als Schüler in Augsburg zu=
brachte. Die Fenster des bescheidenen Stübchens an einem der
Lechkanäle, das er mit einem Mitschüler theilte, haben seine
Blicke auf sich gezogen, so oft er in späteren Jahren an jenem
Hause vorübergieng. Es barg ja die Erinnerung an manche
peinliche Sorge, an hartes Ringen mit der Gegenwart und
kraftvolles Streben in Hoffnung auf die Zukunft. Es bestand
damals in Augsburg, wie an anderen bayrischen Anstalten die
Sitte, daß der Schüler, welcher sich in der obersten Classe den
ersten Fortgangsplatz erworben hatte, mit einer silbernen Me=
daille ausgezeichnet wurde. Unter einer großen Zahl von Mit=
schülern wurde in jenem Jahre ihm diese Auszeichnung zu Theil.
Mein Vater ist nie ein Verehrer der Sitte der Schulpreise ge=
wesen und hat später oft, wenn auch vergeblich, seinen Einfluß
für ihre Abschaffung geltend zu machen gesucht. Dennoch hat
er jene Medaille, welche meine selige Mutter aufbewahrte, wenn
sie ihm etwa zufällig in die Hände kam, mit wohlgefälligem
Lächeln betrachtet. Und er konnte und durfte es, auch als ein
Gegner jener verkehrten Belohnung des Schüler=„Verdienstes".*)
Seine Medaille war in Wirklichkeit etwas anderes, als die

---

*) „Dem Verdienste" lautete häufig die Aufschrift der Preisebücher.

sonstigen. Denn in ihr lag der Erfolg von einem Stück Lebens=
geschichte vor ihm, von dessen hartem Ringen unter Hunderten,
die sich diese Medaille ebenfalls „errungen" haben, kaum einer
eine Ahnung hat.

So war denn die langersehnte Bahn erschlossen zum Uni=
versitätsstudium. Noch war kein bestimmter Lebensberuf in Aus=
sicht genommen, und dennoch weckte die erklommene Stufe ein
wohlthuendes Gefühl der Befriedigung. Denn höher und stolzer,
als der Ehrgeiz, wenn er seine eitlen Triumphe feiert, läßt die
sittliche Kraft das Herz schlagen, wenn sie mit ihren Erfolgen
neuen, festen Boden für künftiges Wachsthum unter sich fühlt.
Die drei Jahre von 1820—23, welche mein Vater als Stu=
dent in Erlangen zubrachte, sind für ihn eine Zeit reicher Er=
innerung gewesen, in die sich bis in das höchste Alter seine
Gedanken zurückflüchteten aus dem Drange sorgenvoller späterer
Jahre, wie in ein verlassenes Vaterhaus, in dem man doch noch
heimisch bleibt, auch wenn man längst daraus geschieden ist
und sich sein eigenes gebaut hat. Nicht als ob er dort nur
freundliche Erinnerungen gehabt hätte. Das Drückende der
äußern Lage machte sich ihm zunächst noch fühlbarer als bisher.
Denn zur Beschaffung des Unterhalts war er nun ganz auf sich
angewiesen, da er während des Jahres, das er in Augsburg
zubrachte, den Vater verloren hatte. Er war daher genöthigt,
in den Ferien als Hauslehrer in einer Augsburger Familie,
deren Söhne er schon auf dem Gymnasium unterrichtet hatte,
thätig zu sein. Mit inniger Dankbarkeit hat er dazu immer
an die Erleichterung gedacht, welche ihm durch die Verleihung
eines Mittagstisches im Convict zu Theil wurde. Er hat diese
Wohlthat nie vergessen, und noch steht die Aufregung vor mei=
ner Erinnerung, in welche ihn einmal die schnöde Undankbarkeit
eines einstigen Schülers von ihm versetzte, der ihn in den Ferien
besuchte und dabei seiner Unzufriedenheit über das schlechte Essen,
das man dort bekäme, Luft machte. Eine solche Gesinnung
empörte ihn.

Die Universität scheint zunächst weniger durch die Lehrer auf ihn eingewirkt zu haben, als durch die ganze geistige Umgebung, in die er trat. Welche Fülle von Anregung kam ihm da überall entgegen! Was war das für ein Contrast gegen die Schreibstube und ihre todte und tödtende Arbeit, gegen das enge Zimmerchen im elterlichen Hause und das einsame Studieren der sich selbst überlassenen Hilflosigkeit! Es wehte noch die frische Luft der Freiheitskriege durch die Studentenschaft; mancher der Jünglinge, unter denen er jetzt lebte, hatte noch die Waffen getragen gegen den Erbfeind der Nation. Es hatte das religiöse Leben neuen Aufschwung erhalten; der von Schleiermacher ausgestreute Same fand in den Herzen einer begeisterten Jugend empfänglichen Boden, wie auf den übrigen deutschen Hochschulen, so auch in Erlangen; von den Kanzeln kamen dazu wieder Stimmen, welche mächtiger die Herzen erfaßten, als es der schale Rationalismus der vorausgegangenen Jahrzehnte vermocht hatte. Das wissenschaftliche Streben, der religiöse Ernst, beides durchdrungen von glühender Vaterlandsliebe, die dadurch die rechte Weihe bekam, fanden ihre Stätte in der Burschenschaft, welche den größeren Theil der Studenten zu fröhlichem Leben vereinigte. In ihr fand auch mein Vater den Freundeskreis, in dem ihm so wohl war, und in dem er fortlebte, auch als das Leben die Freunde nach allen Seiten auseinander geführt hatte.

Doch nicht gleich im Anfang. Es bestand eine Studentengesellschaft Concordia, in die er durch die Bekanntschaft mit einigen trefflichen Mitgliedern geführt wurde. Noch als Männer sind ihm Freunde, die er dort gewann, sehr nahe gestanden. Bald aber verließ er die Gesellschaft wieder und zwar in Folge eines Ereignisses, das ich nicht übergehen kann, weil mein Vater es selbst als einen wichtigen Punkt in seiner Lebensgeschichte ansah. Es wurde nämlich eine Fahrt nach Nürnberg veranstaltet, die von den „Füchsen" bezahlt werden mußte. Die zwei Kronenthaler, die er selbst dazu beisteuern sollte, waren für ihn

eine empfindliche, in diesem Augenblick sogar unerschwingliche
Ausgabe; denn er besaß nicht so viel Geld. Ein Student, der
in seiner Nähe wohnte und, ohne ihm äußerlich näher zu treten,
schon seit längerer Zeit auf ihn aufmerksam geworden war,
mußte davon gehört haben. Zu seiner Ueberraschung empfieng
mein Vater von ihm einen Brief, dessen klare und saubere
Schrift schon wie ein Widerschein der herrlichen Gesinnung ist,
die aus ihm spricht. „Obgleich wir", schrieb er ihm, „noch nie,
wie David und Jonathan, einen Freundschaftsbund im An=
gesicht Jehova's geschlossen und beschworen haben, so sind wir
in Ansichten über Freundschaften edleren Sinnes, wie ich glaube,
einander doch nicht so fremd, daß, könnte der eine eines Freun=
des in Rath und That bedürfen, der andere aus Furcht, auf
irgend eine Art mißkannt zu werden, sein theilnehmendes Herz
verschließen müßte." Anknüpfend an die schändliche Fuchsen=
prellerei, von der er gehört habe, „die nicht allein Deinen
finanziellen Verhältnissen, sondern was mehr ist, Deinem Herzen
wehe thun muß, das, wenn mich meine stillen Beobachtungen
nicht sehr täuschen, doch empfänglich ist für den Genuß wahrer,
obwohl häufig verspötelter und von schnöden Söldnern aus
Neid gehöhnter Freiheit", schickte er ihm die zwei Kronenthaler
als ein nach Belieben und Vermögen abzutragendes Darlehen.
Aber dieser großmüthigen Gabe — denn der Freund besaß selbst
nichts Ueberflüssiges — war auch ein warmer Erguß theil=
nehmender Sorge um höhere Dinge angefügt. „Wenn über's
Jahr neue Füchse über dieselbe Folter gespannt werden, kannst
Du, willst Du da als Bursch mitfoltern, an seinem Wechsel
mitsaugen helfen? Nein! Das kannst Du nicht wollen! Was
also weiter thun? Du fragst mich? Aber ich antworte nicht,
sondern verweise Dich an die Stimme, die in Deinem Innern
spricht; die höre und säume keinen Augenblick, ihr zu gehor=
samen, und ob angesehene Bursche, ob burschikose Freunde über
solchen Gehorsam lächeln und Deinen Rückschritt mit Entziehung
ihrer Freundschaft strafen; das wird Dich nicht kümmern; denn

die Wahrheit wird Dich frei machen und auf alle kleinlichen
Mißverhältnisse mit demüthigem Stolze darniederblicken lehren"
u. s. w. Mein Vater war kein Freund vom Aufbewahren der
Briefe. Aber diesen hat er wie ein kostbares Document an=
gesehen und zu seinen wichtigsten Papieren gelegt und nie an=
ders als mit tiefer Rührung in die Hand genommen; denn er
hatte eine Saite in seinem Herzen angeschlagen, die nie wieder
verklungen ist. Daß der Absender von der Stunde an sein
Freund war, an den ihn die herzlichste Hochachtung sein Leben
lang band, brauche ich nicht erst zu sagen. Den Namen des
Edlen, der in der Stille einer Landpfarrei heute noch mit Segen
wirkt, füge ich nur deswegen nicht bei, weil ich seiner Beschei=
denheit nicht zu nahe treten darf. Die Dankbarkeit meines
Vaters nicht nur für den augenblicklichen Liebesdienst, sondern
in viel höherem Maße für die geistige Wohlthat, die ihn auf
den rechten Weg führte, ist ihm ungeschwächt bis zu dem Augen=
blick geblieben, wo das Herz zu schlagen aufhörte, an das sein
Brief rührte.

Vielleicht wäre auch ohne diese Anregung von außen sein
Bleiben in der Concordia nur von kurzer Dauer gewesen; denn
die ihm zunächst verwandten Elemente der Studentenschaft waren,
wie schon erwähnt, in der Burschenschaft vereinigt, der er bald
selbst angehörte. Unter den vielen Banden der Freundschaft,
welche sich für ihn dort knüpften, war das engste dasjenige,
welches ihn mit Höfling, dem nachherigen Professor der Theo=
logie in Erlangen und späteren Oberconsistorialrath in München,
verband. Trotz des verschiedenen Berufs stockte auch im späteren
Leben ihr wissenschaftlicher Verkehr und der Austausch ihrer An=
sichten nie bis zum Tode Höflings. Auch der engere Kreis,
der in brüderlicher Einigkeit mit den beiden Freunden zusammen=
hielt, blieb sich seiner Zusammengehörigkeit das ganze Leben
hindurch bewußt, und die Namen Redenbacher, Strebel, Wild,
Koch, Gebhard, Clöter gehörten für meinen Vater allezeit zu
den werthesten, die er kannte, auch als die wechselnden Schicksale

späterer Jahre ihnen nur mehr spärliches Wiedersehen gönnten. Reiche Anregung kam ihm dazu von anderen Freunden, die zum Theil berühmte Zierden ihrer Wissenschaften geworden sind, wie Stahl und Briegleb, den Juristen, Hase, dem Theologen, Hartung, dem Philologen, Schönbein, dem Chemiker, und anderen, mit denen er hier zusammenlebte. Auch die Freundschaft mit Nägelsbach, dem etwas jüngeren, aber durch seine Gesinnung und Anschauung ihm besonders verwandten Fachgenossen hat hier ihre Wurzeln. Wie gerne erzählte er von den fröhlichen Zusammenkünften in der „Oppelei", von dem Auszug der Studenten nach Altdorf, von dem großen Maskenzug, in welchem die Burschenschaft das heilige römische Reich wieder aufleben ließ, von den Spaziergängen nach Bubenreuth und anderem, oder hörte zu, wenn die lebendige Chronik jener Zeit, Dr. Hertel, der durch seine „Buckeliade" jedem Erlanger Studenten bekannt gewordene „Magister Reimlein", seine Reminiscenzen aus jenen fröhlichen Jugendjahren zum Besten gab. Wer den Kreis jener Erlanger Freunde näher kennen will, findet Ausführlicheres in der pietätsvollen Schrift, mit welcher Hertel die Gefährten seiner Jugend bei dem Universitätsjubiläum 1843 erfreute.

„Ein durch gleiche Geistesrichtung und gleich eisernen Fleiß sich nahe befreundetes Jünglingspaar", — so finde ich dort Höfling und meinen Vater vereint genannt, — ein Urtheil, das mit dem vieler anderer Altersgenossen stimmt, aus deren Munde ich gehört habe, wie sehr sein energisches Arbeiten ihnen imponiert habe. Wie weit der Umgang Höflings von Einfluß war, daß er das Studium der Theologie ergriff, weiß ich nicht. Die Vorträge, die er von den Kathedern zu hören bekam, waren es jedenfalls nicht. Von den damaligen Professoren Bertholdt, Kaiser, Vogel, — auch Winer, der 1823 nach Erlangen kam, hörte er noch, — scheint keiner tiefen Eindruck auf ihn gemacht zu machen; den tiefsten vielleicht noch der Kirchenhistoriker Engelhardt, damals ein junger, angehender Docent. Ich habe ihn wohl mit Achtung von ihren Personen, aber nie mit Begeisterung

von ihren Vorträgen reden hören. Die Theologie, welche ihn
anregte, quoll ihm vielmehr aus Schleiermacher's Schriften ent=
gegen, dessen „Christlicher Glaube" zu denjenigen Büchern seiner
Bibliothek gehörte, denen man ansah, wie fleißig er sie einst
durchstudiert hatte, und die Herzensnahrung evangelischen, leben=
digen Christenthums holte sich zugleich mit ihm gar mancher
Student an den Sonntagen in der deutsch reformierten Kirche,
auf deren Kanzel damals Krafft stand, der ihnen allen ein un=
vergeßlicher Lehrer und vielen ein geistlicher Vater geworden ist.
Seines Vaters Wunsch war gewesen, daß er sich dem Studium
der Jurisprudenz zuwenden sollte. Aber das lief ganz seiner
eigenen Neigung entgegen. Mit der Amtsstube hatte er ein für
allemal gebrochen. So wenig er den Werth der Jurisprudenz
als Wissenschaft verkannte oder unterschätzte, so hatte für ihn
doch jede Bureauthätigkeit einen Beigeschmack von dem Schreiber=
thum, dem er mit so harter Mühe entronnen war. Es blieb
ihm diese Abneigung auch im spätern Leben, und er machte aus
ihr nie ein Hehl. Für ihn floß die Lebensquelle anderswo,
und sie war ihm zu theuer und werth, als daß er in die ver=
lassenen Verhältnisse hätte zurückkehren mögen, wenn auch jetzt
mit der Aussicht auf eine höhere Thätigkeit; das wäre ihm so
viel gewesen, als die glücklich gesprengten Fesseln sich von neuem
schmieden. Es war ihm eine Beruhigung, daß er mit seinem
Vater vor dessen Tode noch darüber hatte sprechen können, und
dieser Vertrauen genug zu der Energie seines Sohnes gezeigt
hatte, ihm die Wahl des Berufs ganz frei zu stellen.

Aber auch zur Theologie trieb ihn nicht die Absicht, im
geistlichen Amte sich den Wirkungskreis für das Leben zu suchen.
Die Zeit, seine Umgebung, und vor allem der innere Drang,
der überhaupt festen Boden für den innern Menschen suchte,
führte ihn zu ihr. Daß das Feld seiner Berufsthätigkeit die
Philologie sein müsse, darüber hatten Neigung und Lebensgang
schon entschieden. Denn mit und an dem classischen Alterthum
hatte er sich losgerungen von dem ärmlichen Dasein beschränkter

Verhältniſſe, an und mit ihm ſich emporgehoben zur Höhe
geiſtiger Freiheit. Und gerade hier kam ihm die Anregung
eines Docenten entgegen, die ſeiner Begeiſterung und ſeinem
Wiſſensdrang die nachhaltigſte Förderung gewährte. Es war
Ludwig Döderlein, um wenige Jahre älter, als ſeine da=
maligen Zuhörer, und erſt das Jahr zuvor nach Erlangen be=
rufen, wo er neben ſeinem akademiſchen Berufe auch das Rec=
torat des Gymnaſiums führte. Die große Gelehrſamkeit, die
geſchmackvolle Art der Behandlung der Claſſiker, die Sicherheit
auf den verſchiedenen Gebieten der philologiſchen Wiſſenſchaft,
die Vertrautheit mit den Schriftſtellern ſowohl nach der ſprach=
lichen, wie nach der ſachlichen Seite, die Fülle von geiſtreichen
und anregenden Bemerkungen, die jeder ſeiner Vorträge bot,
zog ihn mächtig an. Von Döderlein könne man immer lernen,
auch wenn er Unrecht habe, pflegte er ſpäter zu ſagen. Und
er hörte nicht auf, von ihm zu lernen, auch als er längſt nicht
mehr ſein Zuhörer war. Es waren im Grunde zwei ganz ver=
ſchiedene Naturen, die Döderlein's und die ſeinige. Döderlein
verſtand es, gleich dem römiſchen Dichter, den er uns ſo meiſter=
haft überſetzt hat, die freundliche und behagliche Seite des Le=
bens zu finden. Wenn daher für ihn die Frucht der Arbeit
edler Genuß war, ſo war ſie für meinen Vater, dem der harte
Zwang des Lebens immer nur ſeinen Ernſt gezeigt hatte, vor
allem Nahrung und Kräftigung zu neuem, ernſten Kampfe, den
ihm auch das ſpätere Leben nie erſparte. Darum waren es
auch nachher ganz verſchiedene Principien der Pädagogik, die
ſie beide vertraten, ſo verſchieden, wie griechiſche Erziehung zum
Cultus der Schönheit und römiſche Zucht zum Ernſte der Pflicht;
und die beiden Männer waren ſich deſſen bewußt, und doch ſind
ſie nie im Leben Gegner geweſen. Döderlein hat ſeinem ein=
ſtigen Schüler dieſelbe Zuneigung und Achtung durch ſein ganzes
Leben bewahrt, die mein Vater für ihn im Herzen trug, der
ſtets mit neidloſer Freude, nie mit irgend welcher Eiferſucht das
Wirken des Erlanger Rectors anſah, obwohl deſſen Anſtalt doch

ein ganz anderes Gepräge hatte als die seinige. Aber was die Hauptsache war, echtes und edles Metall waren sie beide. Das mußten die beiderseitigen Leiter und versagten sich darum die gegenseitige Achtung nicht.

Außer Döberlein boten Heller's Vorlesungen philologische Belehrung. Es ist natürlich, daß sie mit Fleiß besucht wurden; indessen blieb der Eindruck, den sie machten, weit hinter dem der Döberlein'schen zurück. Von den übrigen Lehrern der Universität waren es hauptsächlich zwei, die eine nachhaltige Wirkung übten, Schelling, in dessen Philosophie er sich mit Macht hineinwarf, und Schubert, der durch seine liebenswürdige Persönlichkeit sein Herz gewann. Mit Letzterem hat der Verkehr auch im späteren Leben nie ganz aufgehört. Daß für den Lehrstuhl der Geschichte damals nur sehr ungenügend gesorgt war, hat er oft bedauert. Die eingehende Kenntniß der Geschichte, durch die er sich später auszeichnete, stammt nicht aus den Erlanger Vorträgen, aus denen er keine Anregung zu seinem Studium mitfortnahm.

Nicht ganz ohne äußere Störung lief das Universitätsstudium ab. Das Mißtrauen der Regierungen gegen die „staatsgefährlichen" Tendenzen der Burschenschaft forderte auch in Erlangen seine Opfer, und auch mein Vater mußte den schönen Jugendtraum von der Wiederaufrichtung deutscher Größe und Herrlichkeit, von dem jene Jünglinge zu dem edelsten Streben nach hohen, wenn auch unerreichbaren Idealen sich begeistern ließen, büßen, ohne an strafbaren Ausschreitungen Theil genommen zu haben. Die ihm zugedachte Strafe der Relegation auf ein Semester und achttägigen Carcers wurde ihm indessen wieder erlassen. Schlimmere Erfahrungen aber machte er, als er sich zur philologischen Prüfung meldete. Diese wurde damals am Sitze der Kreisregierungen gehalten, und er mußte sich daher in Ansbach dazu stellen. Auf seine Meldung erhielt er indessen nach langem Warten den Bescheid, daß bei dem Mangel anderer Candidaten dieses Jahr dort keine Prüfung abgehalten

werbe; er solle sich in Würzburg einfinden. Ungesäumt begab
er sich dorthin und traf noch rechtzeitig ein. Aber wie er-
staunte er, als der zum Prüfungscommissär bestellte Kreisschul-
rath ihn sehr barsch abwies und ihm geradeheraus erklärte, er
lasse ihn nicht zur Prüfung zu, weil — er Protestant sei, und
Protestanten etwas darein setzten, die Gesetze der Regierung
nicht zu achten! — ein Vorwurf, zu dem mein Vater auch nicht
den leisesten Anlaß gegeben hatte. Er fügte dem auch noch
persönlich beleidigende Reden bei. Bestürzt über diesen empören-
den Empfang, begab sich mein Vater zu dem Präsidenten, der
den Vorfall sehr bedauerte und ihm versprach, ihn am andern
Tage persönlich in die Prüfung zu führen. Aber ein unvor-
hergesehenes wichtiges Geschäft hinderte diesen daran, und als
er endlich auf sein Bureau kam, vor dem zur festgesetzten Zeit
mein Vater sich eingefunden und den ganzen Vormittag ge-
wartet hatte, sagte er ihm: „Es ist nun zu spät; ich weiß
Ihnen keinen andern Rath, als — verklagen Sie die hiesige
Regierung!" So blieb denn nichts anderes übrig, als wieder
heimzureisen mit gerechter Entrüstung nach der bittern Ent-
täuschung, die für ihn schon empfindlich gewesen wäre, wenn
nur die Zeit und das Geld vergeudet gewesen wäre. Aber für
ihn hieng doch ungleich mehr daran; jener Bureaukrat ahnte
nicht, welche mühsam errungenen Hoffnungen er zu Boden
stampfte. In Erlangen nahm man indessen die Sache noch
ernster; man sah in dem Vorgange eine Beleidigung der protestantischen Landesuniversität und nahm sich des so übel behandelten Studenten an. Die Beschwerde der Universität wirkte
auch mehr, als wahrscheinlich seine eigene Vorstellung genützt
haben würde. Es erfolgte von München ein Bescheid, der das
nun freilich für dieses Jahr nicht mehr vollständig gut zu
machende Unrecht dadurch auszugleichen suchte, daß ihm Dis-
pensation vom letzten Studienjahr ertheilt wurde, damit er sich
jetzt schon der theologischen Aufnahms-Prüfung unterziehen
konnte. Es war zwar bis zu deren Beginn nur noch kurze

Zeit; dennoch machte er von der Vergünstigung Gebrauch und gab so seinem Universitätsstudium den Abschluß. Zwei Jahre später bestand er sodann auch die theologische Anstellungs=prüfung, nach welcher er auch die Ordination empfing. Der philologischen Prüfung unterzog er sich im nächsten Jahre in München.

2.

Eintritt in das Berufsleben.

Die Zeit der Vorbereitung war beendet, das Arbeitsfeld des Berufs lag vor ihm. In einem Briefe aus jener Zeit spricht er sich über die Pläne, die er damals für das Leben hatte, aus: er gedenke im Lehramt zu wirken, so lange er die frische Kraft dazu habe; später aber, wenn die Jahre kämen, wo man sich nach Ruhe und stillerer Thätigkeit sehne, habe er vor, sich in das Pfarramt zurückzuziehen. Er ahnte nicht, daß Jahre der Ruhe überhaupt für ihn nie kommen sollten. Im Pfarramte jedoch ist er thätig gewesen, aber nicht am Ende, sondern am Anfang seines Berufslebens. Der Vater seiner Freunde in der Wassertrübinger Rentamtscanzlei, Pfarrer Bocke, lag krank, und für ihn versah er als Vicar das Amt, bis der Tod des würdigen Mannes diese Aushilfe überflüssig machte. Dreißig Jahre später zeigte er mir einmal das Dorf Hechlingen aus der Ferne, und es wachten jene Erinnerungen wieder in ihm auf. „Was mag ich damals den Bauern geprebigt haben!" fügte er lächelnd bei; „damals beherrschte mich ganz und gar Schelling's Philosophie."

Diese Philosophie begleitete ihn nun auch nach Augsburg, wo er eine Hofmeisterstelle in dem Hause des Fabrikbesitzers Karl Forster antrat, das ihm schon von früher her ein bekannter und werther Aufenthaltsort war. Zwar fand diese Thätigkeit bald ein Ende, weil er noch vor Umfluß eines Jahres Ver=

wendung am Gymnasium bei Sct. Anna, zunächst als Hilfs=
lehrer, bekam. Aber die Anhänglichkeit an dieses Haus, in dem
man ihm schon als Schüler mit Freundlichkeit und Vertrauen
entgegengekommen war, und insbesondere an den Vater seiner
Zöglinge, der ihn überlebt hat, ist bis an seinen Tod unver=
ändert geblieben. Es war für ihn sehr erwünscht, daß gleich=
zeitig mit ihm einer seiner nächsten Freunde aus der Burschen=
schaft, Rebenbacher, ebenfalls eine Hofmeisterstelle in Augsburg
antrat. Begeistert für die gleichen Ideale und sich nahe ge=
rückt durch die gemeinsamen Universitätserinnerungen, theilweise
auch schon durch die Aehnlichkeit des frühern Lebensgangs, —
denn auch Rebenbacher, ursprünglich zum Kaufmann bestimmt,
war erst später zu den Studien gekommen, — schlossen sie sich
auf das Innigste an einander. Und dennoch zeigte sich gerade
jetzt eine tiefe Verschiedenheit der Ansichten, welche ihnen um
so mehr zum Bewußtsein kam, je weiter sie auf den zwar von
dem gleichen Mittelpunkt aus, aber nach verschiedener Richtung
eingeschlagenen Wegen fortschritten. Was sie in Erlangen ein=
gesogen, war in Gährung und rang nach Klarheit, schien aber
zu ganz verschiedenem Resultate zu führen. Auf ihren gemein=
samen Spaziergängen wurden die philosophischen und theologi=
schen Erörterungen immer lebhafter und erregter und ließen
ihnen den Unterschied ihrer Ansichten als einen immer weiter
zwischen ihnen klaffenden Spalt erscheinen. Da trat ihnen un=
vermuthet ein Mann nahe, der für beide von durchschlagendem
Einflusse wurde, mit meinem Vater aber bald auf das Innigste
für das ganze Leben verkettet wurde, so daß den einstigen
Schülern des Sct. Anna=Gymnasiums mit der Erinnerung an
meinen Vater immer auch sein Bild zugleich aufsteigen wird.
Es war August Bomhard, erst seit kurzem Pfarrer bei Sct.
Jakob in Augsburg, wohin er von einer Landpfarrei im Alt=
mühlthale berufen worden war. Wer in späteren Jahren die
imponierende Gestalt des Mannes sah, die ein Ausdruck der
innern Würde war, wer einmal die Gewalt seiner Rede als

2*

Zuhörer an sich erfuhr, wie sie nur selten von der Kanzel er=
schallt, wer seinen hochgebildeten Geist und sein tiefes Gemüth
aus dem Verkehre mit ihm kannte, der ahnte nicht, daß es An=
fangs nur ein kleines Häuflein war, das den Werth des Mannes
erkannte und zu schätzen wußte. Auf die beiden Freunde jedoch
machte gleich die erste Predigt, die sie von Bomhard hörten,
einen überwältigenden Eindruck. Hier sprudelte in reicher Fülle
eine Quelle echten Lebenswassers, und die herrliche Form, in
der die Gedanken zur Erscheinung kamen, zeigte zugleich die
an den classischen Studien, wie an der neuen Literatur gereifte
Bildung. Sie begaben sich nach dem Gottesdienst in die Sacri=
stei und stellten sich Bomhard vor. Der Verkehr, der damit
eröffnet war, lehrte auch Bomhard bald, daß er hier geistes=
verwandte Elemente vor sich hatte, an die er sich mit Freuden
und innig anschloß. So war eine Freundschaft begonnen, die
nur der Tod lösen konnte. Der um zehn Jahre ältere Freund
war für meinen Vater ein Stück seines eigenen Daseins, und
wiederum war er selbst für Bomhard ein Halt in manchem
Sturm des Lebens. Ihrem gegenseitigen Verhältniß haben sie
selbst den rechten Ausdruck gegeben in den Gratulationsschriften,
mit denen sie sich bei ihren Amtsjubiläen in den Jahren 1849
und 1865 gegenseitig begrüßten.

- Die Meinungsverschiedenheit mit Rebenbacher prägte sich
indessen immer schärfer aus, so daß sie zuletzt die Freundschaft
ganz zu sprengen drohte. Die beiden Universitätsgenossen, die
bisher in der Gemeinschaft des Strebens das Band ihrer Ver=
einigung gesucht hatten eingedenk des sallustianischen Worts:
idem velle atque idem nolle, ea demum firma amicitia est,
verzweifelten zuletzt daran, sich noch verständigen zu können.
Schon hatten sie sich auf einem Spaziergange den Rücken ge=
kehrt mit dem Vorsatz, ihrem Streite, aber auch ihrem Verkehr
ein Ende zu machen; da rief Rebenbacher dem Freunde nach:
„Wollen wir schriftlich noch einmal den Versuch machen, ob
wir uns nicht verstehen können; Bomhard soll dann unser

Schiedsrichter sein!" Der Vorschlag wurde gerne angenommen, und die Schriftstücke, die nun entstanden, — drei philosophische Erörterungen Redenbachers und zwei Erwiderungen meines Vaters, — sind von diesem aufbewahrt worden, weil sie ihm selbst ein Durchgangspunkt zu neuer Erkenntniß geworden sind. Die Durchsicht derselben zeigt mir, daß zwar die Ueberlegenheit der philosophischen Durchbildung und der dialektischen und logischen Schärfe auf der Seite meines Vaters war, Redenbacher aber früher auf den festen Boden gelangt war, auf dem sie beide nachher ihren Lebensgrund gefunden haben. Als fünfundzwanzig Jahre später Bombard meinem Vater bei seinem Jubiläum eine Festschrift der Augsburger Geistlichen überreichte, die er mit einer meisterhaften Anrede begleitete, wie sie nur aus seinem Munde floß, erwiderte ihm tief gerührt mein Vater mit dem Hinweis auf ihre persönlichen Beziehungen, und: „O jenes utinam, lieber Freund, es hat gewirkt!" setzte er bei und umarmte ihn, und die Anwesenden waren ergriffen von den Thränen beider Freunde vor ihren Augen, ohne daß sie wußten, was sie zu bedeuten hatten. Dieses Wort hatte nämlich Bomharb bei jenem Schriftenwechsel einmal an den Rand geschrieben; und es hatte dem jüngern Freunde die Augen geöffnet und war ihm die Mahnung zur Umkehr auf dem Irrweg geworden.

Das Suchen nach christlicher Erkenntniß, das soeben in dem philosophischen Fahrwasser Schiffbruch gelitten hatte, fand unerwartete und besser befriedigende Anregung in einem Kreise, der fern war von theologischer Gelehrsamkeit, aber in anspruchsloser Stille einen köstlicheren Schatz hütete, der bald vielen anderen zum Segen gereichte. Mit dem Antritt der Lehrstelle am Gymnasium hatte mein Vater ein Zimmer in der Maximiliansstraße bezogen in dem Hause einfacher Bürgersleute. Sein Hausherr Eppelein, ein Hutstaffierer, stand in Verbindung mit der Herrnhuter Brüdergemeinde. Der Geist jener Gemeinschaft war nicht angefressen von dem zersetzenden Rationalismus, der anderswo das Christenthum aus dem Herzen verbannt und in den Kopf verwiesen hatte. Hier las man das Wort Gottes nicht nur fleißig, sondern man suchte darnach zu leben. Die Gemeindeglieder in der Diaspora suchten sich davor zu bewahren, daß sie den Zusammenhang mit ihrer Gemeinde nicht verloren, und es kamen daher häufig Brüder von auswärts zum Besuch in das Eppelein'sche Haus, das aber auch einen lebhaften Zuspruch von anderen gleichgesinnten Gästen aus Süddeutschland bis nach Basel hin und vom mittleren Rheine her, sowie aus dem Wupperthal hatte. In der alten Hauptstadt Schwabens fehlte es nicht an Boden, auf dem eine warme und herzliche christliche Richtung Wurzel schlagen konnte, die nicht an den Schranken der Confession hängen bleibt, wie denn selbst gläubige Katholiken sich jenem Kreise näherten. Die Neigung zu einem subjectiven Christenthum liegt ja ohnedies im schwäbischen Volkscharakter und hat auch der evangelischen Gemeinde in Augsburg ihre Eigenthümlichkeit gegeben. So schloß sich denn mancher von den Stillen im Lande dem Eppelein'schen Hause an, meist einfache Leute aus der Bürgerschaft, die sich nicht befriedigt fühlten von der schalen Aufklärung, die so lange auf den Kanzeln herrschte und die Kirchen veröbete. Als dann Bomhard's Predigt auf einmal wie ein Weckruf zu neuem Leben von der Kanzel zu Sct. Jakob erscholl, fielen ihm diese Elemente mit Freuden zu. So ist das Eppelein'sche Haus der Ausgangspunkt für die Erneuerung des kirchlichen Lebens in Augsburg geworden. Der Aufenthalt in diesem Hause, in das bald auch Nebenbacher einzog, brachte es von selbst mit sich, daß die Freunde sowohl mit der trefflichen Familie ihres Hausherrn, als mit jenem weitern Kreise in Berührung kamen. Manchen Freund und manche Anregung für das eigene Herz haben sie hier gewonnen. Ich brauche kaum beizufügen, daß sie sich beide nicht weiter in diese Strömung hineinbegaben, als es sich mit einem gesunden christlichen Leben verträgt. Denn, wie es nicht anders sein konnte, entwickelte sich in jenem Kreise

mit der Zeit auch das Conventikelwesen, das überall da auf=
wuchert, wo sich so eine ecclesiola in ecclesia aufthut, wenn
nicht ein weiterer Blick, höhere Bildung und die daraus her=
vorgehende größere Auffassung des christlichen Gemeinschafts=
lebens einen Damm dagegen bildet, daß die persönlichen reli=
giösen Bedürfnisse zur beengenden Schranke für das Urtheil über
andere werden, die auch das Christenthum ernstlich wollen, wenn
auch unter anderer Form. Daraus entsteht gerade in christlich
angeregten Kreisen so leicht der dem kirchlichen Gemeindeleben
so gefährliche separatistische Geist, der auch in diesem Kreise
später nicht fehlte, wie denn auch eine dieser subjektiven Rich=
tung entgegengesetzte, streng confessionelle aus ihm hervorgegangen
ist. Doch entwickelten sich diese Richtungen entschiedener erst in
der Zeit, als die Gründer jener stillen Gemeinschaft, die eine
Gemeinschaft geworden war, ohne daß sie es hatte werden
wollen, entweder schon unter der Erde schliefen oder aus jenem
Kreise herausgetreten waren und sich in freieren Bahnen be=
wegten.

Weniger zusagend waren die amtlichen Verhältnisse, in die
mein Vater nun trat. Mit dem Schulwesen war es damals in
Augsburg nicht zum besten bestellt; es waren noch ungeklärte
Zustände; und doch war es für meinen Vater wichtig, daß er
in ihnen leben mußte; denn seine pädagogischen Grundsätze
haben sich gerade durch den scharfen Gegensatz zu seiner Um=
gebung gebildet und entwickelt. Zu ihrer vollen Würdigung
wäre es nöthig, die damaligen Zustände genauer zu schildern,
als es mir möglich ist. Schriftliche Aufzeichnungen meines Va=
ters darüber stehen mir nur wenige zu Gebote; aber die Ent=
schiedenheit, mit der er sich jederzeit über den damaligen Rector,
seine Amtsführung und seine Haltung gegen das Lehrercollegium,
sowie über die Leistungen der Anstalt und die an ihr geltenden
Grundsätze der Erziehung und des Unterrichts aussprach, lehrt
sattsam, wie ihm gerade durch die Verkehrtheit, die er vor sich

sah, die Augen geöffnet wurden für das, was der Schule noth=
thut. Es erscheint bei Männern, die auf eigenen Füßen zu
stehen durch das Leben gelehrt worden sind, manches als schroff,
weil die nachfolgende Generation die Hindernisse nicht mehr
kennt, über welche hinweg sie Bahn gebrochen haben, und sie
deswegen unterschätzt. „Das wißt ihr nicht; ich habe unter
Wagner gesehen, was dabei herauskommt", — diese Antwort
aus dem Munde meines Vaters, die er jedesmal in sehr ent=
schiedenem Tone gab, hat manches Bedenken abgeschnitten, das
ich etwa gegen seine Ansicht äußerte.

Vom größten Einfluß für seine ganze Richtung war es
schon, daß das Gymnasium damals ein confessionell gemischtes
war, an dem die Zahl der katholischen Schüler die der evan=
gelischen bei weitem überwog. In den Jahren 1823/24 bis
1827/28 sind in dem Kataloge neben 135 katholischen nur 38
protestantische Abiturienten verzeichnet. Als Augsburg noch freie
Reichsstadt war, hatte es zwei Gymnasien gehabt, das evan=
gelische bei Sct. Anna, eine Stiftung der Reformationszeit, und
das katholische bei Sct. Salvator. Das letztere hörte auf, als
im Jahre 1806 die Stadt an die Krone Bayern gekommen
war; denn die neue Schulorganisation vereinigte die Schüler
beider Confessionen in dem Schulgebäude von Sct. Anna. Von
1807 bis 1828 dauerte diese Vereinigung; seit dem letzteren
Jahre hat die Stadt wieder zwei getrennte Gymnasien, wovon
das katholische bald dem unter König Ludwig I. wieder ein=
geführten Benedictinerorden, der bei St. Stephan ein Kloster
bekam, übergeben wurde.

Die Vereinigung beider Confessionen war unter den da=
maligen Umständen ein entschiedener Fortschritt, wenn auch keine
endgiltige und haltbare Lösung sehr schwieriger Verhältnisse.
In der einst so blühenden und lebenskräftigen, dann mit dem
ganzen Reichsorganismus in todten Formen erstarrten Reichsstadt
hatte man nämlich den confessionellen Frieden durch die pein=
lichste Scheidung der beiden numerisch ziemlich gleichen Religions=

theile zu wahren gesucht. Nicht nur im Stadtregiment; sondern auch durch alle bürgerlichen Verhältnisse, durch die Zünfte, sogar durch das städtische Militär gieng diese Trennung; und mit der größten Eifersucht wachte man über dieser Parität, so daß man den Augsburgern spottweise nachsagte, selbst die Ställe gewisser Hausthiere, die nur außerhalb der Stadtmauern zu halten erlaubt ist, unterlägen dieser confessionellen Scheidung. Daß unter solchen Umständen vor allem zwischen den beiderseitigen Schulen eine starre Schranke aufgerichtet war, versteht sich von selbst, und daß mit ihrer Niederwerfung die bayrische Regierung eine Bresche in ein schädliches und nachgerade lächerlich gewordenes Vorurtheil legte, ist ihr nicht zu bestreitendes Verdienst. Daß man auch in Augsburg lernte, friedlich neben einander auf einer Schulbank zu sitzen, auch wenn man nicht in die nämliche Kirche gieng, konnte gar nichts schaden, und wirklich habe ich von solchen, die einst Schüler des vereinigten Gymnasiums waren, immer rühmen hören, daß confessionelle Reibungen sowohl im Lehrercollegium, als unter den Schülern etwas Unbekanntes waren. Aber dadurch, daß man sich gegenseitig vertragen lernt, ist ein gutes Gymnasium noch nicht geschaffen. Es gibt allerdings keine katholische und evangelische Grammatik, keine katholische und evangelische Mathematik u. s. w.; aber der Gymnasialunterricht geht auch nicht in grammatischen, mathematischen u. s. w. Kenntnissen auf; Unterricht ist überhaupt nicht bloß die Aneignung einer Summe von Kenntnissen, sondern etwas viel Höheres; und das Ziel der Gymnasialbildung ist mit dem Worte Unterricht noch nicht einmal erschöpft, sondern eine ihr unentbehrliche, vielleicht sogar ihre wichtigere Seite ist die erziehende, und da kann man nicht mehr sagen: es gibt keine katholische und keine protestantische Erziehung. Hier stehen wir vor Gegensätzen, die todt schweigen zu wollen, so thöricht wäre, wie wenn man von dem Riß, den die Reformation durch Deutschland gemacht hat, und der nun einmal besteht und fortbesteht wird, keine Notiz nehmen und sich einreden wollte, er

bestehe gar nicht. Hier haben wir zwei ganz verschiedene Auf=
fassungen des Christenthums vor uns; wären sie nicht so ver=
schieden, so wäre eben die Reformation nicht nothwendig ge=
wesen und eingetreten. Und daß damit auch ganz verschiedene
sittliche Grundlagen für die Erziehung gegeben sind und, wie
ich ausdrücklich hinzusetze, auch für den Unterricht, wenn man
den Begriff richtig faßt und ihn nicht zur Abrichtung verküm=
mert, kann schon ein oberflächlicher Blick in das Wesen der
von der Reformation geschaffenen Schulen und in das der Jesu=
itenschulen, welche die Verkörperung der katholischen, antirefor=
matorischen Auffassung sind, lehren.

Es hätte nun jedenfalls ein ganz besonderes organisato=
risches Talent bedurft, um der nun äußerlich vereinigten An=
stalt einen lebendigen Geist einzuhauchen. Denn die scharf aus=
geprägten Traditionen der beiden im bewußten Gegensatze zu
einander entstandenen Anstalten, deren jede ihre Geschichte hinter
sich hatte, waren damit nicht aus der Welt geschafft, und es
war keine Versöhnung, sondern nur eine Fortsetzung der bis=
herigen Parität in anderer Form, wenn nun der evangelische
Rector einen katholischen Conrector zur Seite bekam. Nun war
es zwar ein Glück für die Anstalt, daß ihre Leitung in den
Händen von Männern war, welchen es aufrichtig um ein gutes
Einvernehmen zu thun war. An der Spitze blieb der bisherige
Rector von Sct. Anna, Dr. Daniel Eberhard Beyschlag, ein
Mann, der durch die Rechtschaffenheit seines Wesens und ins=
besondere durch seine friedliche Gesinnung das beste Andenken
nicht nur bei seinen Schülern, sondern in allen Kreisen, mit
denen er in Berührung stand, hinterlassen hat. Ihm stand zu=
erst in dem Conrector Sonntag, einem gelehrten und ernsten
Priester des Benedictinerordens, ein ihm persönlich befreundeter
College zur Seite; dann als dieser nach wenigen Jahren schon
eine Pfarrei in Ingolstadt antrat, in dem Canonicus des auf=
gelösten regulierten Chorherrnstifts zu Sct. Georg, Augustin
Stark, ein für seine Wissenschaft, die Mathematik schwärmerisch

begeisterter Mann, der zwar trotz seines Pflichteifers bei dem
Mangel an Lehrtalent seine Schüler nur wenig zu fördern ver=
stand, aber wenigstens mit Beyschlag darin einig war, die be=
stehende Harmonie nicht stören zu lassen. Eine Anstalt lebt aber
nicht bloß von dem Zurückdrängen von Differenzen, sondern sie
braucht auch positive Grundlagen. Nun war es schon ein großer
Uebelstand, daß nicht einmal das classische Alterthum, das doch
der Hauptinhalt der ganzen Gymnasialbildung ist, in einem der
beiden Schulvorstände einen Vertreter hatte. Denn auch Bey=
schlag, schon seiner Neigung nach mehr Theologe als Philologe,
lehrte am Gymnasium nur philosophische Propädeutik und Reli=
gion; in den letzten vier Jahren seiner Rectoratsführung be=
schränkte er sich sogar auf den letzteren Unterricht sammt seinem
Annexum, dem Unterricht in der hebräischen Sprache, die sein
Lieblingsfach war, welches er auch noch Jahre lang fortbehielt,
als er schon in den Ruhestand getreten war. Die sonstigen
Studien und die literarische Thätigkeit des unermüdlich fleißigen
Mannes galten der localen Geschichte, der Numismatik, den
Alterthümern im römischen Antiquarium, und mit besonderer
Liebe widmete er sich seinem Amte als Kreis= und Stadtbiblio=
thekar. So fehlte denn schon der wissenschaftliche Mittelpunkt,
den ein richtiger Rector für die Lehrer seiner Anstalt bilden
muß. Nun mangelte es zwar der Anstalt neben solchen Lehrern,
die nicht einmal Universitätsstudien gemacht hatten, auch nicht
an wirklichen wissenschaftlichen Kräften — unter anderen ge=
hörte z. B. Fallmerayer von 1817—21 der Augsburger Schule
als Lehrer an —; aber es waren weder diese Kräfte im Dienste
eines gemeinsamen Strebens zusammengefaßt, noch hätte bei dem
häufigen Lehrerwechsel, der Jahr für Jahr neue Lehrer herbei=
führte und alte entfernte, eine Gleichmäßigkeit und Stetigkeit
des Unterrichts aufkommen können. In den 21 Jahren der
confessionellen Vereinigung wirkten nach einander nicht weniger
als 54 ordentliche Lehrer an der Anstalt, von denen der größere
Theil (33) katholisch war. Da nun der friedliche Zustand der

Anstalt nicht sowohl auf einer höheren und freieren Auffassung des Christenthums, die sich über den Unterschied der Confessionen emporgeschwungen hätte, beruhte, als vielmehr auf dem Mangel an Energie, welcher dem Neubau einer Schule auf fester Grund= lage und aus einem Gusse gar nicht nahe zu treten wagte, so war eben eingetreten; was unter solchen Umständen die noth= wendige Folge war: das numerisch in Lehrern und Schülern viel stärkere katholische Element hatte der Anstalt auch ihren Charakter gegeben; die Tradition von Sct. Salvator hatte all= mählich die Oberhand bekommen über die Tradition von Sct. Anna, und wo die letztere in protestantischen Lehrern noch vor= handen war, stand sie isoliert in dem Ganzen, das nur äußer= lich angesehen ein solches heißen konnte.

Man scheint in den Regierungskreisen auch richtig erkannt zu haben, wo der Schaden lag, und das Bestreben, ihm gründ= lich abzuhelfen, mag wohl die Ursache gewesen sein, daß im Jahre 1820 sowohl der Rector, als der Conrector in den Ruhestand versetzt, und die Leitung in die Hände eines Mannes gelegt wurde, der bei der Regierung großes Ansehen genoß, das schon im ersten Jahre seiner Amtsführung in Augsburg durch die Verleihung des Hofrathstitels Ausdruck erhielt. Der neue Rector Wagner kam vom Baireuther Gymnasium her, wo damals mehrere tüchtige Kräfte wirkten, und war ein Jugend= freund Jean Pauls, mit dem er auch nachher in Verkehr blieb. Daß man aus einer durchaus protestantischen Umgebung den Leiter für die gemischte Anstalt nahm, zeigt die vorurtheilsfreie Richtung, die man unter Maximilian's I. Regierung in Schul= sachen einzuhalten bestrebt war. Ich selbst erinnere mich Wag= ner's nur mehr als eines gebrechlichen, vom Alter gebeugten Mannes; als ein kleiner Knabe habe ich ihn im Jahre 1840 im Saale des Collegiums bei Sct. Anna die Tribüne besteigen sehen zur Abhaltung seiner letzten Rectoratsrede, und das Bild des schmächtigen, zitternden Greises, dem der gestickte Kragen der Uniform weit vom Nacken abstand, steht noch lebendig vor

meiner Erinnerung, wie er bat, sich setzen zu dürfen, weil er
nicht mehr zu stehen vermöge. Ich konnte damals nicht ahnen,
daß dieser sein Abschied vom Amte auch der Abschied von einer
langen Kette mißlicher Erfahrungen und tiefer Zerwürfnisse mit
den Lehrern der Anstalt war. Aber jeder Schüler, der das
Gymnasium verließ, wußte es, und jeder Lehrer, der daran
wirkte, hatte davon zu erzählen, mancher auch von persönlichen
Erlebnissen, die er schwer empfand. Wagner muß viele an-
ziehende und bestechende Seiten gehabt haben, und er wußte
damit Eindruck zu machen. Auch Held, der spätere Schulrath
und Rector in Baireuth, äußerte sich, kurz nachdem er dort sein
College geworden war (1815), in einem Briefe günstig über
ihn und nannte ihn „einen sehr vielseitig gebildeten Mann.“*)
Ob sein Urtheil später noch dasselbe war, ist mir nicht bekannt.

Es kann nicht meine Absicht sein, was ich von den Zer-
würfnissen Wagner's mit dem Lehrercollegium gehört habe, hier
des Weiteren zu erzählen. Müßte nicht ohnedies schon der Gedanke, daß ihn und fast alle Betheiligten das Grab deckt, eine
Mahnung sein, auch diese Erinnerungen nicht mehr aus dem
Grabe der Vergessenheit, in das sie die Zeit gelegt hat, aufzuwecken, so würde ich auch gerne Verhältnisse unberührt gelassen
haben, an die mein Vater immer nur mit großer Unlust zurückgedacht hat. Aber es ist das unmöglich, da es gerade diese
Verhältnisse waren, die seine pädagogischen Ansichten gebildet
und befestigt haben. Als er im Jahre 1824 als Hilfslehrer
an der Anstalt eintrat, trug dieselbe, wie schon erwähnt, vor-
herrschend den Charakter der katholischen bayrischen Gymnasien,
der ihnen von ihren Schöpfern, den Jesuiten, auch nach deren
Entfernung geblieben ist. Als er fünf Jahre früher als Schüler
an der Anstalt gewesen war, mochte ihm das weniger zum Bewußtsein gekommen sein. Einmal war ja jener einjährige Auf-

---

*) K. Fries, Dr. J. Chr. von Held. Ein Lebensbild I. Abthlg.
S. 26. (Baireuther Gymnasialprogramm 1874.)

enthalt in der Oberclasse eigentlich nur ein Durchgangspunkt in seiner sonst ganz selbständigen Vorbereitung für das Universitätsstudium gewesen; dann hatte er an dem Professor May, einem aus Sachsen gebürtigen und dort ausgebildeten Lehrer, der damals schon im vierzigsten Jahr an der Anstalt von Sct. Anna wirkte, einen Mann vor sich, der mit jener Richtung nichts zu thun hatte; er war seitdem gestorben. Jetzt aber lag die Erlanger Zeit hinter ihm; er hatte Döderlein's Anregung genossen; er sah sich die Sache mit reiferen Augen an. Hätte er das Glück gehabt, unter einer bewährten pädagogischen Kraft in das Lehramt einzutreten, die ihm Vorbild sein konnte, er hätte sich gewiß mit derselben Begeisterung und Wärme an sie angeschlossen, die er in Döderlein's Vorlesungen der philologischen Wissenschaft entgegengebracht hatte. Aber das war ihm nicht vergönnt; wie in allem andern sollte er auch als Pädagoge Autodidakt sein. Nur die Erkenntniß, wie man es nicht machen dürfe, gewann er aus dem, was er um sich sah; wie man es besser mache, mußte er selbst finden. Das geisttödtende, mechanische Wesen des katholischen Unterrichts, das er an dem vereinigten Gymnasium vorherrschen sah, stieß ihn ebenso stark ab, wie das Scheinwesen in Wagner's Leitung, der noch zwölf Jahre lang nach der Trennung der Anstalten Vorstand derjenigen von Sct. Anna blieb. Man muß zu seiner richtigen Beurtheilung wissen, wie stark diese Eindrücke, unter denen er das ganze erste Drittheil seines langen Wirkens hinbringen mußte, während sich doch sein Innerstes dagegen sträubte, auf ihn eingewirkt haben. „Unterricht und geistige Entwickelung, nicht Abrichtung und Dressur! Erziehung zu sittlicher Tüchtigkeit und Begeisterung für die hohen Ziele wahrer Humanität, nicht äußeren Flitterputz, der den inneren Mangel verdeckt! Das Wesen, nicht den Schein!" Das wurde ihm in dem Kampfe mit jenen Gegensätzen nicht nur immer klarer, sondern diese Ziele erfaßte er auch mit der ganzen, gewaltigen Energie seines Wesens; das wurden seine leitenden Gesichtspunkte während

seiner eigenen zweiunddreißigjährigen Direction der Schule von
Sct. Anna, die er nach ihnen umgestaltet hat.

Es entzieht sich natürlich jeder Schilderung, wie diese
Ueberzeugung in den anderthalb Jahrzehenden vor seinem Rec=
toratsantritt allmählich in ihm reifte und Gestalt gewann.
Darüber könnte nur er selbst Aufschluß geben. Nicht einmal
ein Tagebuch erzählt von dem, was ihm das Herz bewegte.
Er war allezeit zu sehr ein Mann des thatkräftigsten Handelns,
als daß er geeignet und geneigt zur Aufzeichnung seiner Ein=
drücke und Gedanken gewesen wäre; er wollte sie lieber erleben
als schreiben und den Vorsatz lieber zur That machen als zu
Papier bringen. Alles aber, was mir von seinen damaligen
Collegen und Schülern mitgetheilt worden ist, zeigt, daß er schon
sehr bald ein Mittelpunkt für jene war, und einen tiefen Ein=
fluß auf diese gewann. Derjenige College, der ihm damals
am nächsten stand, hat mir noch vor kurzem davon erzählt, wie
er auch dem Rector nicht nur durch seine wissenschaftliche Ueber=
legenheit, sondern auch durch den sittlichen Ernst seines Auf=
tretens immer Achtung abgenöthigt habe. Ich muß es seinen
damaligen Schülern überlassen, hier meine Darstellung durch
die Erinnerung an das, was sie gesehen haben, zu ergänzen
und mich begnügen, die Momente des äußern Lebens an=
zuführen.

Die provisorische Stellung eines Hilfslehrers verwandelte
sich bald in eine definitive; nach zwei und einem halben Jahre
wurde er zum Gymnasialprofessor ernannt. Studienlehrer oder,
wie es damals hieß, Progymnasiallehrer ist er nie gewesen;
denn man hatte damals den Grundsatz, zu dem entweder das
richtige Verständniß dessen, was der Schule frommt, oder viel=
leicht auch der Mangel an ausreichenden Kräften geführt hatte,
wissenschaftlich tüchtige Männer, die etwas zu leisten versprachen,
nicht erst durch Jahrzehende langes Festnageln auf der untersten
Stufe versauern zu lassen, um sie dann in vorgerückten Jahren
in die wichtigsten Stellen hineinaltern zu lassen, sondern sie da

zu verwenden, wo sie Nutzen stiften konnten. Da er mit dieser Anstellung eine sichere Zukunft begründet sah, konnte er nun auch ausführen, was ihm längst im Herzen genährte Hoffnung gewesen war, die er jetzt auch aussprechen durfte. Er kehrte nach Wassertrübingen zurück und verlobte sich mit der Tochter seines einstigen Amtsvorstandes, des dortigen Rentamtmanns, Amalie Steinhäußer. Am 7. Mai 1827 haben meine Eltern in Wassertrübingen ihr Ehebündniß geschlossen; am 15. December 1855 hat es durch den Tod meiner lieben Mutter für dieses Leben sein Ende erreicht. Was dem Vater die Gattin gewesen ist, in deren treues Herz er seine Sorgen auszuschütten pflegte, das gehört nicht hieher. Als ein unvermuthet schneller Tod ihr die Augen für immer schloß, war die Freude seines Lebens dahin; er hat wohl mit gleichem Pflichteifer seinem Berufe gelebt, in dessen treuer Erfüllung er seinen Trost suchte, aber in den neunzehn Jahren bis zu seinem eigenen Hinscheiden nie wieder eine Gesellschaft außerhalb des Familienkreises besucht; auch die nächsten Freunde sahen ihn nicht mehr in ihren abendlichen Zusammenkünften. Mancher einstige Schüler des Sct. Anna=Gymnasiums denkt wohl, wenn er dies liest, an das Eckfenster der Rectoratswohnung im St. Anna=Hof, an dem der Mutter Nähtischchen stand, und wie er gerne heraufgrüßte, wenn etwa ihr freundliches Auge den Hof streifte. Es hat mich tief gerührt, als mich einmal vor dem theologischen Examen ein Candidat fragte, ob meine Mutter den Vater, welcher damals Mitglied der Prüfungscommission war, nicht nach Ausbach begleite. Denn er meinte, es könne keinem Examinanden schlimm gehen, wenn sie in der Nähe sei; so sehr verband sich für ihn schon mit ihrer Erscheinung der Begriff des Wohlwollens.

Bezeichnet so das Jahr 1827 einen Markstein seines persönlichen Lebens, so öffnete sich im folgenden eine Pforte, die ihn den Boden künftigen amtlichen Wirkens wenigstens sehen und betreten ließ, wenn er auch noch nicht frei darauf schalten und walten konnte, wie später. Es brachte die Trennung des

Gymnasiums in zwei confessionelle Anstalten, wie sie einst bestanden hatten. Der Versuch, sie zu vereinigen, hatte in einundzwanzig Jahren doch kein anderes Resultat geliefert, als daß durch das Zusammenfügen das Zusammenwachsen noch nicht bedingt, und Aufhebung der alten Grundlagen noch keine Neuschöpfung ist. Doch war man im Frieden auseinander gegangen, und wie sich denn aus der Ferne das einst Erlebte immer mehr verklärt, die unschönen Seiten in den Hintergrund und die anziehenden immer mehr in den Vordergrund treten, so ist auch bei den einstigen Schülern der vereinigten Anstalt hauptsächlich das Andenken an das friedliche Zusammenleben der Confessionen haften geblieben; die wissenschaftlichen Leistungen habe ich nie einen rühmen hören. Die Schule von Sct. Anna war nun auf einmal klein geworden; aber sie gehörte doch sich selbst wieder und hatte bald darauf besonderen Anlaß, sich zu erinnern, wozu sie einst gestiftet, und welches edle Gut sie zu hüten bestimmt war. Denn es traf die dritte Säcularfeier des Reichstags von 1530, doppelt bedeutsam für die evangelische Einwohnerschaft der Stadt, deren Name das dem Kaiser damals von den evangelischen Ständen des Reichs übergebene Bekenntniß trägt, und das Jahr darauf folgte die dritte Säcularfeier des Gymnasiums selbst, das 1531 in den Räumen desselben Karmeliterklosters eingerichtet worden war, welches dreizehn Jahre früher Luther beherbergte, als er sich vor Cajetan verantworten mußte. Der von ihm ausgestreute Same war auch hier aufgegangen; die Mönche waren der Reformation zugefallen und hatten das Kloster geräumt. Die Stimme der Rufer im Streit um die Freiheit der Gewissen, die vor drei Jahrhunderten hier mannhaft vor aller Welt ein christliches Zeugniß für die Wahrheit abgelegt hatten, und ihrer gelehrten Schüler, die sie hieher gesandt hatten, die Jugend zu unterweisen, — des Niederländers Gerhard Geldenhauer, des bekenntnißtreuen Arsacius Seehofer, der gelehrten Rectoren Xystus Betulejus, Matthias Schenk und Hieronymus Wolf, die von Basel, Tübingen und

Wittenberg herbeigerufen worden waren, — drang mächtig
herüber in die neue Zeit und mahnte festzuhalten und zu pfle=
gen, was so hart errungen war. Bei keinem der Collegen von
Sct. Anna fand ihre Stimme freudigeren Widerhall, als bei
meinem Vater. Er begrüßte das Jubeljahr der Augsburger
Confession mit einer Geschichte des Reichstags von 1530, die
er verfaßte, und welcher er auch einen Abdruck der Bekenntniß=
schrift beifügte.*) Daß die mit großer Sorgfalt und Liebe
ausgearbeitete Schrift nicht in weitere Kreise hinausdrang, hat
wohl hauptsächlich darin seinen Grund, daß er den Verlag nicht
einer Buchhandlung, sondern einem Buchbinder, der ihn darum
gebeten hatte und auf den localen Absatz rechnete, überließ.
Zu gleicher Zeit betheiligte er sich auch an einer Ausgabe der
Augsburger Confession, die ein Universitätsfreund von ihm mit
beigefügten kurzen Anmerkungen in die Welt gehen ließ. Als
dann am 21. Juni im Collegiumssaale eine öffentliche Feier
veranstaltet wurde, fiel ihm die Aufgabe des Festredners zu.
In meisterhaftem Latein sprach er: de Melanchthone viri
docti eiusque christiani exemplo.**)

Es war dies gleichsam ein auch von seiner Seite abge=
legtes Bekenntniß seiner freilich nicht jetzt erst gewonnenen evan=
gelisch=christlichen Ueberzeugung. In seinem Schulunterricht übte
sie schon lange ihre Wirkung und zwar mit durchschlagendem
Erfolge. Es war nicht bloß sein Religionsunterricht, in dem

---

*) Geschichte des im Jahre 1530 zu Augsburg gehaltenen Reichs=
tages und der Augsburgischen Confession. Zur Vorbereitung auf die be=
vorstehende dritte Jubelfeier der evangelischen Kirche bearbeitet von G. C.
Mezger, Professor am prot. Gymn. z. A. Nebst einem Abdrucke der un=
veränderten Augsb. Conf. Mit 5 Kupfern. Augsburg 1830. Verlag von
J. G. Rollwagen und Sohn.
**) Die Rede erschien im Druck unter dem Titel Oratio ad cele=
branda solemnia Augustanae confessionis saecularia die XI Cal. Julias
MDCCCXXX in auditorio gymnasii Augustani Annaei habita a G. C.
Mezger, gymn. prof. Augustae Vindelicorum. Apud Albr. Volkhartum.

sie zur Geltung kam. Zwar wurde dieser jetzt in fast allen
Gymnasialclassen in seine Hände gelegt, und er hat ihn seitdem
in der Hand behalten, selbst dann noch, als ihm mit der Ueber=
nahme des Rectorats, der Vorstandschaft des Collegiums bei
Sct. Anna und manches andern Amts eine Geschäftslast auf=
gelegt war, welcher andere Schultern, als die seinigen, nicht
gewachsen gewesen wären. Denn im Religionsunterricht fand
er zunächst den Boden, auf welchen er den Samen ausstreuen
konnte, den er in die Herzen der Jugend einpflanzen wollte.
Er sah ihn sich vom idealsten Gesichtspunkte aus an. Nichts
widerte ihn mehr im ganzen Schulwesen an, als jene Entwür=
digung dieses Unterrichts, die auf die Einprägung einer gewissen
Summe von „Religionskenntnissen" ausgeht, und als der ein=
geführte Schulplan in späterer Zeit auch den protestantischen
Anstalten Religionsprobearbeiten und Religionspreise aufnöthigte,
fügte er sich nur mit innerstem Widerstreben und suchte diese
der protestantischen Anschauung so schnurstracks zuwiderlaufende
Anordnung in der Praxis möglichst abzuschwächen. Ihm war
nur ein Religionsunterricht etwas werth, der das Herz, den
ganzen Menschen erfaßte. Deswegen konnte er auch den leb=
losen Wegweiser eines Lehrbuchs nicht brauchen; und wenn zu
Zeiten auch ein solches eingeführt war, so war es mehr im Be=
sitz der Schüler als im Gebrauch beim Unterricht. Er gab
ihnen dafür das neue Testament in die Hand und zwar im
griechischen Urtext. Aus ihm lernten die Schüler neutestament=
liche Geschichte und den christlichen Lehrbegriff; das war ihr
Leitfaden von der untersten Classe bis zur obersten, mit welcher
er in der Regel das Evangelium des Johannes las. Daneben
trug er ihnen die alttestamentliche Geschichte vor, wobei sie wie=
der nur die Bibel in der Hand hatten, und ebenso Kirchen=
geschichte. Mancher hat in diesen Vorträgen den Grund gelegt
zu eingehenderen kirchenhistorischen Universitätsstudien, und an=
dere, die nicht zu der Theologie übergegangen sind, hätten mit
den Reminiscenzen aus diesem Unterricht manchen Candidaten,

der sich zur theologischen Prüfung stellte, beschämen können; denn sie machten tiefen Eindruck. Für die oberste Stufe des Unterrichts pflegte er die Erklärung der Augsburger Confession aufzusparen. So sehr ihm nun der Religionsunterricht Mittelpunkt des Gesammtunterrichts war, so war er doch nicht erfreut darüber, als man ihn später zum Prüfungsgegenstand bei der Absolutorialprüfung machte. Er war ihm viel zu hoch, als daß er ihn angesehen wissen wollte, wie ein anderes Unterrichtsfach, in dem sich an den Leistungen des Einzelnen so zur Noth ermitteln läßt, bis zu welchem Grade der Ausbildung und der Reife ein Schüler gediehen ist. Wo die Religion nicht das sittliche Bewußtsein geweckt und veredelt hat, wo sie nicht der feste Halt des Lebens und Strebens überhaupt geworden ist, da hat der Religionsunterricht seinen Zweck nicht erfüllt. Das läßt sich aber aus einigen Antworten auf Prüfungsfragen nimmermehr entnehmen. Sie können trefflich beantwortet werden, und doch kann dabei der Religionsunterricht ganz wirkungslos gewesen sein. Die Religion darf überhaupt nicht als ein Unterrichtsfach angesehen werden, sondern sie muß das Fundament des ganzen Unterrichts sein. Sie fällt viel weniger in die didaktische, als in die pädagogische Thätigkeit des Lehrers und wird darum nicht bloß in den ihr zugewiesenen Unterrichtsstunden gelehrt, wie etwa das Französische oder die Mathematik, sondern sie muß alles durchdringen und beherrschen, wie die Seele den Leib. Sie lehrt auch nicht etwa der examinierte Theologe, der im Lehrer repräsentiert ist, sondern seine christliche Persönlichkeit. Wenn er durch diese nicht Einfluß gewinnen und das Gemüth der Schüler ergreifen kann, dann helfen alle salbungsvollen Worte und alle eingeprägten Kenntnisse nichts; sie sind dann dem Schüler nichts weiter, als was ihm die mathematischen Formeln auch sind. Diese Persönlichkeit muß aber vor den Schülern nicht bloß in den zwei wöchentlich der Religion zugewiesenen Stunden stehen, sondern im ganzen Unterricht und über diesen hinaus im ganzen Leben. Weil mein Vater den Religionsunterricht von diesem Gesichtspunkt aus ansah, gab er ihn in den obern Classen niemals aus der Hand; erst im hohen Alter ließ er sich theilweise darin vertreten. Es hätte ihm außerdem etwas gefehlt in seiner Stellung als Haupt der Anstalt. Denn weil er auch als Rector seine Pflicht nicht darin sah, der Befehlende über eine Anzahl von Lehrern und der Wächter darüber zu sein, daß sich alles genau innerhalb der Schablone bureaukratischer Schulpläne bewege, sondern darin, Leben und Geist in allen Theilen zu wecken, den Anfängern und Schwachen eine Hilfe, den Pflichttreuen und Eifrigen ein Vertreter, den Lässigen ein Stachel, allen aber ein Vorbild zu sein; weil ihm der Unterricht der gesammten Anstalt ein Ganzes war, zu dem alle gleicher Weise mitzuwirken berufen wären, hielt er, als Haupt des ganzen Organismus, es auch für nothwendig, daß in seinen Händen das liege, was er als die Seele des Gesammtunterrichts erkannte. Er hat sich über diesen Werth des Religionsunterrichts oft ausgesprochen, und ich habe es ihn manchmal als einen Vorzug vieler auswärtiger Gymnasien hervorheben hören, daß dort der Religionsunterricht in den obern Classen von den Rectoren gegeben werde; so gehöre es sich. In allen Classen ist das natürlich nicht möglich; schon die nothwendige Zeit und Kraft zieht ja da von selbst die Grenze. Aber auch in den untern Classen war am Sct. Anna-Gymnasium dafür gesorgt, daß der Religionsunterricht nicht losgelöst war von dem Gesammtunterricht; in allen Classen ruhte er da in den Händen der Claßlehrer, bis in neuerer Zeit diese Einrichtung aufgegeben werden mußte, weil die Zahl derjenigen, welche theologische Studien für ihren Beruf als Gymnasiallehrer und Erzieher für nothwendig halten, immer kleiner wird.

Zu einer Zeit nun, wo in der Leitung des Augsburger Gymnasiums Grundsätze herrschten, die den seinigen ganz entgegengesetzt waren, war es für meinen Vater von besonderem Werth, wenigstens im Religionsunterricht einen Wirkungskreis zu haben, wo ihm kein anderer Einfluß hemmend in den Weg

trat. Daß er nach Beyschlag's vollständigem Ausscheiden auch
einige Jahre lang den hebräischen Unterricht für die künftigen
Theologen ertheilte, war eine äußerliche Zuthat, die er wieder
an einen jüngeren Collegen abtrat, als auf solche Weise Ersatz
geschaffen werden konnte. Durch seinen Religionsunterricht aber
gewann er den tiefsten Einfluß auf die Gemüther und die ganze
Geistesrichtung seiner Schüler. Ergriff sie in seinem übrigen
Unterricht der Ernst seines ganzen Wesens und seine begeisterte
Auffassung des classischen Alterthums, so gab hier der Unter-
richtsgegenstand dem Vortrage noch seine besondere Weihe. Vor
Jahren hat mich einmal einer seiner älteren Schüler, ein mir
bis dahin unbekannter Pfarrer, aufgesucht, um sich nach ihm
zu erkundigen, „dessen herrlichem Religionsunterricht er alles
verdanke, was er geworden sei." Aehnliche Versicherungen habe
ich öfters aus dem Munde einstiger Schüler gehört. Im Jahre
1836 that sich in Erlangen eine Studentengesellschaft auf, die
erste auf deutschen Universitäten, die den Muth hatte, dem herrschenden Vorurtheile gegenüber das Christenthum als die nor-
mierende Schranke auch des Studentenlebens zu bekennen. In
den Aufzeichnungen eines Angehörigen dieses Kreises, der übrigens selbst der Augsburger Schule ganz ferne stand, habe ich
gelesen, es seien ehemalige Schüler des Sct. Anna-Gymnasiums
gewesen, die aus dem Unterricht des Professors Mezger und des
Pfarrers Bomhard diesen Geist unter die Erlanger Studentenschaft gebracht hätten. Beide haben nicht die geringste äußere
Anregung zu dieser Vereinigung gegeben, sind auch nachher in
keiner Beziehung zu ihr gestanden; aber dieses unparteiische
Zeugniß lehrt um so besser, wie tief ihr Einfluß auf die Jugend
gieng, die ihre Eindrücke von ihnen empfieng.

Es war nicht möglich, von dem Religionsunterricht zu
reden, ohne die vier Jahrzehende im Ganzen zu überschauen,
in denen mein Vater ihn ertheilt hat. Aber kehren wir noch
einmal an ihren Anfang zurück! Wie war es denn bis dahin?
Ein Blick in die Jahresberichte jener Zeit ist höchst lehrreich.

Man staunt, was für eine Fülle von Wissen die Vorgänger
meines Vaters ihren Schülern übermittelten. Da wurden z. B.
in der vierten Gymnasialclasse nicht nur „Uebungen in der Er=
klärung der h. Schrift nach Luthers Uebersetzung, zugleich als
Anhang und Beweis der Geschichte des alten Testaments" vor=
genommen, sondern neben ausgedehnten exegetischen, dogmati=
schen und kirchengeschichtlichen Vorträgen auch noch solche ge=
halten über „das akademische Leben", und für die künftigen
Theologen „über Methodologie der theologischen Studien auf
Universitäten". Noch im ersten Semester des Schuljahrs 18³¹/₃₂
verzeichnet hier der Katalog: „a) Einleitung in die Schriften
des neuen Bundes überhaupt und die Einleitung in das Evan=
gelium Johannis insbesondere, b) Geschichte der Religionen der
Juden, Meder, Perser, Aegypter und Canaaniter, nebst Ge=
schichte des Reiches Gottes im jüdischen Volke bis zur Erschei=
nung Johannes des Täufers". Nun sinkt aber mit einem
Male der Unterricht von seiner stolzen Höhe in eine ganz be=
scheidene Anspruchslosigkeit herunter; denn im zweiten Semester
„übernahm Herr Professor Mezger diesen Unterricht und ver=
wendete dazu gleichfalls wöchentlich drei Stunden, von denen er
1) eine zum Vortrag der christlichen Glaubenslehre nach dem
apostolischen Glaubensbekenntniß benützte, 2) in der andern die
ersten 6 Capitel des Evangeliums Johannis nach dem Urtext
erklärte und 3) in der dritten die christliche Kirchengeschichte
bis zur Zeit der Reformation in einer kurzen Uebersicht vortrug."
Jene Angaben der Kataloge über den Religionsunterricht sind
noch dazu ein ganz schwacher Abglanz des hochtönenden Wörter=
pomps, mit dem die Leistungen in den übrigen Lehrfächern an=
gekündigt werden; Wagner gelang darin das Unübertreffliche.
Ja, „das Wesen, nicht den Schein!" so rief es immer lauter
in dem Herzen meines Vaters.

3

Freude und Leid außerhalb der Schule.

Es scheint mir besser, wenn ich darauf verzichte, jetzt schon von seinem übrigen Unterricht zu reden, und es mir lieber auf jene Zeit verspare, wo er unbeengt der ganzen Schule neue Gestalt geben konnte. Ich muß dafür vielfach in spätere Jahre hinübergreifen, wenn ich nun von seiner Thätigkeit auf anderen Gebieten rede, die ebenfalls im Ganzen überschaut werden müssen. Da war es vor allem sein Amt als Bibliothekar, das schon in den dreißiger Jahren einen guten Theil seiner Kraft in Anspruch nahm. Seit dem sechzehnten Jahrhundert besaß nämlich die Stadt Augsburg an ihrer Bibliothek, die sie namentlich auf Veranlassung des gelehrten Rectors Xystus Betulejus gegründet hatte, einen von dessen Nachfolgern treu gehüteten, kostbaren Schatz. Bis zum Tode meines Vaters ist das Bibliothekariat ein Annexum des Rectorats bei Sct. Anna gewesen; erst bei seinem Rücktritt wurde es in die Hände eines katholischen Geistlichen gelegt. Rector Beyschlag, der mit der Bibliothek ganz verwachsen war, hatte sich, als er sein Lehramt niederlegte, von ihr nicht trennen können; bis zu seinem Tode im Jahre 1835 widmete er ihr seine ganze Thätigkeit. Nun trat mein Vater für ihn ein, der ihn schon seit längerer Zeit darin unterstützt hatte. Es gab hier reichliche Arbeit. Als nämlich im Jahre 1806 Augsburg an die Krone Bayern gekommen war, hatte man der Stadt neben vielem anderem auch den viel beneideten

Schatz, den sie an Handschriften, Incunabeln und seltenen Drucken auf ihrer Bibliothek besaß, trotz des Protestes des damaligen Bibliothekars fast ganz genommen, „weil in Augsburg nur eine Büchersammlung für Geschäftsmänner, nicht aber für bloße Literaten nöthig sei". Es war zwar einiger Ersatz aus den Bibliotheken der aufgehobenen Klöster zugesagt und später auch nach Augsburg verbracht worden, keineswegs aber die Bibliothek für ihren unersetzlichen Verlust, der jetzt einen guten Theil des Handschriftenreichthums der Münchener Bibliothek ausmacht, entsprechend entschädigt. Die unter dem Namen „Kreisbibliothek" nun mit der Stadtbibliothek vereinigte Büchermasse, mehr als 100,000 Bände, mußte jetzt geordnet und katalogisiert werden. Beyschlag hatte zwar seine Zeit fleißig darauf verwendet, war aber, wie bei dem Mangel des nöthigen Hilfspersonals natürlich ist, noch lange nicht damit zu Ende gekommen; der obere Saal, der nicht den dritten Theil der Bücher enthält, war mit Ausschluß der Augustana, die natürlich eine große Anzahl bilden, geordnet, aufgestellt und verzeichnet; mit dem Uebrigen war ein Anfang gemacht. Mein Vater fuhr in seiner Arbeit fort, die dadurch gerade nicht leichter wurde, daß die Eintheilung, welche Beyschlag getroffen hatte, nicht sehr zweckmäßig ist und das Auffinden sehr erschwert. Die Kataloge über die erwähnten Augustana, ferner über die Fächer der Naturgeschichte, Technologie und Architektur, über die Bibelsammlung, die exegetische Theologie, Patristik, systematische Theologie, Homiletik, die neueren Lateiner, die orientalische Literatur, die Mathematik, Chemie, Physik, Philosophie, Medicin, Jurisprudenz, sowie über die Incunabeln hatte mein Vater bis zum Jahre 1842 fertig gemacht. Was er dem später noch beifügte, kann ich einzeln nicht angeben. Es war keine kleine Arbeit, die zum großen Theile auf dem Dachboden in wüstem Durcheinander aufgeschichteten Büchermassen in Ordnung zu bringen, und er hat es dankbar anerkannt, daß er von seinen Collegen Butters und Greiff dabei unterstützt wurde. Letzterer versah seit 1841 auch die

Stelle eines Unterbibliothekars, katalogisierte als solcher die neuen
Zugänge und besorgte das Ausleihen der Bücher in wöchentlich
sechs Stunden, das vorher auch noch meinem Vater oblag. Ich
erwähne das besonders, weil diese aufopferungsvolle Thätigkeit,
die überdies noch häufig durch auswärtige Gelehrte in Anspruch
genommen wurde, mit wenig Dank gelohnt wurde. Den Vorwürfen, die sogar in den letzten Jahren Unkenntniß der Verhältnisse in der Localpresse laut werden ließ, als geschehe nichts,
hat mein Vater stets würdevolles Schweigen entgegengesetzt. Ich
füge noch bei, welche Besoldung er für dieses mühevolle Amt,
das bei ihm in sachkundiger, treuer und thätiger Hand war,
bezog; es waren früher 150 fl.; als Greiff Unterbibliothekar
wurde, mußten sie diese theilen, so daß jeder jährlich volle
75 fl. bekam.

Seiner Thätigkeit als Bibliothekar entstammen auch zwei
von ihm verfaßte Bücher, durch die er einen Theil der ihm anvertrauten Schätze nutzbar und bekannt zu machen suchte. Zu
dem einen gab die Feier des vierhundertjährigen Jubiläums von
Guttenberg's großer Erfindung Veranlassung. Auch die Augsburger Buchdrucker beabsichtigten damals durch eine in wür-
diger typographischer Ausstattung erscheinende Festschrift ihrem
Altmeister die gebührende Huldigung darzubringen. Sie wandten
sich deshalb an meinen Vater, der indessen ihren Antrag ablehnte, weil er bereits darüber war, eine Arbeit anderer Art
zum Feste vorzubereiten, nämlich eine Beschreibung der auf der
Bibliothek aufbewahrten ältesten Druckdenkmale und Formschnei-
derarbeiten, welcher er eine kurze Geschichte des Buchdruckes und
Buchhandels in Augsburg anfügte. Dem Werke, das 1840
in der Matth. Rieger'schen Buchhandlung erschien, gab er die
Abdrücke von 37 alten Originalholzschnitten aus dem XV. und
XVI. Jahrhundert bei, deren Stöcke aus der aufgehobenen Abtei
von Sct. Ulrich in die Kreisbibliothek verbracht worden waren.
So schön das Buch sonst ausgestattet ist, so ist leider der Text
verunziert durch eine große Zahl von Druckfehlern, worüber er

selbst sein Bedauern aussprach. Zwei Jahre später veröffent=
lichte er seine „Geschichte der vereinigten königl. Kreis= und
Stadtbibliothek in Augsburg" (Matth. Rieger'sche Buchh. 1842).
Ihr ist ein lateinisch geschriebener Katalog der in der Bibliothek
jetzt noch befindlichen Handschriften — 394 an Zahl — bei=
gefügt.

Die Verbringung der Klosterbibliotheken nach Augsburg
machte manche Commissionsreisen von kürzerer und längerer
Dauer zur Besichtigung, Aufzeichnung und Uebernahme der
Bücher nöthig. Es waren hauptsächlich katholische Geistliche,
mit denen er diese Angelegenheiten zu bereinigen hatte. Er
hat aus diesen Kreisen manchen wohlthuenden Eindruck bewahrt.
So z. B. von den Männern, mit denen er in Dillingen ver=
kehrte, wo er sich längere Zeit aufhalten mußte. Er hat später
noch manchmal davon erzählt, weil ihm, was er unter ihnen
sah, als ein scharfer Gegensatz gegen das Zelotenthum erschien,
das sich jetzt so vielfach in der katholischen Kirche bemerklich
macht. Es waren Männer aus der Schule des frommen Bi=
schofs Sailer, die sich auch gegen den protestantischen Gast nicht
verschlossen und lieber der Berührungspunkte freuten, wo man
sich eins wußte, als die Kluft vertieften, welche trennte. Ins=
besondere machte der Freimuth auf ihn Eindruck, mit dem ihm
einmal einer bekannte, daß er es als einen großen Vorzug der
evangelischen Kirche ansehe, daß das Wort Gottes in den Hän=
den des Volkes sei, das immer unmittelbar aus dieser Lebens=
quelle schöpfen könne. Ich erwähne das besonders als einen
Beweis, daß Angehörige verschiedener Confessionen recht wohl
mit einander verkehren können, ohne daß sie ihre katholische oder
protestantische Ueberzeugung verleugnen. Ich werde im Folgen=
den oft davon sprechen müssen, wie wenig mein Vater mit
einem farblosen Christenthum, das in Wirklichkeit nur ein in=
haltsloser Name ist, zu thun haben mochte, und wie er gerade in
dem evangelischen Christenthum die Wurzel seines eigenen Le=
bens fand. Daraus machte er nie ein Hehl, und das wußte

jeder, der ihn kannte. Dennoch hat dieser ausgesprochene Pro=
testant immer auch mit überzeugungstreuen Katholiken, wenn es
ihnen mit dem Christenthum nur wirklich Ernst war, gut ver=
kehren können. In Augsburg, der Stadt der confessionellen
Gegensätze, hat es ihm an der Achtung auch von jener Seite
nie gefehlt, und gewiß hat ihn nie jemand unter diejenigen ge=
rechnet, welche confessionellen Zwiespalt und Streit erregten.
Es waren durchaus katholische Minister, katholische Schulrefe=
renten, katholische Regierungspräsidenten, welche er als Vor=
gesetzte hatte, und dennoch haben ihm, der nie mit Verleugnung
seiner Grundsätze ihnen nahte, selbst so treue Söhne ihrer Kirche,
wie Zwehl und Lerchenfeld waren, nicht nur stets große per=
sönliche Achtung gezollt, sondern ihm auch besonderes Vertrauen
geschenkt und in Schulsachen sich gerne seines Rathes bedient.
Ein Beweis, daß die Toleranz ganz andere Bedingungen zur
Voraussetzung hat, als angebliche Confessionslosigkeit.

Neben seinem Amte als Bibliothekar nahm ihn eine an=
dere Thätigkeit viel in Anspruch. Augsburg steht auf einem
Boden, der dem Alterthumsfreunde fast von selbst die Sorge
zur Pflicht macht, was er barg und birgt, der gelehrten Welt
zu erhalten und nutzbar zu machen. Es braucht nicht erst Ver=
muthungen, wo die splendidissima Rhaetiae colonia des Ta=
citus lag; „würde die Geschichte davon schweigen, tausend
Steine würden redend zeugen, die man aus dem Schooß der
Erde gräbt". Sie sind in großer Anzahl dort vorhanden, diese
Steine und anderes, was mit ihnen von stolzer Römerpracht
im überwundenen Barbarenland erzählt, vom Niedergang süd=
licher Cultur und vom Aufgang nordländischer Kraft, die, jene
zertrümmernd, sie doch in sich aufzunehmen bestimmt war, um
die Welt zu erneuern. Nicht erst die neue Zeit hat diesen
Resten der Vergangenheit Beachtung geschenkt. Es war schon
im sechzehnten Jahrhundert die eifrige Sorge Konrad Peutingers
gewesen, zu sammeln und zu erhalten, was die Stürme der
Zeit übrig gelassen hatten; der gelehrte Marcus Welser, der

auch zuerst die „Peutinger'sche Tafel" veröffentlichte, hat mit nicht geringerem Interesse diese Forschungen gepflegt; eine Reihe von tüchtigen, zum Theil berühmt gewordenen Alterthums= forschern, die am Gymnasium oder in anderen Stellungen in den letzten drei Jahrhunderten wirkten, hat sich um ihre Er= haltung verdient gemacht. Zuletzt hatte noch Beyschlag, dem auch im Maximilians=Museum unter den von ihm gehüteten und beschriebenen Sammlungen die verdiente Gedenktafel auf= gerichtet ist, mit aller Liebe und Hingebung eines begeisterten Alterthumsfreundes sich ihrer angenommen. Nun hatte aber das Interesse dafür in jüngster Zeit einen ganz neuen Auf= schwung genommen durch den Regierungsdirector von Raiser. Die rastlose Thätigkeit dieses Vaters der historischen Vereine in Bayern ist zu bekannt, als daß ich weiter davon zu reden brauchte. Zwar tragen die Schriften Raiser's, wie die Bey= schlag's, nur zu sehr den Stempel des Dilettantismus an sich; die Epigraphik nimmt von seinen Erklärungen der römischen Inschriften keine Notiz mehr; aber das Verdienst bleibt ihm doch, die Nachforschung nach den Resten des römischen Alter= thums in weiten Kreisen angeregt, unterstützt und befestigt zu haben; ohne ihn wäre gar manches dem Untergange verfallen gewesen, was jetzt als Bestandtheil antiquarischer Sammlungen reiche Belehrung bietet. Um so erwünschter war die wissen= schaftliche Kraft, die mit dem Eintritt meines Vaters in den Ausschuß des historischen Vereins gewonnen wurde. Er hat eine Reihe von Jahren die Stelle eines Secretärs bekleidet und ist nicht nur dem rührigen Raiser, der vermöge seiner Stellung überall die nöthigen Kräfte für den Verein in Bewegung setzen konnte, berathend zur Seite gestanden, sondern hat auch selbst mit Wort, Schrift und That eifrig für den Verein gewirkt. Die jährlichen Publicationen des historischen Vereins von Schwa= ben und Neuburg enthalten manchen Artikel aus seiner Feder, sowohl über antiquarische Gegenstände, als Resultate seiner ge= schichtlichen Forschungen. Die Sammlungen des Vereins ver=

banken ihm manche wichtige Bereicherung, die entweder durch
Ankauf aus den Mitteln des Vereins oder durch Ausgrabungen
gewonnen wurde, die er überwachte. Die Entdeckung der Reste
einer römischen Villa bei Mauren im Ries z. B. führte ihn
mehrmals in jene Gegend. Das große Gräberfeld, welches
bei dem Baue der Augsburg-Donauwörther Eisenbahn im Jahre
1844 bei Nordendorf geöffnet wurde, — eine der ausgedehn-
testen Fundstätten, auf die man in neuerer Zeit stieß, — hat
ihn mit seinen reichen Ergebnissen viel beschäftigt. Er hat die
einzelnen Fundstücke beschrieben in dem Gymnasialprogramm
von 1846, dem auch die Abbildungen merkwürdiger Stücke beigefügt sind.*) Die römischen Denkmäler, die in den Jahren
1843 und 44 auf der Stelle des jetzigen Bahnhofs in Augsburg wieder an das Tageslicht kamen, die römische Töpfer-
werkstätte, welche ihren Vorrath an fertigen und halbfertigen
Waaren bei dem Bau der Augsburg-Ulmer Bahn wieder eröffnete, die Götterbilder, welche bei dem Umbau der Gersthofer
Pfarrkirche, offenbar eines einstigen Mercuriustempels, gefunden
wurden, und manches andere werthvolle Fundstück, welches
während seiner Thätigkeit im Verein gewonnen wurde, haben
sein lebhaftes Interesse in Anspruch genommen. Er suchte aber
auch über diese Sammlerzwecke hinaus das historische Interesse
und insbesondere das Verständniß des Alterthums durch jenen
Verein zu beleben und zu pflegen. Er ließ sich dazu die Mühe
nicht verdrießen, welche ihm die Ausarbeitung umfangreicher
Abhandlungen machte. Abgesehen von denen, welche gedruckt
wurden, findet sich unter seinen hinterlassenen Papieren z. B.
eine leider unvollendet gebliebene Arbeit über die römischen Le-
gionen, welche bis zum elften Bogen gediehen ist und zum Vor-

---

*) De operibus antiquis ad vicum Nordendorf e solo erutis.
Scripsit D. Georgius Casparus Mezger, gymnasii Augustani Aug. conf.
addicti rector. Cum II tabulis lithographicis. Aug. Vind. MDCCCXLVI.
Typis Wirthianis.

lesen im Vereine bestimmt war. Ist sie nun auch durch die wissenschaftliche Forschung der letzten vierzig Jahre — denn so viele sind seit ihrer Ausarbeitung verflossen — überholt, und ist auch das gelehrte Material, das man heute dafür zur Verfügung hat, ein ungleich reichlicheres, so zeigt mir seine ganz selbständige Arbeit doch seine eingehenden Studien zu diesem Zweck, und wie gründlich er namentlich die römischen Classiker dazu durchgelesen hatte. Aber gerade, daß ihm wissenschaftliche Behandlung so sehr Bedürfniß war, stieß ihn von dem Verein wieder ab. Es kann ja nicht fehlen, daß gerade in solchen Kreisen der Dilettantismus aufwuchert. Ein Verein, der darauf angewiesen ist, überall die localen Kräfte aufzuwecken zum Aufsuchen und Nachforschen, weckt damit auch die Halbwisserei, die ohne Ahnung von der Hoheit, dem Ernste und dem Umfang wissenschaftlicher Forschung sich breit macht mit der Geringfügigkeit und Unzulänglichkeit der eigenen Arbeit. Nun hat das zwar wenig Gefahr, so lange wirklich wissenschaftliche Kräfte solchen guten Willen trotz der ihm anhaftenden Selbstüberschätzung leiten und durch passende Anweisung nutzbar machen können. Es gehören dazu nur energische und wirklich historisch gebildete Persönlichkeiten, die an der Spitze des Ganzen mit weiterschauendem Blick die Gesammtarbeit überwachen. So hat an vielen Orten die locale Forschung die schätzenswerthesten Resultate erzielt, und gerade der historische Verein von Schwaben und Neuburg hat immer das Glück gehabt, daß sich eine ziemliche Zahl solcher Männer fand; noch in der neuesten Zeit hat die von ihm gegründete Zeitschrift den erfreulichen Beweis geliefert, daß er der Höhe seiner Aufgabe sich bewußt und ihr gewachsen ist. Aber um so auf andere wirken zu können, dazu gehört, daß man sich der Sache auch hingeben kann, und als mein Vater fühlte, daß er doch nur mehr einen kleinen Theil seiner Kraft dafür einsetzen konnte, trat er immer mehr von dem Verein zurück. Das Secretariat ging auf seinen Collegen Greiff über; seinen Namen zog er zwar nie zurück; thätig aber

ist er in ihm in den letzten zwei Jahrzehenden seines Lebens
nicht mehr gewesen.

Denn er war noch mit gar mancher anderen Arbeit be=
lastet. Schon im Anfang der dreißiger Jahre hatte ihm das
Vertrauen seiner Collegen die Verwaltung ihrer Wittwenkasse
übertragen, einer Stiftung, welche im siebenzehnten Jahrhundert
die damaligen Lehrer des Gymnasiums in seltener Uneigen=
nützigkeit für ihre Nachfolger gegründet hatten. Sie besaß, als
sie mein Vater übernahm, ein Vermögen von über 30,000 fl.
Vierzig Jahre hat er sie verwaltet, und in dieser Zeit hat sich
jene Summe auf 120,000 fl. erhöht. Geht schon daraus her=
vor, wie umsichtig und gewissenhaft er dieses verantwortungs=
volle Amt versah, so könnte mancher der Betheiligten auch von
dem Wohlwollen erzählen, mit dem er es führte. Noch
nach seinem Tode hat mir einer seiner früheren Collegen, der
später an eine andere Anstalt versetzt wurde, davon erzählt,
wie kräftig er für das Recht der Studienlehrer, denen der
Rector die Theilnahme an der Casse versagte, eintrat, bis er
ihnen diese, gestützt auf die Stiftungsurkunde, durch eine höhere
Instanz erwirkte. Die Anliegen der Wittwen und Waisen seiner
früheren Collegen haben bei ihm immer ein offenes Ohr und
eine warme Vertretung gefunden. Zwar waren es harte Gebuld=
proben für ihn, wenn etwa bei einer Visitation seiner Casse
der damit beauftragte Beamte etwas umständlich zu Werke
gieng; seine an sich sehr ungeduldige Natur und die Gewohnheit,
seine Zeit auch möglichst gut auszunützen, machten ihm jede
überflüssige oder ihm überflüssig scheinende Zuthat unerträglich.
Auch war ihm die gewissenhafteste Treue etwas so Selbstver=
ständliches, daß ihm selbst der Gedanke, es könnte jemand daran
zweifeln, daß in seiner Casse alles in Ordnung sei, etwas Un=
faßbares gewesen wäre. So ängstlich er aber auch dafür besorgt
war, daß die Wittwenkasse keinen Nachtheil erlitt, so übte er
doch immer die möglichste Nachsicht gegen ihre Schuldner. Er
hatte selbst von Jugend auf die Noth des Lebens zu oft em=

pfunden, als daß er hart hätte sein können, wo er sie bei andern sah. Als er schon im Sarge lag, erschien unvermuthet eine Bauersfrau in unserem Hause, die in früheren Jahren ein Kapital von der Wittwenkasse gehabt hatte und eben an diesem Tage in die Stadt gekommen war. Sie habe auf dem Markte gehört, erzählte sie weinend, daß der Mann gestorben sei, dem sie so oft ihren Zins gebracht habe; da habe sie ihre Markt-waaren ihrer Nachbarin übergeben und sei herausgelaufen; denn sie könne ihn nicht in die Erde senken lassen, ohne daß sie ihm noch einmal gedankt habe, daß er sie nie gedrängt habe, auch wenn es ihr zu schwer gefallen sei, ihren Termin einzuhalten. Die heißen Thränen der Frau, welche die Anwesenden tief er-greifen mußten, sind das beredteste Zeugniß für den Sinn, mit welchem er dieses Amt führte.

Die kärgliche Besoldung, welche die Gymnasiallehrer in Bayern bezogen, machte es überdies in früherer Zeit nothwendig, daß er durch Privatunterricht die unzureichende Einnahme er-gänzen mußte. Lange Jahre hatte er auch noch Zöglinge im Haus. Erst als er im Jahre 1840 das Rectorat bekam, wurde seine Lage etwas erleichtert. Nur zur Vervollständigung des Bildes, nicht weil mein Vater zu den Unzufriedenen gehört hätte, erwähne ich auch diese Seite. Er hat im Gegentheil stets mit Verachtung auf solche Lohnarbeiter im Staatsdienst gesehen, welchen die Bezahlung der einzige Maßstab für die Pflichterfüllung ist. Bei seiner Anstellung als Hilfslehrer im Jahre 1824 war ihm ein Gehalt von 600 Fl. bestimmt worden, den er auch Anfangs bezog. Aber schon drei Vierteljahre später wurde er, wie gleichzeitig ein anderer Hilfslehrer, durch ein Rescript überrascht, es seien ihm 116 Fl. 40 Xr. zu viel aus-bezahlt worden, da ein Hilfslehrer nur 400 Fl. beziehe. Es half keine Vorstellung; von beiden mußte jener Betrag wieder zurückbezahlt werden, und fortan blieb es bei den 400 Fl. Erst acht Jahre später genehmigte das Ministerium, daß wenig-stens die zurückgezahlte Summe wieder erstattet wurde. Bei der Ernennung zum Gymnasialprofessor wurde der Gehalt auf 625 Fl. an Geld, 2 Schäffel Weizen und 5 Schäffel Korn festgesetzt. Noch 1833 betrug er 700 Fl., und ehe mein Vater das Rectorat übernahm, das ihm dann 200 Fl. Functionsbezug und freie Wohnung brachte, war er auf 900 Fl. gestiegen. Die Einnahmen aus den Nebenämtern waren schmal genug; die des Bibliothekariats habe ich schon genannt; die Remuneration für sechs wöchentliche Stunden Religionsunterricht betrug Anfangs 100 Fl., später 150 Fl., und als noch zwei weitere Stunden dazu kamen, wurde dieser Betrag um 50 Fl. erhöht. Die Entschädigung für die mühevolle und verantwortungsvolle Verwaltung der Wittwenkasse war kaum nennenswerth. Zwar verschloß die Regierung die Augen nicht gegen das pflichteifrige und erfolgreiche Wirken; aber man fand es einfacher, die Anerkennung in Worten, als durch die entsprechende Bezahlung auszudrücken; ja, man verstand es in sehr zuvorkommender Weise gleich von vornherein allenfallsige Ansprüche abzuschneiden. In einem der vielen Belobungsschreiben, die er erhielt, heißt es (unter dem 11. Decbr. 1838): „Das unterzeichnete k. Studienrectorat hat von der k. Regierung von Schwaben und Neuburg mittelst Rescript vom 5. Decbr. den angenehmen Auftrag erhalten, dem k. Gymnasialprofessor und Bibliothekar, Herrn M., die gebührende und belobende Anerkennung der genannten hohen Stelle sowohl, als des k. Staatsministeriums des Innern hinsichtlich seiner vorzüglichen Leistungen im Lehramt und seines Anerbietens unentgeltlich einen vermehrten Religionsunterricht ertheilen zu wollen, auszudrücken."

Und doch hätte eine Aufbesserung so wohl gethan. War schon unter gewöhnlichen Umständen nur ein äußerst sparsamer Haushalt im Stande, den Bedürfnissen der rasch anwachsenden Familie zu genügen, wie erst, wenn nicht vorhergesehenes Unglück sie heimsuchte! Der Tod meines Großvaters hatte den Eltern auch noch die Sorge für den noch im Knabenalter stehenden jüngsten Bruder der Mutter auferlegt. Dazu kam schwere

Krankheit, die meine älteste Schwester wegraffte, welche des Vaters besondere Freude gewesen war. Ihr Tod erschütterte ihn auf das Tiefste. Er habe nie im Leben einen so ergreifenden Schmerz gesehen, als den meines Vaters bei ihrem Heimgang, hat mir vor kurzem noch ein Freund von ihm erzählt, der ihm damals sehr nahe stand. Kaum war sie in die Erde gebettet, so warf ein Nervenfieber die Mutter auf das Krankenlager, von dem sie sich nur langsam erholte. Vom September 1832 bis in den Februar 1833 war fast alle Tage zweimal ärztlicher Besuch in der Familie nothwendig, und damit war die Noth noch nicht einmal zu Ende. Denn nun brach auch die Kraft des von Schmerz gebeugten, von Sorgen bekümmerten und mit Arbeit überlasteten Vaters. Er, der seit seinen Jugendjahren so wenig gewohnt war, der Schwachheit des Körpers nachzugeben, schien ganz dahinzusiechen. Es fiel ihm schwer genug, als er auf das dringende Verlangen der Aerzte zu einem längeren Landaufenthalt in der Nähe von Augsburg sich entschließen mußte. Aber auch dieser schien die gebrochene Körperkraft und die überreizten Nerven nicht wieder herstellen zu können. „Das nächste Frühjahr wird ihn fortnehmen", hörte er seinen Hausarzt selbst sagen, als er unerwartet in die Gesellschaft einiger Freunde trat, die eben jenen über sein Befinden gefragt hatten. Wie fühlbar machte es sich da, daß die Besoldung eine so schmale war! Und selbst Angesichts dieser drückenden Noth konnte er es damals nicht durchsetzen, daß die ihm zustehende Gehaltszulage, welche ein mit ihm am gleichen Tage als Gymnasialprofessor angestellter College, der sich seit der Trennung der Gymnasien am katholischen befand, schon seit einem Jahre bezog, auch ihm gewährt wurde. Wie dankbar empfand er inmitten der Noth jener sorgenvollen Jahre die Liberalität des Stadtmagistrats, der bei Gelegenheit der Jubelfeier des Sct. Anna-Gymnasiums (1831) jedem der dortigen Lehrer ein Ehrengeschenk von 70 Fl. ausbezahlen ließ! Er hat später noch öfter mit dankbarster Erinnerung davon erzählt, wie wohl ihm

4*

diese — nach den Begriffen unserer anspruchsvolleren Gegen=
wart bescheidene — Summe gethan habe. Und er war noch
nicht einmal am schlimmsten daran; denn seine eigene Bedürfniß=
losigkeit und der Mutter sorglicher Haushalt wußte Einnahme
und Ausgabe im Gleichgewicht zu erhalten; andere Collegen
empfanden die Unzulänglichkeit der schmalen Einnahme noch
drückender und waren, da man in den Kreisen, die allein helfen
konnten, wenig Geneigtheit dazu zeigte, auf den leidigen Trost
jenes alten Wortes angewiesen: solamen miseris socios ha=
buisse malorum; denn an den übrigen Anstalten des König=
reichs stand es auch nicht besser, an mancher noch viel schlechter.
Daß trotzdem eine Reihe von hervorragenden Lehrern, die für
die jüngere Generation als leuchtende Vorbilder dastehen, unge=
brochenen Muthes und unbeirrt durch die äußere Noth, wenig=
stens unsere protestantischen Anstalten auf einer Höhe hielt, von
welcher die Gegenwart heruntergesunken ist, sollte eine starke
Mahnung für diese sein, daß die Hebung unserer Schulen ganz
andere Voraussetzungen hat, als die pecuniäre Aufbesserung des
Lehrerstandes, wovon man jetzt so viel hört und liest.

Auch mein Vater hat sich nie durch diese äußere Noth
brechen lassen. Zeugniß dessen sind außer seiner Schule die
Früchte seiner wissenschaftlichen Arbeit, die gerade in jener Zeit
zahlreich gezeitigt wurden. Schon 1828, als Consistorialrath
Schäfer in Ansbach sein fünfzigjähriges Jubiläum als Rector
und Professor des dortigen Gymnasiums feierte, hatte er die
Gratulationsschrift der Augsburger Collegen verfaßt. Ich er=
wähne sie hier, weil es die erste Schrift ist, die er in den
Druck gab.*) Er unterzog sich dieser Aufgabe um so lieber,

---

*) Solemnia muneris scholastici semisecularia Calendis Majis anni
MDCCCXXVIII rite celebranda viro summe reverendo ingenio humani-
tate doctrina literarum copia florentissimo celeberrimo de rebus scholasti-
cis meritissimo D. Adamo Schäfer, augustissimi Bavarorum regis a
consiliis ecclesiasticis Gymnasii Onoldini professori primario antehac

als sich für ihn mit der Pietät gegen den Jubilar auch das Interesse für die Hauptstadt der Markgrafschaft verband, aus der er stammte. Im folgenden Jahre schrieb er ein Programm de Hercule sapientis stoici exemplo; in das nächste fällt jene schon erwähnte Geschichte der Augsburger Confession und die damals gehaltene Festrede; 1833 und 34 brachte der Schulkatalog Programme von ihm über Hieronymus Wolf, auf die ich zurückkommen werde. Sodann erschienen in den Jahresberichten des historischen Vereins geschichtliche Abhandlungen von ihm, 1837: „Ueber die Haft des Götz von Berlichingen in Augsburg. Nach handschriftlichen Urkunden des städtischen Archivs in Augsburg"; 1838: „Ueber die Sage von einer Schlacht zwischen den Römern und Sueven bei Augsburg"; letztere nur der erste Theil einer größeren Untersuchung, deren zweite Hälfte sich mit der Göttin Cisa beschäftigen sollte, aber nicht mehr erschienen ist. Das folgende Jahr gehörte der Vorbereitung seiner ebenfalls schon erwähnten Buchdruckergeschichte.

Aber zum Schriftsteller war er eigentlich nicht geboren. Jenes stille Arbeiten, das nur den Schreibtisch und das Tintenfaß zu Zeugen hat und der Feder wieder anvertraut, was die Beobachtung oder das Nachdenken gefunden hat, war nicht seine Sache. Sein Arbeiten war nicht bloß ein Forschen, sondern ein fortwährendes Erleben. Wo der Kopf arbeitete, war auch das Herz dabei. Darum regte ihn alles auf. Nur ungern bannte er sich deshalb an den Schreibtisch; es duldete ihn da nicht lange; auf- und abgehend pflegte er zu studieren, meist eingehüllt in dichte Rauchwolken, die seiner Pfeife oder Cigarre entströmten. Zwar bringt es jede gelehrte Arbeit mit sich, daß man immer wieder zur Feder greifen muß, und wenn seine Schüler die ihnen wohlbekannten, grauen, abgegriffenen Folianten, aus denen er ihnen die Themata zu ihren lateinischen und griechischen Arbeiten zu dictieren pflegte, hätten· durchblättern dürfen, so würden sie neben diesen seinen eigenen Entwürfen alle möglichen Excerpte und Notizen in deutscher oder lateinischer Sprache gefunden haben. Schon als junger Lehrer hatte er sie sich angelegt und bis in sein Alter die Einträge fortgesetzt. Aber sie blieben ihm doch nur ein ganz untergeordnetes Hilfs= mittel; die Hauptsache stand in seinem Gedächtniß und arbeitete in seinem Kopfe, und was sich hier neu gestaltete, das mußte im Worte, nicht in der Schrift zur Erscheinung kommen. Er brauchte dazu Menschen vor sich, nicht das gefühllose Papier. Darum war sein Beruf der des Lehrers, nicht des Schriftstellers. Da zeigte aber dann schon die Wärme des Vortrags, die sich oft zur Begeisterung erhob, ohne sich doch jemals in unklare Gefühlsäußerungen fortreißen zu lassen, daß etwas innerlich Erlebtes im Worte nun Form gewann; die Stimme, die Ge= berde, das Wort selber ließ die Hörenden fühlen, daß nicht ein todtes Wissen aus der Vorrathskammer des Gedächtnisses hervorgeholt wurde,. sondern ein lebendiges und darum Leben schaffendes. Nie fehlte die Sicherheit und Bestimmtheit, und doch fühlte man durch, daß auch durch das Aussprechen der Lehrer selbst immer noch lernte; docendo discimus, war ein von ihm selbst gern gebrauchter Spruch. Das hat eben seinem Unterricht das Anregende gegeben, daß die Schüler, die so Zeugen einer unausgesetzt sich erneuernden geistigen Arbeit waren, selbst mit hineingezogen wurden in das Ringen nach dem Erwerb der höchsten geistigen und sittlichen Güter.

Mein Vater fühlte es selbst, wo seine Stärke lag. Er konnte zwar sich aufrichtig freuen, wenn ein Collège sich auch als tüchtiger Arbeiter auf literarischem Gebiete bewährte, und suchte hier anzuregen und aufzumuntern. Denn den rechten Lehrer konnte er sich gar nicht anders denken, denn als einen in der Wissenschaft festgewurzelten, an ihr sich labenden und von ihr sich nährenden Menschen. Aber er verlangte auch,

daß der Gewinn davon vor allem der Schule zu Gute kommen
sollte. Nicht der Ruhm eines Gelehrten, dem sein Unterricht
die Nebensache ist, sondern der eines sich selbst und alles sein
Wissen und Können in den Dienst des Berufs stellenden gelehrten Schulmanns sollte das erste Ziel sein. Gerne erwähnte
er deshalb ein Wort Schleiermachers: Diejenigen Schulen seien
die besten, an denen die wenigsten Programme geschrieben würden, —
ein Wort, das, so paradox es klingt, doch eine tiefe Wahrheit
enthält und gerade in unserer vielschreibenden Gegenwart besondere Beachtung verdient, wo man jene anspruchslose, aber
unendlich segensreichere Thätigkeit, welche sich ganz in den Dienst
der Schule stellt, nur zu sehr zu mißachten geneigt ist, während
man die oft nur allzu leichte literarische Marktwaare, über deren
Abfassung mancher selbstgefällige Lehrer seine Berufspflicht ver-
säumt, noch obendrein als Berechtigungsschein zur Bevorzugung
vor gewissenhafteren und bescheideneren Lehrern ansieht.

Man denkt sich nur zu gerne das Leben eines Gelehrten
eingeengt in seine Studierstube, das eines Schulmanns in sein
Schulzimmer; jenen als einen vom praktischen Leben abgelösten,
in seinen Büchern und Apparaten vergrabenen Mann, diesen
als einen, der nichts anderes zu sehen bekommt, als die Schul-
jugend, die er vielfach schief beurtheilt, weil er das Leben nur
durch das Schulfenster zu sehen gewohnt ist. Es verlohnt sich
kaum, gegen dieses Vorurtheil ein Wort zu verlieren. Der
große Haufe mag sich an den Caricaturen freuen, die ihm von
den Gelehrten und Schulmännern in Wort und Bild so reichlich geboten werden. Er weiß es nicht, versteht es auch nicht,
wenn man ihm sagt, daß eben ihre stille Arbeit es ist, von
der die Welt lebt, nicht sein eigenes Jagen nach Besitz und
Ehre. Wenn man aber das Bild eines Mannes aus solchen
Kreisen richtig und vollständig zeichnen will, muß man auch
einen Blick hineinwerfen in die Umgebung, aus der er seine
Auffrischung und Anregung sog. Wir treten damit nicht in
die prunkenden Gemächer der vornehmen Welt, auch nicht in

die Sonnenstrahlen bewunderter Celebritäten, und nicht in die
rauschenden Vergnügungen einer leichtlebigen, aber hohlen Ge=
sellschaft; es sind bescheidene, manchmal sogar gedrückte und
ärmliche Verhältnisse, vor denen man da den Vorhang lüftet,
so daß diejenigen, welche sich nun plötzlich vor den Blicken der
Menge sehen, vielleicht selbst darüber erschrecken. Und doch ist
ihr unbeachtetes, wohl auch gering geschätztes Dasein ein viel
reicheres, als die meisten ahnen. Zwar gehe ich nicht ohne
einiges Bedenken daran, ob ich recht thue, wenn ich auch die
anspruchslose Verborgenheit an die Oeffentlichkeit ziehe, in der
mein Vater verkehrte. Nun ich werde der Bescheidenheit keines
Lebenden zu nahe treten; aber von den Todten darf ich wohl
reden; ihnen soll der Dank nicht fehlen, den ihnen mit mir noch
mancher andere zollt.

Für meinen Vater war es zunächst der Collegenkreis, in
dem er seinen Verkehr suchte. Er hat sich in dem ersten Jahr=
zehend nach der Trennung der Gymnasien stark verändert.
Nur zwei der einstigen Collegen haben meinen Vater noch in
die Zeit hineinbegleitet, wo er selbst das Rectorat führte, außer
dem Mathematiker Ahrens, dessen bewegtes Leben aber schon
im Jahre 1841 sich schloß, der Professor der Oberclasse Schmidt.
Letzterer war meinem Vater in aufrichtiger Freundschaft ver=
bunden. Welcher Schüler von Sct. Anna erinnert sich nicht gerne
des gelehrten Ehrenmannes, der die Trockenheit seines Unter=
richts wieder ausglich durch die Treue, mit der er seines Amtes
wartete! Eine reine Seele; niemals hat ein Schüler den Mann
trotz seiner Unselbständigkeit und Schüchternheit zu verletzen ge=
wagt. Ein anderer, ihm gleich werther Freund, mit dem ihn
auch die Gemeinsamkeit ihrer religiösen Ueberzeugung verband,
war bald an eine andere Anstalt versetzt worden, wo er bis
vor kurzem wirkte; er genießt jetzt den verdienten Ruhestand.
Unter den jüngeren Kräften, welche nachrückten, waren solche,
die schon ihre Zugehörigkeit zu der Erlanger Burschenschaft
in Verbindung mit meinem Vater setzte, wie Dorfmüller, ein

sehr kenntnißreicher und von dem Philosophen Schelling, seinem Lehrer, besonders geschätzter Mann, und Greiff. Des Letzteren Wirksamkeit am Gymnasium blieb zwar immer auf die untern Classen beschränkt; denn er war von Haus aus Theologe und hatte sich nur der Lehramtsprüfung für diese Stufe unterzogen. Aber sein bescheidener, biederer und dabei praktischer Sinn und seine in allen Lebenslagen gleich bewährte, unerschütterliche Freundestreue haben ihn meinem Vater besonders werth gemacht und engere Bande zwischen den beiden Familien geknüpft. Habe Dank, du treuer Freund unseres Hauses, für das, was du meinem Vater und uns allen gewesen bist! Ohne daß es mein Vater suchte, wurde er für diesen Kreis von selbst, schon als Wagner noch der Anstalt vorstand, ein Mittelpunkt, zumal, da auch Professor Selling, ein ebenso scharfer Kopf, als gelehrter Mann, wenn es auch nur die grammatische Seite war, die ihn an den Classikern anzog, die ebenbürtige Gelehrsamkeit in ihm respectierte, so verschiedenartig auch sonst ihr ganzes Wesen und ihre Lebensanschauung war.

Stärker noch quoll die belebende Anregung aus dem Verkehre mit anderen Feunden. Zwar hatte Rebenbacher sein Beruf von Augsburg weggeführt; aber um so inniger gestaltete sich das Verhältniß zu Bomhard. Es würde etwas Wesentliches in dem Bilde meines Vaters fehlen, wenn ich der Freundschaft mit diesem herrlichen Manne nicht ausführlicher gedächte. Rebenbacher, der Zeuge derselben in ihrem ersten Anfang, hat mir noch kurz vor seinem Tode davon erzählt, wie sehr sich damals schon Bomhard zu „dem Manne mit dem scharfen Verstand und dem tiefen Gemüth", wie er ihn bezeichnet habe, hingezogen gefühlt habe. Von da an haben sich ihre Beziehungen zu einander nur noch inniger gestaltet, bis der Tod sie schied. Es war mehr als der Wunsch eines anregenden Verkehrs, der die beiden Männer zusammenführte; es war das Gefühl, daß sie beide einander brauchten. Nicht in dem utilitarischen Sinn, in dem der Egoist sich zu Nutzen macht, was der andere bieten

kann. Auf verschiedenem Arbeitsfelde und mit verschiedenen
Gaben wirkten sie, aber mit gleicher Begeisterung und nach
gleichem Ziele, und dabei fand jeder an dem andern seinen
sichern Halt. Es lag in Bomhards Art eine außerordentliche
Neigung zu einem sehr subjectiven Christenthum, und zwar war
gerade das der wesentlichste Vorzug bei ihm. Denn eben weil
in ihm die ganze Persönlichkeit predigte, und jedes Wort, das
aus seinem Munde floß, den Eindruck des im eigenen Herzen
Erlebten machte, übten seine Reden eine Wirkung, die man
sich nicht vorstellen kann, wenn man nur seine gedruckten Pre-
digten kennt. Hier müssen die homiletischen Mängel nothwendig auffallen: die Allgemeinheit der Disposition, die oft so gut
wie gar keine ist; der Verzicht auf eine Exegese des Texts; der
Mangel historischer Anschauung, der zwischen dem alten und
neuen Testamente, geschweige denn zwischen den einzelnen Büchern und Autoren, niemals unterschied; sowie die oft stark
rhetorische Färbung. Aber vor wessen Erinnerung zugleich mit
dem gedruckten Buchstaben auch Bomhards ehrwürdige Gestalt
auf der Kanzel von Sct. Jakob wieder aufsteigt, der hat einen
ganz anderen Eindruck davon. In diesen Schwächen lag auch
seine Stärke; man fühlte, daß er nichts Fremdes, sondern ganz
sich selbst gab, wie er war; und er war eine Persönlichkeit, die
hinriß. In seinem Vortrag fehlte jede auf Effect berechnete
Declamation; er war im Ganzen höchst einfach. Es war mehr
Conversationston, der oft erkennen ließ, daß er erst nach dem
rechten Ausdruck suchte, welcher ihm aber immer sofort kam, so
daß der Fluß der Rede nie gehemmt wurde, wenn auch hie
und da die Worte etwas gedehnt und in singendem Tone gesprochen wurden. Aber schon der nächste Augenblick lehrte, daß
nicht Nachlässigkeit oder Unsicherheit der Grund des Zögerns
war, sondern die Ueberfülle der Gedanken, die sich hervor-
drängten. Und es wäre ihm nicht möglich gewesen, sie anders
als in der ihrer würdigen Form an das Licht treten zu lassen.
Wie schwungvoll wurde da oft die immer edle Sprache! Welche

Pracht der Bilder führte sein poetisch gestimmter Sinn an dem
Geiste des Hörenden vorüber! Da gewann dann der Blick an
Leben, es wuchs die Stimme, deren kräftiger Baß eine eigen-
thümliche Wirkung übte, ohne daß er sich jemals zu pathetischer
Declamation hätte fortreißen lassen. Aber die Wärme hatte
etwas Anziehendes; man wurde selbst warm und mußte folgen, wohin er führte; und wie gern folgte man, wenn er die
Thüre aufthat zu den reichen Schätzen, über die er verfügte!
Welche Vertrautheit mit der heiligen Schrift, und nicht Vertrautheit der Lippen, sondern des Herzens! Hier war das Bibel-
wort nirgends ein Buchstabe, der tödtet, sondern überall der
Geist, welcher lebendig macht. „So ihr solches wisset, selig seid
ihr, so ihr es thut", — ja, hier redete ein Geist. der, wenn
man ihn eindringen ließ, nothwendig zur That treiben mußte,
wie er selbst vom Worte zur That durchgedrungen war. Dieses
Gefühl beherrschte den Hörer. Je poetischer aber Bomhards
Anlage war, um so mehr bedurfte er der Schranken, die ihn
vor Irrwegen behütete. Und dieses beschränkende Maß fand er
an der Persönlichkeit meines Vaters. In diesem war der Geist
der Wissenschaft ebenso mächtig und bestimmend für das ganze
Wesen, wie in Bomhard der hohe Flug seiner Phantasie und
die Gewalt des religiösen Gefühls mächtig war. Mein Vater
schätzte die Vorzüge dieser Subjectivität, aber er kannte auch ihre
Gefahren. Wer einmal unter Bomhards Kanzel gesessen ist,
wenn er in das Allegorisieren hineinkam, weiß, wie weit sich oft
seine Phantasie versteigen konnte, so sinnig und poetisch an-
muthend dann auch wohl seine Ausführungen waren. Aber
die Kritik und damit der feste Boden der Bibelerklärung hörte
dann auf. Alle jene Richtungen des Christenthums, deren Wesen
in der Innigkeit des christlichen Gefühls ruht, auch wenn die
Klarheit des Denkens darunter leidet, die alte Mystik, der Pietismus, das Herrnhuterthum u. s. w., hatten für ihn etwas un-
gemein Anziehendes. Das in seiner Subjectivität so einseitige,
und doch so anregende Christenthum eines Joh. Arnd, Scriver,

H. Müller, Schmolke u. s. w. war es, in dem er sich am wohl=
sten fühlte; diese Literatur war ihm so vertraut, wie keine
andere. Dazu reizte ihn das geheimnißvolle Dunkel, in dem
sich die Mystiker aller Zeiten wohl gefühlt haben, und seit Ju=
stinus Kerner in den Gespensterglauben einige Romantik gebracht
hatte, übte er auch auf Bomhard seinen Reiz.

Daß eine solche Persönlichkeit eine mächtige Anziehungs=
kraft auf jene ungeklärten christlichen Kreise üben mußte, wie
sie im Eppelein'schen Hause sich zusammenfanden, ist natürlich;
ebenso, daß auch für ihn die Richtung dieser „Erweckten" etwas
sehr Sympathisches hatte. Dennoch bewahrte er sich ihnen gegen=
über eine selbständige Stellung, und darin machte sich der Ein=
fluß meines Vaters bemerklich. Sein schärferer Blick verstand
die Geister besser zu prüfen und Wahrheit und Irrthum aus=
einander zu halten, als Bomhard. Nicht minder als diesen zog
ihn selbst das Gemüthvolle jener christlichen Strömung an;
aber jedes Hinausfluthen über die Ufer scheute er. Daß die
beiden Männer so fest an einander hielten, war darum für die
Bewegung und Erneuerung des christlichen Lebens in Augsburg
von wesentlichem Einfluß. Sie sind beide mit vielen aus die=
sem engeren Kreise in Berührung geblieben und haben so bei=
getragen, daß die evangelische Gemeinde daraus Nahrung zog;
sie haben aber zugleich verhütet, daß sie von daher durch sepa=
ratistische Elemente Schaden litt.

Die beiden Männer rückten sich durch den ununterbroche=
nen Verkehr während vier Decennien immer näher. Was im
Austausch ihrer Gedanken jeder vom andern empfangen, was
gegeben hat, dem läßt sich nicht nachgehen; darüber könnten sie
wohl selbst nur unvollständige Rechenschaft geben. Aber gar
manches von dem, was am Sonntag von der Sct. Jacobs=
kanzel als ein befruchtender Thau in empfängliche Herzen fiel,
hatte hier seinen Ursprung; und wiederum der Geist, der an
dem Sct. Anna=Gymnasium immer einflußreicher wurde, um
nachher sich volle Bahn zu brechen, hier nährte und kräftigte er

sich. So haben sie beide einander beeinflußt, und doch sind sie beide selbständig geblieben, und keiner hat in die Sphäre des andern übergegriffen. Aber daß sie zusammengehörten, das fühlten sie beide ihr Leben lang. Als Bomhards Körper unter der Last der Jahre allmählich zusammenbrach, war ich nicht mehr in Augsburg. Aber es ist mir eine Aeußerung berichtet worden, die Bomhard von seinem letzten Krankenlager aus ge= than hat, als ihn eben mein Vater verlassen hatte: Das ist der Mann, der mich allein ganz versteht.

Die beiden Freunde trafen sich eine lange Reihe von Jahren regelmäßig inmitten größerer Gesellschaft, in welcher mancherlei anregende Elemente sich berührten. Es war die ein= zige gesellige Vereinigung, an der mein Vater Theil nahm. Zu den Eigenthümlichkeiten des alten Augsburg, über die man auswärts spöttelte, — theilweise mit Recht, weil der reichs= städtische Zopf noch daran hieng, vielfach aber auch mit Un= recht; — gehörten die abonnierten Gesellschaften. Man klagte, daß Fremde nur schwer durch diese verschlossenen Thüren Ein= laß bekämen. Eine der abgeschlossensten von ihnen — zwar nicht aus Grundsatz, aber durch ihr Wesen — war der soge= genannte Apostelgarten. Ich weiß nicht, ob die ursprüngliche Anzahl der Mitglieder oder vielleicht ein Witz über die haupt= sächlich dort vertretene Richtung zu diesem Namen Veranlassung gegeben hat; officiell nannte sich die Gesellschaft nach dem Be= sitzer des Gartens, in dem sie sich eingemiethet hatte, Gesellschaft im Halder'schen Garten. Sie starb, man könnte sagen, an Altersschwäche, wie allmählich — vor nun zwanzig Jahren — die sich ausdehnende Stadt den langjährigen stillen Aufenthalt der Gesellschaft zu ihren Zwecken umwandelte. Erst nahm man zur Erweiterung des katholischen Gottesackers ein paar Tag= werke von dem großen Besitzthum weg; dann verschlang der nahe Bahnhof ein anderes Stück; auf dem Rest entstand die Schrannenhalle und die Turnhalle, Gasthöfe und Privathäuser, und heute erinnert nur noch der Name der „Halderstraße", die dazwischen durchzieht, die wenigen, die sich noch dafür interessieren, an die Zusammenkünfte, die auf dem Platze, in den sich jetzt Tod und Leben getheilt haben, einst in anspruchsloser Verborgenheit stattfanden. Aber vor dreißig und vierzig Jahren stand die Gesellschaft in ihrer Blüthe, deren Zeuge das junge Geschlecht, mit dem ich selbst auf den Wiesen des Gartens mich getummelt habe, noch gewesen ist. An den Tischen in dem „Wäldchen" oder hinter dem Wirthschaftsgebäude sammelte sich an schönen Sommerabenden oder am Sonntag Nachmittag eine Anzahl gleichgesinnter, befreundeter Familien. Es klang zwar unter ihnen noch etwas nach von der Absonderung der Evangelischen und Katholischen zur Zeit der reichsstädtischen Parität. Denn obwohl die Confession keineswegs Gesellschaftsstatut war, trug die Vereinigung einen entschieden evangelischen Charakter; nur selten waren Katholiken unter ihren Mitgliedern; doch darf man deswegen keineswegs auf Intoleranz schließen. Der katholische Gottesacker nebenan hätte keinen Nachbar haben können, der sorgsamer darauf bedacht gewesen wäre, daß sein Friede nicht gestört wurde, als die Apostelgartengesellschaft. Das zeigte die Energie, mit der man den lauten Jungen wehrte, daß nicht Lärm die ernste Feier drüben störte, wenn etwa das Todtenglöcklein herüberhallte und anzeigte, was jenseits der hohen Mauern vorgieng. Es war die Achtung vor der Unverletzlichkeit des religiösen Gefühls, die dies vorschrieb, nicht bloß Rücksicht auf den äußern Anstand. Und diese Achtung, welche die wahre Toleranz ist und überall da sich findet, wo entschiedene eigene religiöse Ueberzeugung, nicht aber, wo an ihrer Stelle äußeres Kirchenthum oder nihilistische Freisinnigkeit herrscht, gab auch der Gesellschaft den Grundton. Es waren die evangelischen Geistlichen, unter denen der Pfarrer an der Barfüßer Kirche, Friedrich Krauß, ein Freund aus der Erlanger Concordia, und der Dekan Geuder meinem Vater persönlich näher standen, dann die meisten Collegen des Sct. Anna-Gymnasiums, einige Beamte und Aerzte, von denen manche, wie Dr. Hertel

und Frhr. von Bernhard ebenfalls schon von Erlangen her zu
seinen nähern Bekannten zählten, und gleichgesinnte Männer
aus dem Kaufmanns= und Bürgerstande, die sich hier zusam=
menfanden. Es gieng ein Geist strenger Ehrbarkeit und Ein=
fachheit durch die ganze Gesellschaft. Was man in andern
Kreisen ausschließlich als Vergnügungen anzusehen pflegt, mu=
sikalische Productionen, Tanzbelustigungen und Bälle, Feuer=
werke und dergleichen gab es hier nicht. Nur einmal im Jahre
nahm der Garten einen festlicheren Schmuck an, am Kinder=
friedensfest. Da machte man der Jugend ihr Vergnügen in
allerlei Festspielen, und die Erwachsenen erfreuten sich mit und
an ihr. Wenn dann das Laub von den großen Kastanien in
der Mitte des Gartens fiel, nahm man Abschied von einander
bis zum nächsten Frühjahr; nur ein Theil der Herren, darunter
mein Vater, hielt auch im Winter zusammen, wenn auch in
einem andern Locale. Aber einmal sah auch das Haus des
Apostelgartens einen Theil seiner Gesellschaft noch beisammen;
denn der 18. October durfte nicht ungefeiert vorübergehen. Da
gestattete man sich sogar Punsch, — bei der Einfachheit, in der
die meisten zu leben gewohnt waren, ein besonderer Luxus, —
und sogar die reifere Jugend durfte Theil nehmen, wenn auch
nur im Nebenzimmer. Es ist bezeichnend für den Geist der
Gesellschaft, daß dies geschah. Jetzt, wo der Patriotismus an
der allgemeinen Stimmung seine fortwährende Anregung und
Stütze findet, hat man kaum mehr ein Verständniß für den
Werth dieses treuen Festhaltens an der nationalen Hoffnung zu
der Zeit, wo sie gänzlich verloren schien, und dieser Pflege
nationalen Sinnes bei dem heranwachsenden Geschlecht. Es ist
mir keine andere Gesellschaft in Augsburg bekannt, wo man in
jener Zeit trauriger politischer Apathie die Erinnerung an die
Leipziger Völkerschlacht durch jährlich wiederkehrende Feier leben=
dig erhalten hätte. Aber dieser kleine, ernste und friedliche
Kreis labte sich auch in der Zeit Metternich'scher Allgewalt und
des Wallerstein'schen und Abel'schen Regiments an den strahlen=

den Großthaten von 1813 bis 1815 und hielt fest an der
Hoffnung ihrer Wiederkehr. Man erkennt leicht darin den
Einfluß der Mitglieder aus dem ehemaligen Erlanger Burschen=
kreise.

In dieser Gesellschaft pflegte mein Vater seine Erholung
zu suchen, und er hat sie dort unter gleichgesinnten Freunden
reichlich gefunden. Hieher pflegte man auch die Besuche zu
führen, die von auswärts kamen; Schubert z. B., der von
München die alten Bekannten von Zeit zu Zeit einmal auf=
suchte, war dann hier verehrter Gast, wie Thiersch alljährlich
zur Zeit der Absolutorialprüfung im August, oder hie und da
einmal Bomhard's trefflicher Bruder, der Ansbacher Schulrath.
Aber auch ohne solche Besuche gab es reichliche Anregung.
Wie manche Erinnerung regt sich hier in mir, die ich zurück=
drängen muß, um nicht zu weit zu schweifen! Nur einen darf
ich nicht übergehen, weil er, an Geist und Gesinnung meinem
Vater sehr nahe verwandt, mit ihm auch in engen Verkehr
trat. Es war der treffliche Dr. Mebold, Redacteur der „All=
gemeinen Zeitung", ein Mann, dessen Einfachheit ihn um so
anziehender machte, je vielseitiger seine gründliche Bildung war.
Auch er war Theologe und Philologe. Ungefähr gleichen Al=
ters mit meinem Vater, hatte er seine Studien an der Uni=
versität seines Heimatlandes Württemberg gemacht; dann schon
im Beginne einer akademischen Laufbahn diese sich verwehrt ge=
sehen und um seiner Theilnahme an der Burschenschaft willen
statt auf dem Lehrstuhl längere Zeit auf dem Hohenasperg zu=
gebracht, ein Opfer der beklagenswerthen Demagogenriecherei.
Auf seine Feder angewiesen, hatte er sich dann mit philologi=
scher und historischer Schriftstellerei beschäftigt, bis er bei der Re=
daction der Allgemeinen Zeitung eine feste Stellung fand. Wer
je mit ihm verkehrte, hatte das wohlthuende Gefühl, daß ihm
ein unabhängiger, von den herben Erfahrungen des Lebens nicht
gebeugter und nicht verbitterter Charakter gegenüberstand, ein
Mann, dessen Wissen ebenso gediegen, wie sein Urtheil sicher,

und seine Gesinnung edel war. Wäre auch nicht in seiner ganzen Art und Geistesrichtung so viel gelegen gewesen, was ihn meinem Vater werth machen mußte, so hätte schon die Gemeinsamkeit der patriotischen Hoffnungen, die sie mit gleicher Wärme hegten, die beiden Männer einander näher bringen müssen. Mein Vater hat ihn schwer vermißt, als die Cholera den liebenswürdigen Mann im Jahre 1854 im kräftigsten Mannesalter dahinraffte.

Kurz zuvor war als einer der Letzten auch der geistreiche Puchta, der Bombards College an der Jakobskirche geworden war, in diesen anregenden Kreis getreten und ebenfalls meinem Vater schnell nahe gerückt. Er hat dann am zähesten an der Gesellschaft gehalten und ihr zuletzt ein humoristisches Grablied gesungen, als mit der allmählichen Zerstückelung des Gartens auch die Gesellschaft immer mehr zerbröckelte, von der ohnedies schon manches Mitglied fehlte. Es war fast um dieselbe Zeit, daß der Tod meiner Mutter dem Vater die tiefe Wunde schlug, die ihn veranlaßte, für immer sich aus jedem gesellschaftlichen Verkehr zurückzuziehen; er bedurfte darum auch des Apostelgartens nicht mehr. Aber gerne lenkte er bei Spaziergängen die Schritte durch jene vereinsamten Gänge, so lange es noch möglich war. Doch lieber noch kehrten seine Gedanken zurück in die Zeiten, wo unter jenen Bäumen und unter dem unscheinbaren Dache des Hauses jene einfachen Symposien stattfanden, deren Werth sich die Ueberlebenden erst ganz zum Bewußtsein brachten, als sie dieselben nicht mehr hatten. „Was für eine Fülle von Geist ist doch oft in diesen Räumen vereinigt gewesen!" sagte er einst auf dem Spaziergange zu mir, indem er sehnsüchtig hinübersah nach dem Gesellschaftshäuschen, das als letzter, ärmlicher Rest des Alten noch zwischen den Neubauten stand. Jetzt ist auch dieser verschwunden; denn „der Lebende hat Recht". Es zieht der Verkehr des Tages geräuschvoll über die Stätte hin, wo in der Verborgenheit familiären Zusammenlebens ein geistiges Leben blühte, von dessen Glück die Menge keine Ahnung hat. Und doch, wohin würde ihr materielles Streben führen, wenn nicht in solchen idealer angelegten Kreisen die werthvolleren Güter des Lebens gehütet und vermehrt würden?

4.

Uebernahme des Rectorats.

Vielfach habe ich schon in spätere Zeit hinübergegriffen,
indem ich das persönliche Leben meines Vaters außer der Schule
schilderte. Mit Absicht; ich kann jetzt um so ungestörter bei
seinem Wirken in der Schule bleiben. Wagner's Zeit gieng zu
Ende. Schon seit 1833 gab er keinen Unterricht mehr; denn
ein sehr schmerzhaftes körperliches Leiden quälte ihn seit Jahren.
Die Leitung der Anstalt aber behielt er noch bis 1840. Mit
großen Erwartungen war sie ihm, wie ich oben erwähnte, einst
übertragen worden. Stand es nun nach zwanzig Jahren besser,
als damals? Nur der Fernerstehende konnte das wähnen. Die
Schäden, an denen sie unter Beyschlag's Rectorat krankte, waren
nicht geheilt, höchstens den Augen anderer entzogen; die Lehrer
aber beklagten es tief, daß sie dieselben nicht bloß bestehen lassen
mußten, sondern auch auf unüberwindliche Hindernisse stießen,
wo sie selbst bessern wollten. Von einem Zusammengreifen des
Unterrichts der einzelnen Classen war keine Rede, geschweige
denn von einer Einheit des Ganzen. Wohl hätten die Collegen
gerne eine solche hergestellt; aber der Rector selbst war es, der
ihr gemeinschaftliches Anbringen auf Vereinbarungen in Lehrerconferenzen vereitelte; denn er scheute sich vor ihrer wissenschaftlichen Ueberlegenheit und suchte sein Ansehen, das er sich nach
außen immer sehr geschickt wahrte, dadurch zu behaupten, daß
5*

er sich in die unnahbare Stellung eines Vorgesetzten über Unter=
gebene zurückzog.

Da griff ein Mann ein, dessen Name für das bayrische
Schulwesen von derselben Bedeutung ist, die er in der wissen=
schaftlichen Welt hat, Friedrich Thiersch. Er durchschaute mit
scharfem Blick die Lage der Dinge, als er im Jahre 1838 zu=
erst die Schule von Sct. Anna besichtigte, mit welcher er dann
länger als zwei Jahrzehnde in der engsten Verbindung geblie=
ben ist. Vergegenwärtigen wir uns zuerst einiges aus dem
Kampfe zur Besserung unseres Schulwesens, den er in der vor=
ausgehenden Zeit geführt hatte!

So freisinnig man unter König Max's I. Regierung in
Schulsachen zu Werke gegangen, und so unbefangen man ins=
besondere in confessioneller Beziehung gewesen war, so war es
doch trotz aller Organisationsversuche eher rückwärts als vor=
wärts gegangen. Was sich an der Verschmelzung der Augs=
burger Gymnasien, die so bald wieder zu einer Trennung führte,
zeigte, war nichts Vereinzeltes, sondern in engerem Rahmen nur
ein Bild davon, wie es im Allgemeinen aussah. Daß Männer
wie Jacobs und Thiersch nach Bayern berufen wurden, daß
ein Protestant wie Niethammer maßgebenden Einfluß im bay=
rischen Schulwesen bekommen konnte, zeigt zwar, wie vorur=
theilsfrei der König dachte, und wie gründlich sein Minister
mit den hergebrachten Uebeln aufzuräumen gewillt war, aber
zugleich auch, daß man die Gegensätze, welche zu überwinden
waren, viel zu gering taxierte. Dritthalb Jahrhunderte waren
die altbayrischen Provinzen die Domäne der Jesuiten gewesen
und durch sie vor jeder Berührung mit der freieren Geistes=
strömung im übrigen Deutschland behütet worden; konnte man
da erwarten, daß eine gründliche Aenderung so glatt abgehen
werde? So richtig die Erkenntniß war, daß das paritätische
Königreich Bayern, dem nun eine so große Zahl neuer, zum
Theil rein protestantischer Gebietstheile einverleibt war, andere
Wege einschlagen müsse, als das ehemalige, kaum halb so große,

rein katholische Kurfürstenthum Bayern eingeschlagen hatte, — man durfte nicht vergessen, daß das ohne Kampf mit der katholischen Kirche nicht abgehen konnte. Man gab sich aber zunächst der Hoffnung hin, es brauche nur eine neue Organisation der Schulen; und indem man sie in Angriff nahm, wählte man noch dazu recht ungeschickte Hände. „Eine Commission von Ignoranten" nennt Thiersch in einem Briefe an Jacobs die Männer, die damit betraut waren.*) Nun hatte aber erst noch die päpstliche Curie durch den Abschluß des Concordats sich wieder eine sehr feste Position auch in dem neuen Königreich erobert. Die Männer, welche dem wohlmeinenden König ihre Kraft zur Verfügung gestellt hatten, erkannten die Gefahr wohl. „Ich kann mir nicht vorstellen", schrieb Jacobs an Thiersch**), „daß . . . der päpstliche Nuntius den Protestanten irgend einen Einfluß auf die katholischen Schulen lassen wird. Hat man doch jetzt schon die protestantischen Schulen nach katholischen Mustern verschnitten. Wer steht dafür, daß man künftig nicht noch weiter darin gehe, und wer könnte es hindern?" Und ein Jahr später ermahnt er Thiersch, einen Ruf nach Göttingen anzunehmen; denn „können die (bayr.) Studieneinrichtungen nicht noch schlechter werden? Geht nicht die Tendenz des Concordats dahin, daß sie wieder rein katholisch, d. h. antiphilologisch werden sollen?" Das Schlimmste aber war, daß man die Sache nicht einmal bei dem rechten Namen nennen durfte, ohne eine Besserung gleich von vornherein unmöglich zu machen. Wie kann ein Arzt eine Krankheit heilen, wenn er nicht einmal den Sitz des Uebels nennen darf? Niethammer war in diesem Falle, als er nach der kläglichen Verschlechterung, welche die bayrischen Anstalten durch die oben erwähnte Commission erfuhren, es offen aussprach, daß für die protestantischen Anstalten ein „katholischer" Plan nicht

---

*) März 1816. Thiersch's Leben I. S. 157.
**) Decbr. 1817. Thiersch's Leben I. S. 169.

tauge. Thiersch hatte ihm mit Holland entschieden von einem
solchen Vorgehen abgerathen. Denn, schreibt er an Jacobs,
(21. Mai 1816), „indem er diese Ansicht aussprach, nahm er
doch so gut, als seine Entlassung. Denn, wie kann man der
Regierung zumuthen, die katholischen Schulen in den Händen
eines Protestanten dann noch zu lassen, wenn sich dieser als
solcher hin, und den katholischen als Gegner, als Haupt der
protestantischen Partei, die er vertrete, entgegenstellt?" Thiersch
hatte gewiß Recht, wenn er dieses Vorgehen als ein unkluges
bezeichnete und es beklagte, „daß dadurch die gründlichen Studien, die Grundsätze allgemeiner Menschenbildung selbst, zur
Parteisache werden". Daß er aber in der Sache selbst gerade
so dachte, wie Niethammer, zeigt, was er hinzusetzt: „Es wird
dabei dem Niethammer ergehen, wie allen, die ihre gute Sache
verlieren, weil sie in der Form gefehlt haben". Diese „gute
Sache" kämpft in Bayern heute noch, wie vor 60 Jahren,
und heute nicht bloß mehr mit der offenen Opposition der ultramontanen Richtung, sondern in unserer Zeit, wo die Phrase
eine nie geahnte Macht erlangt hat, mehr noch mit dem ge-
dankenlosen Schlagwort „Confessionslosigkeit", das in That um-
gesetzt bis jetzt in Bayern nie etwas anderes gewesen ist und
sein kann, als Auslieferung auch der protestantischen Schulen
an den übermächtigen katholischen Einfluß.*)

Wie endlich Thiersch's Bemühungen ihre Früchte trugen,
war deswegen die Gegenwirkung noch nicht aus der Welt geschafft. Daß man den Schulplan von 1829 so schnell wieder
beseitigte, hatte eben den Grund, daß der frischere Geisteshauch
daraus wehte, den jene Richtung, welche Jacobs „die katholische

---

*) Man denke z. B. an den Geschichtsunterricht, den man vor eini-
gen Jahren in München dadurch „confessionslos" gemacht hat, daß man
ihn den Classlehrern übergab, d. h. als Grundsatz feststellte, daß auch Protestanten ihn in Zukunft nur von Katholiken erhalten dürften, die allein
als Lehrer an den drei Gymnasien der Hauptstadt des paritätischen Königreichs zugelassen waren.

d. h. antiphilologische" nannte, nicht vertragen kann. Nun war Thiersch ein zu einsichtiger Mann, als daß er sich überhaupt von Schulplänen viel versprochen hätte. Der seinige allerdings war nothwendig; denn bei der Ungleichmäßigkeit und Zerfahren= heit des damaligen Zustandes der Schulen mußten einmal feste Ziele des Unterrichts aufgestellt, und sein Umfang umgrenzt werden. Das ist aber auch alles, was ein Schulplan nützen kann. Denn das, was in der Schule Leben schafft, ist nicht der Buchstabe auf dem Papier, sondern die Persönlichkeit des Lehrers. Lähmt man diese durch den ersteren, so wirkt auch der beste Schulplan nur schädlich. „Eines schickt sich nicht für alle". Nicht eine Unterrichtsschablone anfertigen, nach der alle Schulen zugeschnitten werden müßten, sondern überall den rechten Mann für den rechten Posten suchen, das allein kann die Aufgabe dessen sein, der auf das Schulwesen eines Landes einen segensreichen Einfluß üben will. Und Thiersch sah sich seine Aufgabe so an.

Als ihm die Visitation der Sct. Anna=Schule im Jahre 1838 übertragen wurde, war ihm mein Vater noch unbekannt. Dessen Vorgesetzten aber hatte er schon als den Verfechter seiner eigenen Bestrebungen auftreten sehen, als er sein Werk „über gelehrte Schulen" veröffentlichte. „Herr Hofrath Wagner, Rec= tor des Gymnasiums zu Augsburg, der gerade hier ist," schreibt Thiersch an Jacobs,*) „sagt mir soeben, daß er für Eichstädt eine Recension meiner Schulschrift zu machen angefangen habe. Mir liegt natürlich der Sache wegen daran, daß sie laut und nachdrücklich zur Sprache kommt, u. s. w." Mit der ihm eigen= thümlichen Gewandtheit scheint Wagner auch auf Thiersch den Eindruck eines bedeutenden Schulmannes gemacht zu haben. Dieser wird also wohl keineswegs mit Voreingenommenheit gegen die Anstalt seine Visitation begonnen haben. Aber was sie herausstellte, scheint ihn ganz enttäuscht zu haben. Denn

---

*) 17. Mai 1826. Thiersch's Leben I. S. 325.

er sprach seine Unzufriedenheit mit dem Zustande der Schule offen und unverhohlen aus. Es mag peinlich genug für die einzelnen Lehrer gewesen sein, daß sie nun zu empfinden bekamen, woran sie selbst am wenigsten Schuld waren. Es bestanden damals noch die öffentlichen Schlußprüfungen bis zu der obersten Classe hinauf. Thiersch wohnte allen an, und jeder Lehrer fühlte sich erleichtert, wenn der seiner Classe zugewiesene halbe Tag vorüber war; denn Thiersch gieng scharf mit ihnen allen in's Gericht. Meines Vaters Prüfung war die letzte. „Wir haben unser Theil; nun bist nur du noch übrig", sagte einer seiner Collegen zu ihm, als er darankommen sollte. Nicht ohne Sorge, was Thiersch wohl sagen werde, aber mit dem Troste eines guten Gewissens beim Blick auf die gethane Pflicht, habe auch er die Prüfung begonnen; — erzählte er später, — Thiersch sei den ganzen Nachmittag ruhig und aufmerksam dagesessen, ohne ihn zu unterbrechen, habe zuletzt die Prüfung für beendet erklärt, sei auf ihn zugegangen und habe ihm die Hand gereicht mit den Worten: „Mein Compliment, Herr Professor!" Er habe ihn dann aufgefordert, ihn in seinem Gasthofe zu besuchen. Dort hielt er nicht zurück mit dem Ausdruck der Unzufriedenheit über das, was er sonst an der Anstalt gefunden, und mit der Anerkennung für meinen Vater und fügte bei: „Sie müssen der Rector werden; Sie sind der Mann dazu!" Der Eindruck dieser Worte war für meinen Vater mehr niederschlagend, als erfreuend. Was wird Schmidt dazu sagen? war sein erster Gedanke. Daß der biedere Freund, der schon Lehrer gewesen war, als er selbst noch auf der Schulbank saß, durch ihn sollte übergangen werden, that ihm wehe, wenn er sich auch nicht verhehlen konnte, daß Schmidt die Eigenschaften fehlten, die ein Rector braucht. Vorderhand war es aber auch noch gar nicht so weit, daß jene Ankündigung zur Thatsache geworden wäre. Thiersch's Urtheil über das Sct. Anna=Gymnasium mag in den maßgebenden Kreisen unerwartet, vielleicht auch unerwünscht gekommen sein; jedenfalls wollte man sich auf dieses hin allein zu einer Aenderung nicht entschließen. Man sandte im folgenden Jahre als Ministerialcommissär den Ober= consistorialrath Faber; die Angelegenheit entschied sich aber dann im Herbste 1840 durch Wagner's zunehmende Kränk= lichkeit von selbst. Eben befand sich mein Vater als Ab= geordneter bei der Generalsynode in Ansbach, als er durch einen Brief seines Collegen Dorfmüller, dessen Adresse ihn zu seinem Befremden schon als Rector bezeichnete, die Nachricht er= hielt, daß er Wagner's Nachfolger geworden sei. Nur kurze Zeit genoß Wagner noch die Ruhe nach seinem Rücktritt. Schon das folgende Jahr erlöste ihn von seinen schmerzlichen körper= lichen Leiden.

Seine Gewandtheit in der Führung der Amtsgeschäfte er= kannte mein Vater gerne an und gab dem auch ungeheuchelten Ausdruck bei seinem Amtsantritt. Um so weniger aber war er mit dem Geiste einverstanden, in dem er die Anstalt geleitet hatte; er war entschlossen, einen andern zu pflanzen. Nicht ohne die ernstlichste Selbstprüfung ist er an dieses Werk ge= gangen; die persönliche Ehre war es nicht, die er suchte; durfte er nicht der Anstalt Farbe und Gehalt geben, so war ihm das von ihm ohnedies nicht gesuchte Amt werthlos.

Vor allem kam es nun darauf an, ob man ihn von oben auch gewähren lassen würde, wenn er es versuchte, das Bild einer humanistischen Anstalt, wie es in seinem Geiste stand, zu verwirklichen. Er begab sich deswegen nach München, um dem Minister selbst vorzutragen, was der Anstalt noththue. Abel war der Mann, mit dem er sich auseinanderzusetzen hatte. Ich weiß nicht, was der damals allmächtige Hort der Ultramontanen sich bei den Erörterungen des neuen Rectors, der früher aus seiner evangelischen Ueberzeugung kein Hehl gemacht, hatte und sie jetzt am wenigsten unterdrückte, gedacht hat. Aber der Ein= druck, den er machte, muß ein günstiger gewesen sein; denn mein Vater erreichte seinen Zweck vollständig. In die Fensternische zurückgelehnt, hörte ihn der Minister ruhig an und erwiderte:

„Thun Sie, was Sie für gut finden, aber — fragen Sie nicht erst ausdrücklich an!" Er habe, erzählte mein Vater später, diese Worte als eine ihm für immer gegebene Vollmacht angesehen, die ihm während seiner Amtsführung über manche Schwierigkeit weggeholfen habe.

So gieng er denn getrost an das Werk im Vertrauen auf eine höhere Hilfe. „Wo der Herr nicht das Haus bauet, da arbeiten umsonst, die daran bauen", — mit diesen Worten hat er am 19. October 1840 seine Antrittsrede begonnen, nachdem er seinen Amtseid abgelegt hatte. Es waren schlichte Worte, die er an das anwesende Publikum, die Collegen und die Schüler richtete; nichts von den tönenden Phrasen gemachter Sentimentalität, die man bei solchen Gelegenheiten oft zu hören bekommt; nichts von einem viel versprechenden Programme in Aussicht genommener Ziele und künftiger Leistungen; aber der sittliche Ernst, mit dem sich das Bewußtsein der großen Verantwortlichkeit, die er übernahm, äußerte, verfehlten ihre Wirkung nicht. Noch nach 34 Jahren hat der Geistliche, der ihm die Grabrede hielt, von dem Eindruck erzählt, den er empfieng, als er damals unter den Zuhörern saß. Daß es anderen ebenso ergieng, zeigt der Beisatz, der dem Abdrucke der Rede im Jahresbericht von 1841 beigefügt ist: „Wurde auf Verlangen gedruckt".

Daß ein neuer Geist mit der neuen Leitung in die Anstalt einziehen würde, wußten und fühlten vor allem die Lehrer. Auch die Besorgniß, daß Schmidt sich zurückgesetzt fühlen werde, war vergeblich gewesen. Die Sprache der Adresse, welche das Lehrercollegium ihm an diesem Tage überreichte, legt mir die Vermuthung nahe, daß sogar er es gewesen ist, der den Gefühlen der Gesammtheit hier Ausdruck lieh. Enthält sie auch mehr Lob, als mein Vater gerne hörte, so ist sie doch ein Zeugniß der Gesinnung, welche die Collegen ihm entgegenbrachten. Er hatte von der ihm zugedachten Aufmerksamkeit so wenig eine Ahnung, als von dem Fackelzug, mit dem ihn die Schüler des Gymnasiums Abends überraschten; er würde sonst wohl beides

abgelehnt haben. Denn ohnedies kein großer Freund von Fest=
lichkeiten, zumal wenn er selbst der Mittelpunkt sein sollte, war
er am wenigsten dazu der Mann, sich schon. im Voraus feiern
zu lassen. Freilich galt die Feier nicht ausschließlich der Zu=
kunft, sondern war vielmehr hervorgegangen aus dem bisher er=
worbenen Vertrauen. In so ferne konnte sie ihn freuen; denn
sie war nur eine Erwiderung der Gesinnung, die er selbst den
Collegen entgegenbrachte. „So lassen Sie uns denn, theuerste
Freunde", — so hatte er am Vormittag zu ihnen gesprochen
— „getrost und muthig die Hand an's Werk legen! Eng ver=
bunden wollen wir bleiben durch die Einigkeit des Geistes, treu
und unerschütterlich wollen wir zusammenhalten in allem, was
wir als recht und gut erkennen; die unumwundenste Freimüthig=
keit und Offenheit herrsche in unsern Berathungen über das
Wohl der Schule; aber nie soll es von einem unter uns ver=
gessen werden, daß die Liebe das Band der Vollkommenheit ist." —
Es leben nur noch zwei von denen, zu welchen er so gesprochen;
die andern alle schlafen unter der Erde. Aber jene zwei, die,
damals noch an der Schwelle ihrer Lehrthätigkeit, seitdem als
seine werthen Gehilfen im Lehramt grau geworden sind, können
bezeugen, ob er diese Gesinnung gegen sie auch durch die That
zur Wahrheit gemacht hat.

Es galt nun vor allem, aus den ungleichartigen, locker
zusammengefügten Theilen, die er vorfand, ein wirkliches Ganzes
zu machen, und daß die Schule von Sct. Anna unter ihm eine
Anstalt aus einem Gusse geworden ist, kann niemand bestreiten.
Es war ihm große Freude, als noch am Abend seines Lebens
eine competente Stimme dies neidlos anerkannte. Es war einer
unser trefflichsten Schulmänner, der selbst ein halbes Jahrhun=
dert in der Schule zugebracht hat, welcher ihm darüber schrift=
lich seine Freude ausdrückte. Daß im Verlauf der Jahre wenig
Wechsel im Lehrpersonal eintrat, und daß die meisten der nach=
rückenden jüngeren Lehrer entweder aus seiner Schule selbst her=
vorgegangen waren oder doch ihre Praxis als Lehrer unter ihm

begannen und sich so leichter einlebten in die Eigenart des Ganzen, war ihm dabei von großem Vortheil. Denn daß die Persönlichkeit der Lehrer das Gedeihen einer Anstalt bedingt, war ihm ebenso klar, als es ihm feststand, daß auch unter den tüchtigen Lehrern nicht jeder an jede Anstalt taugt. Er sah es daher als selbstverständlich. an, daß bei einer Erledigung der Vorschlag des Rectors hauptsächlich entscheidend sein müsse. Das Gewicht, welches sein energisches Wirken ihm bald verschaffte, bewirkte auch, daß bei neuen Besetzungen, die im Laufe der Zeit nothwendig wurden, seine Anträge fast ausnahmslos durchdrangen. Als er einmal durch ein Rescript überrascht wurde, daß ein Lehrer, der sich durch seine politische Thätigkeit anderswo mißliebig gemacht hatte, an seine Anstalt versetzt werden sollte, trat er so energisch dagegen auf, daß man es unterließ.. Der ihm zugedachte College war ihm persönlich aus früherer Zeit bekannt und wissenschaftlich sehr tüchtig; aber er wußte auch, daß er mit ihm ein störendes Element, das sich in die mühsam errungene Ordnung nicht fügen würde, bekommen hätte; darum mußten alle persönlichen Rücksichten schweigen. Dagegen galt es ihm als Regel, daß diejenigen Candidaten, welche sich als Inspectoren an dem ihm gleichfalls unterstellten Erziehungsinstitute bewährt hätten, den ersten Anspruch auf eine Stelle an der Studienanstalt und ein besonderes Recht auf seine Vertretung hätten. Als ein Inspector, der mehrere Jahre mit hingebender Treue sein Amt versehen hatte, wegen einer schweren Gemüthskrankheit dasselbe hätte niederlegen müssen und dann nach seiner Genesung nur mehr an einer kleinen isolierten Lateinschule Verwendung fand, hielt er es bei der ersten Erledigung, die sich in Augsburg ergab, für seine Pflicht, darauf zu bringen, daß kein anderer als dieser, den er auch um seiner edlen Gesinnung willen schätzte, die Stelle bekäme, und er setzte es durch.

So wuchs ihm ein Lehrercollegium heran, wie er es sich wünschte, und an der Spitze dieser von ihm hochgeschätzten

Amtsgenossen konnte er nun in mehr als dreißigjähriger Thätig=
keit zur Ausführung bringen, was ihm vom ersten Augenblick
an klar erfaßtes Ziel war. Die zwei Factoren, deren Ergebniß
die wahre humane Bildung ist, das Christenthum und das clas=
sische Alterthum sollten nicht bloß die Aushängschilder, sondern
die Grundpfeiler seiner Anstalt sein.

Ehe ich aber eine eingehendere Schilderung seiner Grund=
sätze versuche, möge hier ein völlig unparteiisches Zeugniß stehen,
wie weit sie zur Geltung gekommen sind. Vor etwa einem
Jahre las ich in einer Zeitung „Erinnerungen eines Müncheners“,
der in seiner Jugend in ein von seiner Vaterstadt „nicht sehr
entferntes Institut“ gebracht wurde, dessen Schattenseiten er
keineswegs zu milde beurtheilt. Ich werde auf diese selbst noch
kommen, kann sie also hier bei Seite lassen. Jeder, der mit
den Verhältnissen bekannt ist, wird sofort aus den dort ange=
führten Einzelnheiten das Collegium bei Sct. Anna erkennen.
Hier heißt es nun: „Das Gymnasium war der Ausbildung der
Jugend förderlich. Die Classiker wurden in verständigem Geiste
behandelt, der Formalismus nicht ungebührlich in den Vorder=
grund geschoben, und die Freude an den Werken der Alten
nicht geschmälert. Viele zeichneten sich dadurch aus, daß sie
freiwillig — über die ihnen auferlegten Aufgaben hinaus —
bedeutende Theile griechischer und römischer Schriftsteller lasen.
Eine sinnige Führung wirkte gut auf die Ausbildung des Ge=
schmackes ein, auf welche zu jener Zeit noch Werth gelegt wurde,
während es sich heutzutage vornehmlich um das Anhäufen so=
genannter Kenntnisse handelt. Die guten Ueberlieferungen hu=
manistischer Weltanschauung, wie sie die Gebildeten des Volkes
zur Zeit seiner Erniedrigung auszeichneten, und gegen welche
wir jetzt, in den Zeiten des militärischen Glanzes, den plumpsten
Utilitarismus eingetauscht haben, beherrschten jene Schule. Noch
heute bilde ich mir etwas darauf ein, daß ich im Alter von
vierzehn Jahren mich über Schiller's Abschied des Hektor von
Andromache lustig zu machen wußte, nachdem ich die Schilderung

der nämlichen Scene im sechsten Gesange der Ilias gelesen hatte.
Der Abstand jener larmoyanten Rhetorik im akademischen Zopf=
stil der Franzosen von der wunderbaren Natürlichkeit des joni=
schen Sängers fiel mir auf, und daß er mir auffiel, war ein
Verdienst der classischen Schulung. — Unsere Nachkommen wer=
den schwerlich mehr den Vortheil ähnlich geleiteter Anstalten
genießen . . . . Wir aber haben vor nahezu dreißig
Jahren noch etwas eingeimpft bekommen, was den Philistern
ein Aergerniß und den Forderungen der Jetztzeit eine Thorheit
ist: die Empfänglichkeit für ideale Gestaltung und den Abglanz
der hellenischen Welt. Mancher von denen, die damals erzogen
wurden, geht, von anderen arm geheißen, durch's Leben. Er
ist aber reich, und jene anderen würden sein Loos beneiden,
wenn sie im Stande wären, Dinge zu begreifen, die ihnen ver=
schlossen sind und bleiben, mögen sie auch in dieser unserer
heutigen „Gesellschaft" stehen und gebieten, wo sie immer wollen".
— Ich weiß nicht, wer der Mann ist, der so geschrieben hat;
aber die Dankbarkeit für die Mittheilung hoher Güter, die der
Grundton dieser Worte ist, habe ich bei zahlreichen andern
Schülern meines Vaters in gleicher Weise gefunden, die sich
noch spät freuten, bei Sct. Anna mit einer Kost genährt wor=
den zu sein, die ihre stärkende Kraft durch das ganze folgende
Leben bewährt hat.

5.
Grundsätze der Erziehung und des Unterrichts.

Christliche Erziehung, — das war die erste Aufgabe, die sich mein Vater stellte. Es gibt freilich keinen Lehrplan, der sie nicht auch vor allen Forderungen hinstellte, und gewiß keine Anstalt, die das Gegentheil als ihr Princip bezeichnete. Aber vom Wort, das man ausspricht, bis zur Verwirklichung durch die That ist immer noch ein weiter Weg. Der Geist, den er pflegen wollte, war natürlich der des evangelischen Christenthums, und weit entfernt, das zu verhüllen, legte er vielmehr einen besonderen Ton auf diese bestimmtere Bezeichnung eines Namens, der für alles Mögliche herhalten muß. Nicht als ob er damit allein gestanden wäre. Auch an anderen protestantischen Anstalten Bayerns gab es Männer, die festhielten an der evangelisch=christlichen Grundlage unserer Schulen und ihnen ihre Eigenart nicht verkümmern ließen. Aber mit gleichem Nachdruck sind wenige dafür eingetreten, wie mein Vater. Allerdings hatte er auch nahe genug zu sehen Gelegenheit gehabt, was ohne sie heraus kommt; er hatte begonnen unter Verhältnissen, wo die katholische Anschauung den Ton angab, und dann sich gedrückt gefühlt unter dem Scheinwesen, das protestantisch hieß, es aber nicht war.

Aufzuräumen mit dieser überkommenen Erbschaft, war die nächstliegende Aufgabe. Wie nachdrücklich er sie in Angriff nahm, davon könnte man selbst bei den Akten der übrigen Rectorate

Belege finden. Gleich im erſten Jahre ſeiner Amtsführung
z. B. erſchien eine Miniſterial=Entſchließung, deren Betreff „das
Maifeſt bei Sct. Anna in Augsburg" ſchon zeigt, wer dazu
Veranlaſſung gegeben hat, daß damals dieſe Frühlingsfeſte Ge=
genſtand beſonderer Beachtung wurden. Mein Vater hatte keine
Aenderung für die übrigen Anſtalten verlangt, ſondern nur für
die ſeinige die Abſchaffung eines Mißbrauchs durchſetzen wollen;
aber man ließ ſich durch das Gewicht ſeiner Vorſtellung be=
ſtimmen, eine allgemeine neue Anordnung zu treffen. Nicht die
Maifeſte waren es, denen er feind geweſen wäre; er erkannte
gerne die Berechtigung eines Frühlingsfeſtes der Jugend in den
Schranken an, in denen ein Schulfeſt ſich halten ſoll. Aber
dieſe Schranken waren vollſtändig zerbrochen. In den Maifeſten
und in der Preiſevertheilung am Schluſſe des Schuljahres, wie
ſie waren, hatte man echte Reſte der Jeſuitenerziehung vor ſich,
mit denen man der Gleichförmigkeit wegen auch die proteſtan=
tiſchen Anſtalten belaſtet hatte. Nicht ein Feſt der Jugend, ſon=
dern eine Production für das Publikum waren ſie. Die mu=
ſikaliſchen Vorträge, zu denen außer befähigten Zöglingen be=
zahlte Muſiker verwendet wurden, die nach theatraliſchem Effect
haſchenden Declamationen, deren Lohn der Beifall des Publi=
kums war, die ganze ſonſtige Ausſtattung erinnerte nicht bloß
an jene bekannten theatraliſchen Schauſtellungen der Jeſuiten=
ſchulen, mit denen ſie das Publikum köderten und an der Jugend
ſündigten, indem ſie dieſelbe den Flitter der Eitelkeit lieben
lehrten und die wahre ſittliche Bildung des innern Menſchen
ihr verwehrten, ſondern es war die Fortſetzung dieſes Geiſtes
ſelber. Andere machen tapfere Worte gegen ihn oder glauben
ihn beſeitigt, wenn ſie mit Entrüſtung die Behauptung zurück=
weiſen, daß noch eine Spur von ihm in den bayriſchen An=
ſtalten vorhanden ſei; mein Vater machte Ernſt mit der That
und verbannte ihn. Daß die Reform auch auf die übrigen
Anſtalten ausgedehnt wurde, hatte wenig Werth. Bei Sct. Anna
beſeitigte man etwas, was ſich mit dem Geiſte, der nun dort

zur Herrschaft kam, nicht vertrug; an mancher andern Anstalt
wurde nur ein lieb gewordener und ungern vermißter Brauch
damit beseitigt, der daher auch bald wieder in voriger Weise
auflebte. Ein Beweis, wie wenig es statthaft ist, von den Bedürfnissen einer Anstalt aus Maßregeln für alle zu treffen.
Laßt jedem das Seine! — Bei Sect. Anna hielten sich die Mai-
feste stets in den bescheidenen Grenzen von Schulfesten; und in
späteren Jahren ist es sogar einmal vorgekommen, daß mein
Vater, als man ihn nöthigen wollte, aus diesem Rahmen heraus-
zugehen, allerdings auch entrüstet über die Art, wie das geschah, sein Entlassungsgesuch eingereicht hat; es bedurfte damals der persönlichen Vermittelung des Regierungspräsidenten,
in dessen Abwesenheit die Sache vorgekommen war, daß er es
wieder zurückzog. Declamationen, bei denen darauf gehalten
wurde, daß aus den Gymnasialclassen nur eigene Arbeiten der
Schüler zum Vortrag kamen, abwechselnd mit musikalischen Vorträgen, die allerdings oft bestätigten, daß die Musik nicht die
starke Seite des Sect. Anna-Gymnasiums war, lockten in der
Regel nur ein kleines Publikum in den Saal des Collegiums;
ein gemeinschaftlicher Spaziergang der Lehrer und Schüler bildete die zweite Hälfte des Festes. Ebenso wenig Aufsehen
machte die Preisevertheilung am Schlusse des Schuljahres, die
fast nur von denjenigen aufgesucht wurde, welche die Rede, die
der Rector bei dieser Gelegenheit zu halten hat, nicht versäumen
wollten. Denn jene prunkvolle Zurschaustellung und Ablohnung
des Schülerfleißes, wo jeder, der in seiner Classe den ersten
Platz einnahm, unter Pauken- und Trompetenschall dem Publikum vorgeführt wurde, war hier auf ein sehr bescheidenes Maß
reduciert. Es war genug, daß Preise ausgetheilt werden mußten,
deren Freund mein Vater ohnedies nicht war. Er machte daher
die Ceremonie selbst so einfach, als es ihm gestattet war, und
verwendete auch auf die Preisebücher nie große Summen. Die
eigentliche Schlußfeier der Anstalt, in welcher er die Abiturienten entließ und ihnen ihre Zeugnisse einhändigte, nahm er gar

nicht vor dem Publikum, sondern in einem der Schulzimmer, in dem sich vor jenem öffentlichen Akte sämmtliche Lehrer und Schüler einfanden, vor, — eine Feier, die ihn immer tief ergriff. Eine Morgenandacht, wie sie sonst täglich an der Anstalt stattfand, mit Absingung eines Gesangbuchverses unter Orgelbegleitung und Verlesung eines biblischen Abschnittes und eines Gebetes, eröffnete sie; dann hielt er eine Ansprache an die zu Entlassenden, — immer frei, während er die Preisevertheilungsrede abzulesen pflegte, — und verabschiedete jeden Einzelnen, indem er ihm sein Zeugniß übergab. Gemeinsamer Gesang beschloß dann die Feier, deren Einfachheit die Wirkung der aus tief bewegtem Herzen kommenden Worte erhöhte. Sie hat gewiß in allen, die hier Abschied von den Räumen der Schule genommen haben, eine bleibende Erinnerung hinterlassen.

Je anspruchsloser die Anstalt nach außen auftrat, um so tiefer giengen die sittlichen Anforderungen, die sie stellte. Dies zeigte sich zunächst in der Disciplin. Bei Sct. Anna sprach man nicht viel davon; aber um so mehr war Disciplin da. Die dortige Zucht war auswärts als sehr streng bekannt; nicht mit Unrecht. Man konnte wohl in fernstehenden Kreisen auch auf Anschauungen treffen, die sich insbesondere das Collegium bei Sct. Anna als eine Anstalt vorstellten für ungerathene Söhne, die einer strengen Aufsicht bedürften. Das Letztere war nun eine sehr irrige Auffassung. Die Strenge jener Pädagogik war alles eher, als eine polizeiliche Aufsicht, die dem Schüler fortwährend im Nacken saß und ihren Vergehungen nachspürte, um sie strafen zu können. Von einem Herumschicken des Pedells in den Wirthshäusern und auf den Zimmern der Schüler, von dem Ausspähen verbotener Handlungen, von dem Kenntlichmachen der Schüler durch vorgeschriebene Kleidung u. dergl., wußte man bei Sct. Anna nie etwas. Jene kleinlichen Nergeleien, die nur einen Stachel in den Herzen der Jugend zurücklassen, nimmermehr aber bessern und den Abscheu vor dem Schlechten und Gemeinen wecken, kannte man auch nicht. Und doch wußte und fühlte

jeber, daß eine Strenge über ihm wachte, die unter Umständen
unerbittlich war, und gegen die man sich doch nicht aufzulehnen
wagte, weil sie aus dem tiefsten sittlichen Ernste herausgeboren
war. Es war die Strenge, zu der der Gute mit Ehrfurcht
aufschaut, vor welcher der Schlechte mit Zittern die Flucht er-
greift; die Strenge, durch die man das Wohlwollen doch durchfühlt, selbst wenn sie mit vollster Schärfe den Schuldigen trifft,
wenn anders in ihm noch ein sittlicher Kern vorhanden ist.
Wir haben ihn alle an uns empfunden, den Ernst dieser Zucht,
wir alle, die wir bei Sct. Anna in die Schule gegangen sind;
wir haben auch alle Beispiele davon erlebt, wie wenig sie ihrer
spotten ließ. Ich kenne manchen, der sich ungern darein fügte;
aber ich habe keinen im spätern Leben gefunden, der nicht mit
Dankbarkeit darauf zurückgesehen hätte.

Sehr zu statten kam es ihm in dieser Hinsicht, daß er
mit dem Rectorat zugleich auch die Vorstandschaft in dem Collegium bei Sct. Anna bekam, wodurch ein großer, später etwa
der dritte Theil der sämmtlichen Schüler auch außer der Schulzeit unter seine unmittelbare Aufsicht kam. Es hat auch dieses
Erziehungsinstitut durch ihn eine besondere, und zwar sehr ausgesprochene Farbe erhalten, wie das Gymnasium. Man mag die
Richtung lieben oder hassen, — es liegt in der Thatsache, daß sich
das Urtheil so spaltet, kein Vorwurf; Bewunderer und Hasser
haben nur die ganzen Männer und ihre Schöpfungen; mit der
Farblosigkeit liebäugelt man wohl; aber lieben kann man ihre
inhaltslose Nichtigkeit ebenso wenig, als sie sich selbst zu den
Gefühlen der Liebe und des Hasses aufschwingen kann. Daß
aber das Collegium bei Sct. Anna nichts Halbes, auch nichts
Gewöhnliches war, wissen alle, die es kannten, auch diejenigen,
welche nur seine Mängel beachten mochten, gegen welche kein
gerechter Beurtheiler die Augen verschließen wird; es sind dieselben, welche bei jeder Erziehungsanstalt mehr oder minder sich
einstellen, weil sie unvermeidlich sind. Es lag aber in der
Stiftung selbst, — nicht wie er sie von seinem Vorgänger

6*

überkommen hatte, sondern, wie sie von den Stiftern einst ge=
gründet worden war, und wie er sie nach ihren Intentionen
wiederherzustellen bemüht war, — etwas, was seinen Herzens=
neigungen und pädagogischen Zielen besonders entsprach. Es
sei mir darum gestattet, aus der Geschichte der Anstalt zum
Verständniß der Thätigkeit meines Vaters einiges hier einzu=
schalten.

Als am Ende des sechzehnten Jahrhunderts die Kraft der
Reformation durch das unerquickliche theologische Gezänke soweit
gelähmt war, daß die Jesuiten ihre Rückeroberungspläne mit
Erfolg in's Werk zu setzen beginnen konnten, war auch die
Reichsstadt Augsburg einer der Kampfplätze, die sie sich mit
kluger Berechnung für ihre Thätigkeit ausersehen hatten. Der
Umstand, daß unter den tonangebenden Familien einige, ins=
besondere die Fugger, der Reformation nicht beigetreten waren
und durch ihren Einfluß auch einen Theil der Bürgerschaft
davon zurückgehalten hatten; ferner die Begrenzung des Stadt=
gebietes durch das bischöfliche, in dessen Residenzstadt Dillingen
der neue Orden unter allen geistlichen Territorien zuerst Auf=
nahme gefunden hatte; dazu die Nähe und der durch mancherlei
Beziehungen nicht geringe Einfluß Bayerns, dessen bigotter Herzog
Wilhelm vollständig in ihren Banden lag, — das alles stellte
ihnen hier ein ergiebiges Arbeitsfeld in Aussicht. Der Zustand
der evangelischen Schulen in Deutschland bot überdies ein ge=
treues Abbild der kirchlichen Spaltungen. Wie war doch der
Geist Melanchthons an vielen Orten so bald vergessen und ver=
drängt worden! Zwar die Augsburger Schule bei Sct. Anna
hielt noch fest an ihm; denn Melanchthons Schüler, der gelehrte
Hieronymus Wolf, stand ihr noch vor, und innerhalb der Augs=
burger Geistlichkeit lebte noch der nämliche Sinn, der auch unter
der intelligenten Bürgerschaft seinen Wiederklang fand. Aber
man hatte die Erfolge bereits gesehen, welche anderswo die
blendende Erziehungsmethode der Jesuitencollegien erreicht hatte
und in täglich wachsendem Maße noch erreichte; man sah, wie

selbst Protestanten ihre Söhne lieber von ihnen zu geschmeidigen,
für das Weltleben hergeputzten Menschen bilden ließen, als sie
der strengen und oft finstern und schroffen Zucht zu überlassen,
welche an den protestantischen Schulen so vielfach an die Stelle
der Begeisterung für das Alterthum und die religiöse Erneue=
rung der Zeit getreten war. Im Jahre 1580 waren nun die
Jesuiten durch die reichen Geldspenden Anton Fugger's in den
Stand gesetzt, auch in Augsburg ein Collegium zu gründen.
Die evangelische Bürgerschaft wurde von der größten und be=
rechtigtsten Besorgniß erfaßt, und auf Veranlassung eines dank=
baren Schülers Wolf's, des Patriciers Joh. Bapt. Hainzel, der
seinen verehrten Lehrer dabei vor allem zu Rathe zog, und unter
eifriger Betheiligung gleichgesinnter Männer, unter denen be=
sonders Martin Zobel durch großartige Opferwilligkeit sich her=
vorthat, wurde das Collegium bei Sct. Anna errichtet als ein
Bollwerk des evangelischen Glaubens gegen die zur Zeit noch
sehr verstedten, bald aber mit aller Rücksichtslosigkeit offen ge=
führten Angriffe der Jesuiten. Hainzel erlebte selbst die Er=
öffnung nicht mehr; er wurde, schon ehe das Jahr 1580 zu
Ende gieng, in seine Familiengruft in der Sct. Anna=Kirche
gesenkt, in die er wenige Tage zuvor seinen Lehrer und Freund
Wolf hatte legen lassen.*) Noch auf dem Sterbebette hatte er dem
Senior Dr. Gg. Müller, Pfarrer bei St. Anna, das Versprechen
abgenommen, daß er die Vorstandschaft des neu zu errichtenden
Collegiums übernehmen wollte. Daß dieser auch der rechte Mann
dazu war, hat er nachher während seiner leider nur kurzen
Amtsführung bewiesen. Nicht als ein Erziehungsinstitut im
gewöhnlichen Sinne ist also das Collegium bei Sct. Anna ent=
standen, sondern es sollte „ein Seminarium des Ministerii und
Grundsäule der evangelischen Kirche sein und bleiben", wie die
Stifter es ausdrückten. Sie legten darum einen besonderen
Werth darauf, daß der Vorstand immer ein Theologe sein

---

*) Wolf starb am 8., Hainzel am 25. October 1580.

müsse. Ebenso machten sie den Vorbehalt, daß, wenn einmal die Lehre der Augsburger Confession in Augsburg abgeschafft, oder Kirchenpfleger, die ihr nicht angehörten, zu Administratoren verordnet würden, sie oder ihre Erben die Kapitalien als ihr Eigenthum wieder zurücknehmen dürften.

Aus der Sorge um die theure Errungenschaft der Reformation in's Leben gerufen, zum Kampfe gegen den Jesuitismus bestimmt, ist das Collegium bei Sct. Anna in der ganzen folgenden Kirchengeschichte Augsburg's von Bedeutung gewesen. Nicht war es der Stifter Meinung, daß es nur eine Pflanzschule für Theologen sein sollte; die Zöglinge besuchten das Gymnasium, und die Wahl des Universitätsstudiums stand ihnen frei. Des theologischen Streits gab es ohnedies genug in der Welt; der freie evangelische Geist aber, der an keine Berufsclasse gebunden ist, sollte ausströmen von dieser Pflegestätte der Jugend; ihre Erziehung, basiert auf der Grundlage der Freiheit der Gewissen, die keine andere Autorität kennt, als die heilige Schrift, und keine andere Rechtfertigung vor Gott, als die durch den Glauben, sollte ein fortwährender lauter Protest gegen die Vertauschung der Begriffe sein, welche die Unterwürfigkeit unter einen Priesterstand Frömmigkeit und die Dienstbarkeit für dessen Interessen kirchliches und christliches Leben heißt. An dem nämlichen Tage, wo die Jesuiten den Grundstein zu ihrem Collegium legten, am 5. Februar 1581, haben auch die Stifter des Collegiums bei Sct. Anna den Grundstein zu dem ihrigen gelegt. Als mit der Aufhebung des Jesuitenordens auch sein Augsburger Collegium aufhörte, war auch das Collegium bei Sct. Anna bereits im Dahinsiechen; denn die bis in die kleinsten Verhältnisse des bürgerlichen Lebens ausgedehnte Parität, in deren streng eingehaltenen Schranken zuletzt die beiden Religionstheile ihrem gegenseitigen Kampfe ein Ende, sich selbst aber auch vielfach vor der übrigen Welt lächerlich machten, hatte in Verbindung mit den allgemeinen Zeitverhältnissen überhaupt das frische Leben der Reichsstadt erstarren gemacht. So stockte auch

der Lebenssaft in jenem kleineren Organismus. Das „prote=
stantische" Collegium war jetzt kein protestierendes und darum
auch kein lebenweckendes mehr. Man dachte sich bei dieser
Benennung kaum mehr etwas anderes, als wenn man vom
„katholischen" und „protestantischen" Stadtmilitär sprach. Im
Jahre 1799 war nur noch ein einziger Alumnus vorhanden;
als dieser die Universität bezog, ließ man die Anstalt eingehen.

Aber wie ganz anders war es einst gewesen! Man lese
die Statuten, die der erste Ephorus, Dr. Müller, entworfen
hatte. Es weht uns ein frischer und freier Geist daraus ent=
gegen, und sie zeugen, wie mein Vater gewiß richtig urtheilte,
„von einer genauen Kenntniß der Bedingungen, an welche das
Gedeihen der Jugendbildung geknüpft ist". Die Reihe der
Ephoren selbst weist treffliche Männer auf, von denen mehrere
auf akademische Lehrstühle oder an berühmte auswärtige Schulen
berufen wurden; in der Stadt selbst zählte der jeweilige Ephorus
zu den Hauptpersonen auf evangelischer Seite; und mit der
Anstalt verknüpfte sich die Erinnerung an die schwersten Zeiten,
welche die evangelische Kirche in Augsburg durchgemacht hat, —
Erinnerungen, die heute noch jedem evangelischen Augsburger
theuer und wirklich auch werth sind, daß sie um der Stand=
haftigkeit der Väter willen wohl bewahrt und den künftigen
Geschlechtern überliefert werden. Kaum lagen die Stifter des
Collegiums im Grabe, so schienen die Jesuiten am Ziele ihrer
Wünsche und Gelüste. Schon war das nahegelegene Fürsten=
thum Pfalz=Neuburg ihre Beute geworden; die benachbarte Reichs=
stadt Donauwörth war vergewaltigt; der dreißigjährige Krieg
hatte seinen schrecklichen Verlauf genommen; nun schien sie das
Restitutionsedict auch in Augsburg an das Ziel gebracht zu
haben. Augsburg war die erste Stadt im deutschen Reiche, in
der es durchgeführt wurde, und zwar mit aller Rücksichtslosig=
keit. Das Gymnasium bei Sct. Anna mußte den Jesuiten ab=
getreten, alle evangelischen Kirchen dem katholischen Cultus über=
geben werden. Der Rector und sämmtliche Lehrer wurden ihres

Dienstes entlassen, und zwanzig fremde Jesuiten zogen statt ihrer
ein. Es half auch den Familien der Stifter des Collegiums
die Berufung auf die Bestimmung ihrer Väter wegen des Fun=
dationskapitals nichts; es wurde ihnen die Erlaubniß versagt,
die Anstalt in eine andere evangelische Stadt zu verlegen; die
zum Kampfe gegen die Jesuiten zusammengelegten Gelder wurden
kraft besondern kaiserlichen Befehls von dem Magistrat in Besitz
genommen, und einem katholischen Oekonomus die Aufsicht über
das Institut übergeben. Derjenige, der alle diese Befehle durch=
führte, war ein Nachkomme des großen Gelehrten, der einst
Luther 1518 mit seiner schützenden Autorität zur Seite gestan=
den war, und führte selbst den Vornamen seines frei denkenden
Ahns, ein Konrad Peutinger. So ändern sich die Zeiten. Es
war ein kurzes Aufathmen, als Gustav Adolf einzog; schon die
Schlacht bei Nördlingen änderte alles wieder und führte die
vorhergegangenen Gewaltmaßregeln in verschärfter Gestalt herauf.
Die Einkünfte des Collegiums wurden den Protestanten abermals
genommen; aber doch blieb die Anstalt der letzte Mittelpunkt,
um den sie sich schaarten. Der Hof derselben diente ihnen
dreizehn Jahre lang statt einer Kirche, und noch kündigt eine
Tafel an der Wand, daß von diesem Fenster aus während
dieser ganzen langen Zeit M. Peter Meyderlin, der Ephorus,
der verjagt worden, dann unter dem Schutz der Schweden zu=
rückgekehrt war und nun bei seinen Glaubensgenossen treu aus=
hielt, allsonntäglich den Gottesdienst für die unter freiem Himmel
stehende Menge gehalten hat. Erst der westfälische Friede stellte
die frühere Glaubensfreiheit wieder her, und die Erinnerung an
diese Drangsale hat ihn deswegen den Augsburger Protestanten
so theuer gemacht, daß zum Andenken noch jetzt jährlich in
Augsburg am 8. August ein Friedensfest, das man den höchsten
kirchlichen Feiertagen gleich rechnet, und am Mittwoch darauf
ein Kinderfriedensfest zur Erinnerung an die Wiedereröffnung
der evangelischen Schulen durch Gottesdienste in allen Kirchen
gefeiert wird. Von der hervorragenden Rolle, welche das Col=

legium bei Sct. Anna dabei gespielt hat, gibt jedes der Bücher aus seiner jetzt der Stadtbibliothek einverleibten Bibliothek Zeugniß, in deren Einbände eine Abbildung jener Gottesdienste im Hof eingeklebt ist.

Man muß von diesen Kämpfen wissen, um den Eifer zu begreifen, mit dem man in Augsburg allezeit darüber wachte, daß niemand die Grenze verrücke zwischen dem, was katholisch, und was evangelisch ist. Draußen lachte man vielfach über diese Scheidung; und mit Recht, wenn man die Engherzigkeit verlachte, in die ein in seinem innersten Grunde edles Rechtsgefühl vielfach im bürgerlichen Leben ausartete; aber mit großem Unrecht, wenn man den Sinn selbst gering schätzte, dem das ein theures Gut geworden war, was im heißen Kampfe so oft mit aller Aufopferung vertheidigt und wieder errungen war. Der paritätische Zopf, der später daran hieng, ist etwas anderes, als die Werthschätzung der Güter der Reformation; den ersteren kann man verspotten, die zweite muß man ehren. Sie hat sich nicht bloß in Worten bewährt, sondern in der That, auch wenn sie die schwersten Opfer kostete, und sie hat herrliche Blüthen getrieben in der werkthätigen Liebe, die in einer Fülle von Stiftungen sich bethätigt hat, wie sie wohl keine andere Stadt des deutschen Reiches aufzuweisen hat. Der schwäbische Volkscharakter ist an sich schon ein tief religiöser; in Augsburg hat der Kampf dafür gesorgt, daß auch das kirchliche Leben nie ganz erschlaffte; und wenn ich einen Wunsch für meine Vaterstadt im Herzen trage, so ist es der, daß das Interesse für die höchsten und edelsten Güter unseres Lebens auch in Zukunft so lebendig bleibe, wie es in der Vergangenheit war und in der Gegenwart glücklicher Weise noch ist.

In die Reihe der Ephoren dieser Anstalt also trat mein Vater mit der Uebernahme des Rectorats ebenfalls ein. Denn nach dreißigjähriger Unterbrechung war sie im Jahre 1829 wieder eröffnet worden, freilich in ganz anderer Gestalt, die dem Gedanken der Stifter wenig entsprach, — obwohl in der

königlichen Entschließung, die ihre Wiederherstellung befahl, aus=
drücklich darauf hingewiesen war, „daß die in dem alten Sta=
tutenbuch gegebene Einrichtung möglichst wieder hergestellt wer=
den solle". Es fröstelt einen, wenn man die Mittheilungen
liest, mit welchen der Mann, in dessen Hände die Aufgabe der
Neugestaltung zumeist gelegt war, Bericht davon gibt. Die Worte
Dr. Müllers von 1580 und die Hofrath Wagner's von 1835,
sie gleichen sich etwa wie Frühlingswehen und Novemberwind,
wie der lebenweckende Hauch, der die Knospen zu Blüthen ent=
faltet, und der Geist und Herz verstimmende Luftzug, der den
grünen Baum dem kahlen, starrenden Besenreis ähnlich macht.
Wie kläglich nimmt sich der Phrasenschwall aus, mit dem jetzt
die Anstalt wieder in's Leben gerufen wurde, die selbst eine
Frucht bekenntnißfreudiger, opferwilliger Liebe zur Reformation
war und bestimmt, diese Liebe fortzupflanzen und zu erhalten!
Das ist nicht eure Sprache, ihr Hainzel, Wolf und Zobel!
Doch weg über dieses erste Decennium des reorganisierten In=
stituts; es ist vergangen und soll vergessen sein. Der Mann
hat sich gefunden, der euch wieder die Hand gereicht hat, ihr
alten Ephoren, Dr. Müller und M. Meyberlin, und dir, stand=
hafter und gelehrter M. Ehinger, der du den Geist, welchen du
in Wittenberg genährt, in Augsburg so herrlich bewährt und
unter den Stürmen des dreißigjährigen Krieges, verjagt, aber
nicht gebeugt, nach Schulpforte getragen hast!

Es hat Jahre lange, wiederholte Anstrengungen gebraucht,
bis es meinem Vater gelang, die Genehmigung einer der Stif=
tungsurkunde mehr entsprechenden Organisation durchzusetzen;
aber er ließ nicht davon ab, bis er an das Ziel kam. Nicht
als ob er auf die Form und äußere Einrichtung ein großes
Gewicht gelegt hätte. Er dachte gerade in diesem Stücke sehr
frei, und wenn irgend einem, so war es ihm Grundsatz des
Lebens und Handelns, daß der Buchstabe tödtet, der Geist le=
bendig macht. Aber wenn auch ihn selbst das Gefühl der Pflicht,
im Sinne der Stifter zu wirken, ganz beherrschte, und daher,

so lange er an der Spitze war, keine Verkümmerung des Stif=
tungszweckes zu fürchten war, so sah er doch in der veränderten
Organisation einen Eingriff in die Absichten der Stifter und
ihr Recht, und in einer stiftungsgemäßen Wiederherstellung eine
Bürgschaft für die Zukunft, auch wenn einmal andere Männer
am Ruder wären. Er für seine Person hätte am Ende unter
jeder Organisation jenen Geist zur Geltung gebracht; sein frühe=
res Wirken als Professor bezeugt es ja. Auch war er frei von
der Engherzigkeit und Beschränktheit, die ein Stück alter Zeit
wieder hätte aufleben lassen wollen, das glücklicher Weise über=
wunden ist. Von einer Scheidung der zahlenden und nicht=
zahlenden Zöglinge über Tisch, wo die einen vor ihrem Wasser=
glas zusehen durften, wie die andern Wein tranken; von dem
Unterschied beider in der Kleidung; von der Vorschrift, in der
Anstalt nur lateinisch zu sprechen; von einer Benützung der
Zöglinge zur Hebung des Kirchengesangs und anderen derartigen
Anachronismen konnte bei ihm keine Rede sein. Er wäre der
erste gewesen, der solche Dinge beseitigt hätte, wenn er sie vor=
gefunden hätte, und er hätte es gethan gerade im Sinne der
Vorgänger, die jene Einrichtungen getroffen hatten. Denn „die
Form kann man zerbrechen"; und jene, die in den Formen
ihrer Zeit ihre Ziele verfolgten, würden, wenn sie aus dem
Grab wieder aufständen, an die neue Zeit die nämliche Anfor=
derung stellen. Aber mit der veränderlichen Hülle darf der un=
veränderliche Inhalt nicht geschädigt werden.

Er stellte sich also die Frage so: Wie würden heute die
Stifter ihre Anstalt organisieren? Die Zeiten sind vorüber, wo
die Jesuiten eine gewaltsame Gegenreformation erstreben und
durchsetzen konnten; ein fester geordneter Rechtszustand sichert
der evangelischen Kirche ihren Bestand. Auch die Zeiten er=
bitterter gegenseitiger Anfeindung zwischen den protestantischen
Kirchengemeinschaften, den Töchtern einer Mutter, haben wir
glücklich hinter uns, und wo das Gelüste sich regt, sie wieder
heraufzubeschwören, da stößt es auf den Widerstand des reli=

giösen Bewußtseins der Gegenwart, das nach einer Einigung,
nicht nach verschärfter Trennung strebt. Wir sind freier ge=
worden in unsern socialen Verhältnissen; es beengen uns nicht
mehr die Schranken reichsstädtischer Vorurtheile und nicht mehr
der Zwang zunftartiger Abgrenzung auch der Gebiete wissen=
schaftlicher Forschung. Wir sind herausgetreten aus dem engen
Gesichtskreis, der im nationalen Leben nur Sonderinteressen
kannte, und haben uns fühlen gelernt als Glieder eines großen
Organismus, in dem das Blut nur frisch pulsieren kann, wenn
die einzelnen Glieder ihre Schuldigkeit thun, um dann von dem
Ganzen wieder nährende und belebende Säfte zugeführt zu er=
halten. Unsere staatlichen Einrichtungen sind liberaler, unsere
Anschauungen toleranter und humaner, unsere Bestrebungen viel=
seitiger, unsere Bildungsmittel reicher, unsere Aufgabe im Leben
ist eine universalere geworden. Aber der Grund, auf dem wir
stehen, ist der nämliche geblieben, und muß es bleiben; denn
die neue Zeit ist das Kind der Reformation. Aus ihr sind die
Keime herausgewachsen, durch welche die Zeit regeneriert worden
ist; in ihr liegen die Wurzeln unserer Bildung, unserer wissen=
schaftlichen Forschung, unserer religiösen Erneuerung, unserer
fortgeschritteneren Humanität, unserer nationalen Wiedergeburt.
Und wer müßte sich dessen mehr bewußt sein, als der Erzieher!
Würden jene Gründer des Collegiums bei Sct. Anna heute
leben, so würden sie wohl Forderungen fallen lassen wie die,
daß keine Knaben aufgenommen werden dürften, „sie seien dann
der Augspurgischen Evangelischen Confession und Lehr, wie die=
selb anno 1530 von dem Churfürsten zu Sachsen und Mitver=
wandten Kaiser Carolo dem Fünften auf dem Reichstag allhie
präsentirt worden und jetziger Zeit in den Pfarrkirchen allhie
öffentlich gelehrt und geprediget wird, (ausschließlich der Zwing=
lischen, Calvinischen und andern dergleichen Irrthumben, so da=
runter mit nichten gemeint oder begriffen) zugethan“. Aber sie
würden gewiß auch heute nicht verzichten auf das, was sie als
Hauptzweck bezeichneten: „Damit kein herrlich ingenium, re=

luctante vel invita Minerva, zu dieser oder jener Facultät abstringirt und gezwungen werd, so soll man aus diesem seminario jeder Zeit Personen nit allein zu den studiis heiliger göttlicher Schrift, welches doch der Principalscopus sein soll, sondern auch zu andern facultatibus halten und erziehen, damit der evangelischen Religion zugethanen Personen halben, in ecclesia et extra, jeder Zeit ein Vorrath werden müge." Es liegt das volle Verständniß der Reformation in dieser Bestimmung, welche die Pflege der evangelischen Wahrheit nicht den Geistlichen allein, sondern allen Ständen als ihren Beruf zuweist. Denn das „allgemeine Priesterthum" der evangelischen Kirche sucht die Versöhnung mit Gott nicht durch einen zwischen den übrigen Christen und Gott eingeschobenen Stand, sondern will den Altar im Herzen jedes Einzelnen aufrichten. Und darnach bemißt sich auch die evangelische Erziehung.

Wenn ein Fremder etwa in das Collegium bei Sct. Anna kam, sah er keineswegs besondere äußerliche Einrichtungen, die anderen Instituten fehlten; es geleitete ihn kein Lehrer der Anstalt durch die Räume, um ihm zu zeigen, wie richtig, wie zweckmäßig und praktisch hier alles eingerichtet sei, im Schlafsaal, in der Küche, im Garten, auf dem Turnplatz; wie vortheilhaft und geregelt die Hausordnung, wie sorgsam die Aufsicht, wie vielseitig die Ausbildung sei, was für Erfolge erzielt würden, und wie unbesorgt die Eltern sein könnten, ihre Söhne einst ausgerüstet mit trefflichen Kenntnissen, guten Sitten und feinem Anstand daraus hervorgehen zu sehen. Es ist vielmehr manchem verzogenen Muttersöhnchen das Essen zu einfach vorgekommen; manchem bot der Garten zu wenig Schatten und der Studiersaal zu wenig Bequemlichkeit; mancher Vater vermißte es, daß man das musikalische Talent seines Sohnes zu wenig pflege und für das künftige Auftreten in gesellschaftlichen Kreisen zu wenig sorge, manche Mutter, daß ihr Kind, des Einflusses der Familie noch so sehr bedürftig, zu sehr sich selbst überlassen oder dem Zwange, den ältere Schüler über die

jüngeren zu üben pflegen, anheimgegeben sei. Andere, die aus
Grundsatz jeder derartigen „Bildungskaserne" abhold sind, sehen
ohnedies schon in ihr die Verkümmerung der nothwendigen
freien Entwickelung des Charakters. Es mischt sich in solchen
Vorwürfen Wahres und Falsches; man sollte aber bei dem
Wahren nie vergessen, daß vernünftige Leiter solcher Erziehungs=
anstalten die mit ihnen verbundenen Mißstände ebenso gut, viel»
leicht noch besser einsehen, als die, welche sie ihnen zum Vor=
wurf machen. Aber sie sind außer Stande, ihnen ganz abzu=
helfen; denn Vater und Mutter und das Familienleben über=
haupt läßt sich eben nie vollständig ersetzen. Man sollte also
lieber dafür ein Auge haben, wie sie die unvermeidlichen Uebel
zu verringern bestrebt sind, und ob die Zöglinge nicht auch
manches gewinnen, wovon sie, wenn sie ihren Familien über=
lassen blieben, keine Ahnung bekämen, und ob sie nicht vor
manchem Abweg behütet werden, dem sie sonst folgen würden.

Was zunächst in der Erziehung des Collegiums auch dem
Fernerstehenden auffallen mußte, war die Einfachheit und An=
spruchslosigkeit des äußern Lebens. Natürlich; denn überall,
wo wirkliche Erziehung da ist, richtet sie sich zunächst nach der
Eigenart des Erziehenden. Der Vater sucht seine Eigenthüm=
lichkeit, bewußt oder unbewußt, auf die Kinder fortzupflanzen,
und vom Erzieher fließt sie ebenso über auf den Zögling. Nicht
sowohl die Lehre und der Befehl, als das Vorbild wirkt. Jede
Erziehung nach Programmen, nach Statuten und Paragraphen
ist nur eine Scheinerziehung, eine Dressur. Nun lag gerade in
der Bedürfnißlosigkeit des äußern Menschen das, worin mein
Vater die Grundbedingung für das Sammeln eines Reichthums
des innern Menschen in seiner eigenen Lebenserfahrung gefun=
den hatte. Sie suchte er auch seiner Jugend als ein kostbares
Gut anzuerziehen. Nicht als ob er blind dagegen gewesen wäre,
daß nicht jeder, zumal wenn er in behaglicheren Verhältnissen
die Kindheit durchlebte, der Entsagung fähig ist, deren er selbst
fähig war, oder die sittliche Kraft und Festigkeit besitzt, mit der

er selbst alle Entbehrungen ertragen hatte. Es war auch gar
nicht seine Meinung, der Jugend solche harte Entbehrungen
aufzuerlegen. Aber vor jeder Weichlichkeit sollte sie sich hüten
lernen, mit dem Einfachen vorlieb nehmen und ihren Sinn nicht
auf eitle Dinge richten, die vom Höheren abziehen. Er konnte
unerbittlich sein gegen alle gegentheiligen Zumuthungen. Er
war zwar ein zu einsichtsvoller Menschenkenner, als daß er
nicht den Unterschied der Bedürfnisse, welche die einzelnen Zög=
linge aus ihren Familien mitbrachten, beachtet und, soweit es
möglich war, dafür gesorgt hätte, daß dem weniger bedürfniß=
los Erzogenen der Uebergang zu der strengeren Zucht und Ord=
nung erleichtert worden wäre; aber innerhalb der Anstalt durfte
es insbesondere keinen Unterschied des Reichen und des Armen
geben; da waren alle Ansprüche gleich. Wollte einmal eine
auf das Aeußerliche gerichtete Gesinnung sich geltend machen,
so stieß sie nicht bloß auf sein Verbot, sondern sie erfuhr von
ihm eine ironische Behandlung, die in der Regel die beste Re=
medur war. Und der Geist der Anstalt, wenigstens so weit
meine Erfahrung reicht, gab Zeugniß dafür, daß sein Sinn auch
in den Zöglingen Wurzel schlug; die Genußsucht und gecken=
haftes Wesen waren unter ihnen verachtet; ich glaube nicht,
daß unter meinen Mitschülern einer, der in der Kleidung oder
im Benehmen über die Grenze der Einfachheit hätte hinaus=
gehen und frühzeitig den jungen Herrn hätte spielen wollen,
auf etwas anderes, als auf den Spott seiner Mitschüler zu
rechnen gehabt hätte. Den Gedanken an Tanzstunden, Theil=
nahme an Gesellschaften und Vergnügungen Erwachsener u. drgl.
hätte sich ohnedies keiner auszusprechen getraut. Daß es mit
dem Geflunker von Schaustellung der Leistungen der Anstalt in
Concerten, Productionen, Prüfungen oder Lobpreisungen in der
Presse, wie es bei Erziehungsanstalten leider nicht selten der
Fall ist, hier von vornherein nichts war, versteht sich von selbst.

Ebenso wenig drängte sich das Christenthum, auf dessen
offenes Bekennen vor aller Welt doch die Pädagogik meines

Vaters einen so großen Nachdruck legte, an die Oeffentlichkeit. Die Kennzeichen, welche die Frömmelei überall anzubringen pflegt, wie Kreuze über dem Eingang, religiöse Bilder an der Wand, besondere Betsäle u. s. w. fehlten vollständig. Senti= mentale Erbauungsbücher und jene krankhafte, süßliche Literatur, mit welcher eine ungesunde Richtung in neuerer Zeit schon die zarteste Jugend übersättigt, hätte man ebenfalls vergeblich hier gesucht. Dieses Spielen mit dem Heiligen bringt es zwar auf die Lippen, verbannt es aber um so gründlicher aus dem Herzen, das durch das beständige im Munde Führen nur gleichgiltig und stumpf gegen seine Hoheit und seinen Ernst gemacht wird. Mit commandierten Hausgottesdiensten und sonstigen „religiösen Uebungen" wurden die Zöglinge ebenfalls verschont. Was die Anstalt that, gieng nicht über die Pflicht eines jeden christlichen Hausvaters hinaus. Das Morgengebet, das ein Inspector, das Tischgebet, das einer der Zöglinge sprach, die einfache Abend= andacht, die vor dem Schlafengehen die Zöglinge noch einmal im Speisesaal versammelte, der zu diesem Zwecke eine kleine Orgel enthielt, waren die selbstverständlichen gemeinsamen Akte, welche in christlichen Familien die Angehörigen vereinigen. Am Sonntag hatten die Zöglinge die Wahl, ob sie die Studienkirche bei Sct. Anna oder die Jakobskirche, in welcher Bomhard pre= digte, besuchen wollten. In letzterer standen sie nicht einmal an besondern Plätzen; das ostensible Hineinführen der Zög= linge in geordnetem Zuge gab es natürlich auch nicht. Nach der Zurückkunft aus der Kirche hielt einer der Inspectoren einen Vortrag über das Sonntagsevangelium oder aus der Kirchen= geschichte oder über einen andern verwandten Stoff, — eine Einrichtung, welche schon die Stifter des Collegiums getroffen hatten. Alle Jahre zweimal war in der Studienkirche Abend= mahlsfeier für diejenigen Schüler, welche sich betheiligen wollten. Da hielt dann mein Vater darauf, daß die confirmierten Col= legiaten alle Theil nahmen, wenn nicht etwa ein gegentheiliger Wunsch der Eltern vorlag. Denn er wünschte, daß hier die

Anstalt als eine Familie auftrete. Aber er vergaß dann auch nicht die Pflicht des Hausvaters. Am Abend zuvor versammelte er die Zöglinge und legte ihnen in warmer Ansprache an das Herz, was der Akt zu bedeuten habe. Außer diesen in christlichen Familien selbstverständlichen Dingen blieben die Zöglinge von allen religiösen Zumuthungen frei. Wenn sie selbst sich getrieben fühlten, etwas für irgend einen christlichen Zweck, sofern er kein verkehrter oder extravaganter war, zu thun, ließ man sie natürlich gewähren; aber niemals wurde zu dergleichen Dingen aufgefordert oder angeregt; noch weniger durfte die Meinung aufkommen, als sehe man sie gerne oder könne sich dadurch bei dem Vorstande einen guten Namen machen. In diesem Stücke den richtigen Takt zu beweisen, gehört unter die schwierigeren Aufgaben eines Pädagogen. Im Collegium gab sich die Sache eigentlich ganz von selbst. Die Gesinnung, die gepflegt wurde, behütete davor, ein Verdienst der Werke in solcher Bethätigung des Christenthums zu suchen. Weder der Vorstand, noch die Inspectoren mischten sich darein oder nahmen überhaupt Notiz davon, ob etwas, oder wie viel geschah; und wenn einmal ein Inspector so taktlos gewesen wäre, den Rath, den er auf etwaige Anfragen den Zöglingen schuldig war, zu benützen, um sie hierin unter seine Aufsicht oder seinen Einfluß zu stellen, so bin ich überzeugt, daß mein Vater energisch dagegen eingeschritten wäre. Ich weiß, daß während meiner Schulzeit und später eine Büchse für die Heidenmission unter den Zöglingen bestand; mein Vater hat nie erfahren, wer in sie einlegte, und wie viel sie enthielt; durch seine Hände ist auch ihr Inhalt nie gegangen. Er hätte sie sicherlich beseitigt, wenn er einmal hätte Verdacht haben müssen, daß Heuchelei oder unlautere Nebenzwecke sich damit verbänden; die Werke sind ja nach evangelischer Anschauung nicht an sich, sondern nur dann etwas werth, wenn sie die reifen Früchte des Glaubens sind, die von selbst vom Baume fallen müssen.

Es war daher in der Erziehung des Collegiums weder

etwas zu sehen von dem ungesunden Pietismus, der sich in un=
klarer Gefühlsschwärmerei gefällt, noch von einer bestimmten
confessionellen Parteirichtung. Sie setzte sich auch nicht einseitig
die Vorbildung künftiger Theologen zum Ziel. Das künftige
Fachstudium blieb bei der Aufnahme ganz außer Frage, und
ebenso bei der Vertheilung der Stipendien, welche die ehemali=
gen Zöglinge aus den Mitteln der Anstalt auch auf der Uni=
versität noch erhielten. Und doch war die Zahl der Theologen,
die aus dem Collegium hervorgiengen, ohne daß jemand darauf
hinarbeitete, immer eine verhältnißmäßig große, und die evan=
gelische Kirche in Bayern hat aus dieser Zahl nicht die schlech=
testen Diener bekommen. Der Same des Christenthums, der
hier in ihre Herzen gesenkt wurde, hat sie zur Wahl ihres Be=
rufes bestimmt, und so hat die Anstalt unter meinem Vater
den Stiftungszweck erfüllt, treue Diener der evangelischen Kirche
vornehmlich, aber auch in weiteren Kreisen überzeugte Bekenner
derselben zu bilden. Man hört jetzt aller Orten die Klage, daß
so wenige mehr Theologie studieren wollen, und die einen schie=
ben die Schuld der todten Orthodoxie zu, die andern der An=
feindung des geistlichen Amts durch den Liberalismus oder den
Nihilismus und Materialismus oder was sonst, noch andere
der prekären äußern Stellung. Nein, das thut es alles nur
theilweise; pflanzt wahren christlichen Sinn in die Herzen der
Jugend, tränkt sie mit dem edlen Inhalt, erfüllt sie mit der
Begeisterung für die hohe Aufgabe des Christenthums; dann
wird es nicht nur an Theologen nicht fehlen, sondern auch in
den andern Gebieten nicht an Männern, welche weder als Eife=
rer für eine todte Orthodoxie erstarrt, noch in die Kläglichkeit
nihilistischen Dünkels versunken, noch von der Niedrigkeit ma=
terieller Vortheile bestimmt, sondern die gegründet sind in dem
freudigen Glauben, der die Welt erneuert hat, in manchfaltigem
Wechsel der Formen noch immer aufwärts führt und die einzige
Bürgschaft für eine glückliche Zukunft der Menschheit ist.

Dieser hohe Ernst des Christenthums war es nun auch,

ber die Disciplin der Anstalt bestimmte. Schon in der strengen
Handhabung der Hausordnung zeigte sich, was für ein Gewicht
auf die Gewöhnung an gewissenhafte Pflichterfüllung gelegt war.
In der Zeit seiner noch ungebrochenen Kraft waren die Zög=
linge gewohnt, meinen Vater früh Morgens unter sich zu sehen,
wenn sie aus dem Bette stiegen, und Abends, wenn sie sich zu
Bette gelegt hatten; es vergieng kaum ein Tag, wo er nicht
auch beim Mittag= und Abendessen anwesend gewesen wäre,
und dazwischen überzeugte er sich in der Arbeitszeit und auf
dem Spielplatz, wie sie sich hielten, obwohl er nicht einmal
in unmittelbarer Nähe der Anstalt wohnte. Denn zu Pünkt=
lichkeit und Ordnung und zu gewissenhafter Benützung der Zeit
sie zu erziehen, war ihm nicht das geringste Anliegen; er war
hier ein Anhänger des löblichen Pedantismus, wie jeder echte
Schulmann, und ließ sich nicht irre machen durch das banale
Gerede, das nur sein Zerrbild, den zopfigen, kennt und ver=
höhnt. Aus der Ordnung im Kleinen baut sich die Ordnung
im Großen auf, und die Treue im Kleinen gebiert die Treue
im Großen. Wem dies zu engherzig und kleinlich erscheint, der
lasse die Hand von der Jugend; er versündigt sich an ihr und
taugt nicht zum Erzieher.

Aber nicht diese strenge Einhaltung der festgesetzten Ord=
nung war es, die der Disciplin einen Werth verlieh; die haben
andere Institute auch; ohne sie kann eigentlich keines bestehen,
wenn auch manches hier seine wunde Stelle hat. Sie wird ja
gar vielfach übertreten trotz aller strengen Maßregeln: nitimur
in vetitum; und wenn man ehemalige Zöglinge solcher Institute
später ihre Jugenderinnerungen erzählen hört, so sind es in der
Regel zahllose Geschichten, wie man die Gesetze umgangen und
die Wächter derselben zum Besten gehabt habe. Auch im Col=
legium hat es nicht an Uebertretungen gefehlt; und sich in den
Traum einzuwiegen, was er nicht sehe, geschehe auch nicht, wäre
meinem Vater am wenigsten eingefallen. Aber es ist auch das
Maß und die Art der Uebertretung verschieden, und hierin zeigt

sich auch etwas vom Geist einer Anstalt. Ich habe einmal in
dem Berichte über das Jubiläum eines Erziehungsinstituts von
dem großen Beifall gelesen, den der Toast eines ältern, in
Amt und Würden stehenden Mannes, der launig die Verschmitzt=
heit schilderte, mit der man zu seiner Zeit die Lehrer hinter
das Licht zu führen pflegte, bei den einstigen Zöglingen und —
bei jenen Lehrern selbst fand. Nein! das wäre bei meinem
Vater nicht möglich gewesen. Mit der Erzählung eines solchen
Gebahrens wäre gewiß keiner auch nach Decennien ihm unter
das Gesicht getreten. Das hätte er weder im Ernst, noch im
Spaß gewagt. Denn die Falten, in die sich seine Stirn legte,
wenn er von Unwahrheit, von Unredlichkeit gegen sich oder an=
dere hörte, hat keiner vergessen, der sie sah. Da war ein zu
tiefer Ernst hinter seinem ganzen Thun, als daß er auch dem
zum Manne gereiften Zöglinge gegenüber ihn bei Seite gesetzt
hätte; er spielte nie mit den Seelen der Jugend, er ließ auch
mit sich kein Spiel treiben. Und nicht seine Person war es,
sondern sein Werk, das er so hoch und unverletzlich hielt. „Sie
wachen über eure Seelen, als die da Rechenschaft geben sollen;
auf daß sie das mit Freuden thun, und nicht mit Seufzen",
steht geschrieben, und der heilige Ernst dieser Worte stand ihm
im Herzen, er flammte aus seinem Thun; er war auch seinen
Schülern allen wohlbekannt. Wer das Verbot der Anstalt über=
treten hat, der hat es mit Herzklopfen gethan; er hat vielleicht
gegen Gleichgesinnte damals oder später damit geprahlt, vor
ihm selbst gewiß nicht. Ich weiß von keinem solchen Falle,
aber ich weiß von mehr als einem, daß Schüler in späteren
Jahren Uebertretungen, die unbemerkt und ungeahndet geblieben
waren, ihm abbaten, weil das Gewissen seit jener Zeit nicht ge=
ruht hatte. Und wenn einmal einer oder mehrere darunter waren,
die von dem edleren Geiste, der das Gesetz achtet, nicht, weil er
die Strafe fürchtet, sondern weil er vor dem Unrecht Abscheu
hat, sich nicht erfassen ließen und auf bösen Wegen giengen, —
lange hat es keiner so in der Anstalt getrieben. Er stieß bei

meinem Vater auf eine rücksichtslose Energie, die nicht wartete,
bis das Gift in weiteren Kreisen um sich gefressen hatte. Er
hatte einen scharfen Blick, und wenn er einmal die Ueberzeugung
gewonnen hatte, daß die Anwesenheit des Zöglings in der An=
stalt schädlich, er selbst nicht auf bessere Wege zu bringen sei,
so entfernte er ihn und ließ sich darin durch keine Einsprache
hindern. Es bedurfte dann nicht erst eines besonders großen
Vergehens; er ergriff die nächste beste Gelegenheit. Er gieng
dabei von der Ansicht aus, daß ein Vorstand nicht bloß Ver=
pflichtungen gegen das eine kranke Glied, sondern auch gegen
die vielen gesunden Glieder hat, die vor der Ansteckung mit der
Krankheit behütet werden müssen. Die Thätigkeit des Erziehers
hat überhaupt viel mehr Aehnlichkeit mit der des Arztes, als
mit der des Richters. Der Letztere straft die That und be=
trachtet sie mit der größeren oder geringeren Strafe als gesühnt
und weggewischt; der Erzieher muß dafür sorgen, daß es gar
nicht zur bösen That kommt; und wenn sie doch hervorbricht,
so ist ihm nicht die äußere Erscheinung derselben von Wichtig=
keit, sondern die Gesinnung, die sich in ihr kund gibt.

Es ist aber eben deswegen auch ein großer Unterschied
zwischen der Pädagogik, die zwar durch äußere Mittel die Ver=
wirklichung des bösen Sinnes niederzuhalten weiß, und zwischen
der, welche das Herz zu bilden sucht und die strafbaren Hand=
lungen nur nach dem ganzen Wesen des Menschen bemißt und
höher oder geringer anschlägt. Das sogenannte gute Verhalten
der Zöglinge ist noch gar kein ausreichender Maßstab für den
Werth eines Instituts, so wenig als Probearbeiten für den Er=
folg eines Schulunterrichts. Eine rechte evangelische Pädagogik
muß die Sache tiefer fassen. Sie stützt sich nicht auf eine ca=
suistische Moral, welche lehrt, was im einzelnen Falle erlaubt,
was verboten ist. Sie bleibt bei der einfachen Wahrheit stehen,
daß ein guter Baum nur gute Früchte bringen kann, ein schlechter
aber nur schlechte. Nicht den Umfang der That schätzt sie, son=
dern den Sinn, aus dem sie stammt. Von einer Strafscala für

verschiedene Vergehen war darum hier keine Rede. Nach Um=
ständen konnte ein Wirthshausbesuch, auch wenn es der erste
war, oder etwas dergleichen, zur Entfernung aus der Anstalt
führen. Ja es ist einmal vorgekommen, daß mein Vater einem
Schüler, der die Absolutorialprüfung bereits bestanden hatte,
das Zeugniß verweigerte, weil er zu spät zu dem Schlußakte
kam, bei dem er es empfangen sollte. Pochend auf sein ver=
meintliches Recht nahm jener einen Anwalt zu Hilfe und suchte
es sich durch die Regierung zu verschaffen. Aber mein Vater
wahrte sein Recht als Schulvorstand so energisch, daß die Ent=
scheidung der höchsten Stelle es ihm freigab, ob er die Prüfung
nun ganz cassieren oder den Schüler mit einer Strafe belegen
und ihm sein Zeugniß aushändigen wollte. Dann allerdings
wählte er die mildere Form und gab ihm sein Zeugniß mit
zurechtweisender Bemerkung. Wie er hier in einer für das An=
sehen keineswegs großen Verschuldung die Mißachtung der Au=
torität der Schule energisch strafte, so sind mir andererseits Fälle
bekannt, wo er Schüler, die wegen schwerer Verfehlungen aus
der Anstalt entfernt werden mußten, mit Empfehlungen an an=
dere Rectoren versah und diese bat, sie aufzunehmen und ihnen
ihre Fürsorge zuzuwenden, weil er die Verirrung eines in seinem
Grunde noch nicht verderbten Herzens nicht auf eine Stufe stellen
wollte und durfte mit der Aeußerung eines bösen und gemeinen
Sinnes, auch wenn die Thatsünde ganz die nämliche war.

Ein solches Vorgehen hat freilich von vielen den Vorwurf
der Willkür zu fürchten, und es trägt ja auch der Pädagog eine
große Verantwortlichkeit. Aber wer die Jugend recht erziehen
will, muß den Muth haben, diese auf sich zu nehmen nicht so=
wohl vor Menschen, als vielmehr vor dem Höheren, dem er
einst über jede ihm anvertraute Seele Rechenschaft geben muß;
und wenn man wirkliche Erziehungsanstalten haben will, so
schafft man sie nicht etwa durch Satzungen, nach denen die
Strafen zu bemessen sind, sondern dadurch, daß man den rechten
Mann an die Spitze stellt, der auf die Jugend sittlich hebenden

Einfluß zu üben weiß, und es ihm überläßt, wie er in jedem einzelnen Falle und jedem einzelnen Charakter gegenüber zu verfahren für gut findet. Wem man überhaupt das heilige Amt eines Erziehers in die Hand gibt, dem muß man auch die nöthige Vollmacht geben, die er braucht, und das nöthige Vertrauen schenken. Zeigt er sich beidem nicht gewachsen, so wird der Mangel nicht ausgeglichen durch erhöhte Bevormundung. Denn es geht nicht an, daß z. B. über die Aufnahme oder Entlassung der Zöglinge die entscheidende Stimme bei einem andern ruht, als bei dem Vorstande, oder über Thun und Lassen derselben eine andere Autorität sich geltend macht, als die seinige. Mein Vater wahrte sich in dieser Hinsicht seine Selbständigkeit jederzeit auf das Kräftigste, und er hat während seiner langen Amtsführung im Collegium die Befriedigung gehabt, daß er es fast nur mit Männern zu thun hatte, die ihm nichts in den Weg legten; wo er auf ein Hinderniß stieß, wußte er es zu überwinden. Aber er legte auch großen Nachdruck darauf, daß über seine Befugniß nicht einmal ein Mißverständniß obwalten konnte. Als ihm nach der lange gewünschten Reorganisation der Anstalt im Sinne der Stiftungsurkunde, wodurch auch die Zusammensetzung der hauptsächlich mit den ökonomischen Angelegenheiten betrauten Administration sich änderte, einmal in einer Zuschrift der Titel „pädagogischer Vorstand" gegeben wurde, drang er mit aller Entschiedenheit auf die Streichung des ersten Worts, das wohl durch ein Mißverständniß gebraucht worden war, so gleichgiltig ihm sonst ein Titel war. Aber wo die Wirksamkeit möglichenfalls eine lähmende Einschränkung durch falsche Auffassung erfahren konnte, war ihm auch dieser von Wichtigkeit. Denn auch über die äußeren Einrichtungen muß der Vorstand einer Erziehungsanstalt bis zu einem gewissen Grade Herr sein.

Auf so ausgedehnte Befugnisse fest zu halten, hat allerdings nur derjenige ein Recht, dem auch seine Verantwortlichkeit immer in ganzer Größe vor Augen steht. Und das Wort

Pflicht übte über meinen Vater eine außerordentliche Macht; er war im Stande, ihr jedes Opfer zu bringen, auch das schwerste; in ihr lebte er. Nicht in selbstabgegrenzter, wie solche, die sich sagen: „Soweit reicht sie, das thue ich pünktlich; mehr aber bin ich nicht schuldig", sondern in dem Umfang, den ihm sein Gewissen beständig vorhielt: „Der Erziehung hast du dein Leben geweiht; was du thun könntest und nicht thätest, wäre Pflicht= versäumniß". Ich kann kühnlich sagen, denn alle, die unter seinen Händen waren, werden es mir bestätigen: das Collegium ist ihm seine Sorge und ein heiliges Anliegen bei Tag und Nacht gewesen, für das er nie seine Kräfte geschont hat. Und was andere gesehen und erfahren haben, ist nur ein kleiner Theil; gar manchen Seufzer und manchen Wunsch, doch auch manche stille Freude haben nur die Nächststehenden wahrgenom= men; aber von den Anliegen und Gebeten, die aus seinem Herzen quollen, und von der Rechenschaft, die er einem Höheren stets ablegte, wußte nur er selbst. Andere sahen nur ihren Widerschein in der Festigkeit, Freudigkeit und dem Ernste seines Handelns.

Die übten aber auch ihren Einfluß auf die Jugend. Sie folgte seinem unnachsichtlichen Gebot der Pflichterfüllung, weil sie mit Ehrfurcht sah, wie er die seinige that. Aus der Per= sönlichkeit und dem Wesen des Erziehers muß etwas auf sie überfließen; seine Worte thun es nicht; die verhallen. Es gibt Naturen, vor denen auch der Schlechte sich beugt; er sucht ihnen zu entrinnen; er weicht aus; aber er widerspricht nicht und lehnt sich nicht dagegen auf. Mein Vater war seiner Jugend gegenüber eine solche. Trotz oder Ungehorsam begegneten ihm höchstens einmal von solchen, die ihn noch nicht kannten, und sie hörten schnell auf; denn er verstand sie zu brechen. Nicht etwa durch fortgesetzte, harte Strafen, die zur Verstocktheit oder heimtückischem Wesen führen; sie verstummten vielmehr bald von selbst vor dem Ernst seines Wesens. Das waren nun glück= licher Weise nicht häufige Fälle; im Ganzen aber gieng ein

Zug willigen Gehorsams durch die Anstalt, der sich auch dem
Fernerstehenden bemerklich machen mußte. Es ist ein sehr weit
verbreiteter, aber gründlicher Irrthum, den leider auch viele
Lehrer theilen, daß Strenge verhaßt mache. Nur diejenige
Strenge erträgt die Jugend nicht, durch welche sie Uebelwollen
durchfühlt. Vor der Strenge des Pflichtbewußtseins beugt sie
sich mit Ehrfurcht. Ja sie richtet sich selbst an ihr auf und
gewinnt an ihr die Begeisterung, die allein in die Höhe edleren
Strebens führt. Erkennt sie auch die Nothwendigkeit ihrer
Schranken nicht immer, sie achtet sie doch, auch wenn sie dar=
über murrt, und sie gewinnt Vertrauen zu dem Führer, der
sich nicht irre machen läßt. Auf den augenblicklichen Dank muß
jeder Pädagog verzichten; wer darnach hascht, der ist auf falschem
Wege. Es liegt in der Natur der Sache, daß der Dank erst
später kommen kann. Wenn ein reiferer Mann zurückschaut,
schüttelt er den Kopf über die „Schwachheit" manches einst
„beliebten" Lehrers und macht ihm zum Vorwurf, was er ihm
einst hoch anrechnete; aber er dankt dem, der ihn gelehrt hat,
sich selbst in Zucht zu nehmen, und freut sich, daß verständige
Festigkeit auf die Zustimmung des unverständigen Alters ver=
zichtete, um dafür die dankbare Anerkennung des verständigen
zu erhalten. Es ist mir nicht bange darum, mit welchen Ge=
fühlen die ehemaligen Schüler und Zöglinge meines Vaters an
sein Grab treten oder sein Bild wieder vor ihrem Geiste vor=
übergehen lassen.

Dieses Pflichtbewußtsein hatte denn unter den Zöglingen
auch ein fleißiges Arbeiten zur Folge. Es war nicht etwa der
Fleiß des Tagelöhners, der sich bei der Mehrzahl zeigte. Es ver=
steht sich wohl von selbst, daß auch die nicht fehlten, die nur
thaten, was sie mußten, oder sich selbst dem zu entziehen suchten.
Aber die große Masse war das nicht, und in Achtung unter
ihren Altersgenossen standen sie auch nicht. Dagegen wurden
von den meisten die Freistunden zu Arbeiten benützt, die über
den Schulunterricht hinausgiengen. Die Privatlectüre, die jetzt

in allen bayrischen Schulkatalogen als „controliert" steht, war bei den meisten etwas Selbstverständliches, ohne daß sie befohlen oder controliert worden wäre. Wohl keiner ist bei den Abschnitten der Classifer stehen geblieben, die in seiner Classe gelesen wurden. Nicht ein Gebot, sondern der von der Anstalt gepflegte Geist trug diese Frucht. Manche beschäftigten sich mit neueren Sprachen, mit deren Pflege es am Gymnasium selbst während meiner Schulzeit nicht besonders gut bestellt war; das Französische war damals noch nicht obligater Lehrgegenstand; Englisch wurde gar nicht gelehrt. Keinem aber blieb die deutsche Literatur ein fremdes Gebiet; es strebten alle sich mit ihr bekannt zu machen, und eine Frucht dieses Strebens war es, daß Kränzchen entstanden, für welche die Theilnehmer selbständige Arbeiten lieferten. Auch für die Mathematik zeigte sich großer Eifer. Von dem mechanischen Lernen für einen bestimmten Zweck, als ob die Bildung durch eine Summe eingeprägter Kenntnisse erreicht würde, wußte man glücklicher Weise nie etwas. Mein Vater ließ gerne jeden in seinen Arbeiten, soweit sie über die Pflicht der Schule hinausgiengen, seinen eigenen Weg gehen. Doch beobachtete er alle scharf und hielt auch mit seinem Rathe nicht zurück, wo er ihn für förderlich hielt. Der allzu großen Lesesucht suchte er manchmal zu steuern. Insbesondere sah er es auch nicht gerne, wenn die Zöglinge während der Erholungsstunden sich im Studiersaal aufhielten; er wollte, daß auch die körperliche Erholung nicht zu kurz käme, und freute sich, wenn er an den Turngerüsten im Garten ein reges Leben sah.

Es gibt nicht wenige Erziehungsanstalten, in denen besonderer Nachdruck auf die Pflege der Musik gelegt wird, in der oft auch Vorzügliches geleistet wird. Das Sct. Anna=Collegium gehörte nicht unter diese. Der Musikunterricht war offenbar die am kümmerlichsten bedachte Seite der Ausbildung der Zöglinge. Es ist das wohl auch von manchem als Mangel empfunden worden, und ich will nicht darüber streiten, ob mit

Recht oder nicht. Mein Vater war selbst nicht musikalisch ge=
bildet. Aber nicht daher rührte die untergeordnete Rolle, die
jener Kunst zugewiesen war. Er war nicht unempfänglich für
eine gute Musik, und ein schöner Choralgesang oder ein er=
hebendes Oratorium oder sonst ein Concert konnte seine volle
Theilnahme gewinnen. Es wurde auch in der Anstalt regel=
mäßig Unterricht im Clavier=, Orgel=, Violin= und Flötenspielen
ertheilt, und zwar einer Anzahl von Zöglingen unentgeltlich;
wer sonst auf seine Kosten Unterricht haben wollte, dem war
es unverwehrt; die Instrumente der Anstalt standen zur Ver=
fügung. Auch sah er es gerne, wenn die Zöglinge ihre Frei=
stunden zu Gesangsübungen benützten, und ein schönes Quartett
konnte ihn erfreuen. Weiter aber gieng die Sache nicht. Als
einmal ein paar Zöglinge anfiengen, Guitarre zu spielen, unter=
sagte er ihnen das „weichliche" Instrument. Nicht sowohl letz=
teres wollte er damit tadeln, als den Sinn derjenigen, die auf
diese Wahl gekommen waren; ein süßliches und verschwommenes
Gefühl, wie es sich ihm in ihrer Neigung auszuprägen schien,
konnte er an der Jugend nicht leiden. Ueberhaupt räumte er
der Musik nicht die hohe Stelle für die Bildung des Men=
schen ein, die ihr Enthusiasten zutheilen. Er erkannte wohl
ihren Werth für das Gefühlsleben an, sah in ihr aber nicht
einen Factor für die sittliche Veredlung des Menschen; und mit
Recht; denn ein Blick auf den Culturzustand derjenigen Völker,
die vorzugsweise musikalische sind, müßte die gegentheilige Be=
hauptung widerlegen. Ausschlaggebend aber waren für seinen
pädagogischen praktischen Blick andere Dinge. Die Aufgaben
unserer Gymnasien liegen anderswo, als in der Musik. Sie
kann wohl von einzelnen, dafür begabten Schülern ohne Scha=
den für das Wichtigere gepflegt werden. Anders aber steht die
Sache, wenn man ihrer Pflege an einer Anstalt ausgedehntere
Sorgfalt zuwendet. Dann verschlingt sie ein Maß von Zeit,
Kraft und Arbeitsfähigkeit der Schüler, das der Entwickelung
ihres Geistes und ihrer Persönlichkeit Eintrag thut; der Haupt=

zweck leidet unter der Betonung des Nebensächlichen. Die Er=
fahrung lehrt sattsam, daß Anstalten, in denen die Musik in
Blüthe steht, sonst nicht viel leisten; und unsere Gymnasien sind
keine Musikschulen, sondern humanistische Anstalten. Zudem ist
die Pflege der Musik eine gefährliche Klippe für die Disciplin.
Ihre Förderung bringt den häufigen Besuch von Concerten, die
Mitwirkung an musikalischen Aufführungen und ihren Proben
mit; sogar die Theilnahme an Vereinen schließt sich leicht an.
Das kostet nicht nur Zeit und lenkt den Sinn von den hier
wichtigeren Dingen ab, sondern es bringt auch mit Elementen
in Berührung, die ganz außerhalb des Bildungskreises stehen,
aus dem die Jugend der Gymnasien ihre Anregung holen muß.
Was für Neigungen und Gelüste hier etwa geweckt und genährt
werden, das entzieht sich der Controle des Erziehers. Daß die
Schaustellung in Musikproductionen an sich schon den pädagogi=
schen Grundsätzen meines Vaters ganz zuwider lief, habe ich
bereits erwähnt.   .

Als mein Vater die Leitung des Collegiums übernahm,
zählte es etwa dreißig Zöglinge. Es hat sich nach und nach,
hauptsächlich durch sein Bemühen, diese Zahl bis auf das Dop=
pelte gesteigert. Er gieng damit bis an die Grenze der Lei=
stungsfähigkeit der Anstalt sowohl hinsichtlich der verfügbaren
Geldmittel, als des Raumes. Die übergroße Zahl der jähr=
lichen Meldungen, von denen meistens nur der kleinere Theil
Berücksichtigung finden konnte, hätte ihn ohnedies schon daran
mahnen müssen, wie dringend an vielen Orten das Bedürfniß
der Unterstützung auch durch die materielle Wohlthat der Anstalt
war. Er hat bei seinen Vorschlägen jederzeit gewissenhaft die
Würdigkeit geprüft, und wo wirkliche Noth war, hat seine Hilfe
nicht gefehlt. Mancher bedrängte Landpfarrer, Lehrer oder Be=
amte, manche hilflose Wittwe könnte davon erzählen, wie er
bestrebt war, ihre Sorgen zu erleichtern, ohne daß er einen
Dank dafür erwartete. Es war ihm sogar zuwider, wenn man
viel davon redete. Aber den Dank erwartete er von allen, daß

sie sich auch durch ihr Verhalten in der Anstalt der Wohlthat
würdig machten. Er hat auch hier im Sinne der Stifter ge=
handelt, indem er darauf hielt, daß nie die Herkunft aus der
Stadt als ausreichender Ersatz für die Würdigkeit gelten, oder
wirkliche Noth zu kurz kommen durfte gegen solche, die etwa
aus irgend einem Grunde eine Gnade beanspruchten. Er hat
übrigens auch hierin so großes Vertrauen genossen, daß seine
Vorschläge kaum jemals auf Widerstand stießen. Der haupt=
sächlichste Grund aber, warum er die Anstalt so sehr als mög=
lich erweiterte, — er erweiterte damit auch seine eigene Sorge
und Arbeitslast, — war der, daß er der Disciplin des Gym=
nasiums einen kräftigen Halt dadurch geben wollte, daß er einen
großen Theil der Schüler unter seiner unmittelbaren Aufsicht
hatte. Und damit kehren wir zum Gymnasium zurück.

Gleich im ersten Jahresberichte, den Hofrath Wagner ver=
öffentlichte, dem des Jahres 1821, findet sich folgende charakte=
ristische Bemerkung: „Da die an der hiesigen Anstalt bestehen=
den Schulgesetze sehr unvollständig sind, so hat das Rectorat
mit Benutzung der den einzelnen Lehrern abgeforderten Beiträge
die Bearbeitung neuer Schulgesetze, mit welcher es noch beschäf=
tigt ist, übernommen, um sie der königlichen Regierung des
Oberdonaukreises zur Prüfung und Sanction wo möglich noch
vor dem Anfang des neuen Studienjahrs vorzulegen und sie
dann öffentlich drucken zu lassen und den Zöglingen zur Be=
folgung zu publicieren. Vorderhand hat das Studienrectorat
im Benehmen mit dem Magistrat der k. Stadt Augsburg zur
Verhütung alles Wirthshausbesuchs der Studierenden und zur
vorschriftsmäßigen Visitation der Quartier= und Kosthäuser der
Schüler solche Maßregeln getroffen, die bis jetzt, wie man zur
Ehre der Zöglinge rühmen kann, einen recht guten Erfolg hatten.
Für die innere Schulpolizei innerhalb des Gymnasiums hat das
Rectorat außer den öfteren, bisweilen täglichen Besuchen, die
dasselbe in den Lehrzimmern macht, einen wöchentlichen Termin
an jedem Freitage Nachmittag bestimmt, wo es in alle Classen

geht, um theils Schulversäumnisse zu untersuchen, theils Erinnerungen der Lehrer über einzelne Schüler zu vernehmen, theils
den Bessern Belobungen oder den Tadelnswürdigen Zurechtweisungen zu geben u. s. w. Auch ordnete das Rectorat eine
zweckmäßigere Stufenfolge der Disciplinarstrafen an." — Ganz
abgesehen davon, daß nach den Erzählungen damaliger Schüler
der Erfolg ebenso wenig zu bedeuten hatte, „wenn das Rectorat
in alle Classen gieng", als das Wortgeklingel von „solchen
Maßregeln, die bis jetzt einen recht guten Erfolg hatten", so
prägt sich schon in dieser Ankündigung die ganze Verkehrtheit
der von Wagner eingehaltenen Grundsätze aus. Also Satzungen,
Publication zur Befolgung, Visitation der Kosthäuser, Verhütung
des Wirthshausbesuchs, innere „Schulpolizei", Belobungen und
Zurechtweisungen, und — der Schlußstein des Ganzen — zweck-
mäßige Stufenfolge der Disciplinarstrafen, — nun haben wir
Disciplin! Ich würde es für überflüssig halten, ein Wort dazu-
zusetzen, wenn zwischen dieser Anschauung und der in der Gegenwart vorherrschenden auch eine Kluft läge, so tief und breit,
wie die zeitliche von 1821 bis heute. Aber leider ist von verschiedenen Seiten dahin gewirkt worden, daß diese Anschauung
heute allgemeiner ist, als damals. Schulsatzungen an sich zwar
kann man noch nicht tadeln; gewiegte Schulmänner haben ihren
Schülern Zucht und Ordnung auch in Form feststehender allgemeiner Vorschriften an das Herz gelegt und bestimmte Dinge
ausdrücklich darin verboten oder auch mit Strafe bedroht. Aber
die haben gewiß nie darin die Disciplin gesucht, und wenn
nicht etwa der Auftrag vorgesetzter Behörden, so waren für sie
die besonderen Bedürfnisse ihrer Anstalt bestimmend bei der
Abfassung. Ueber diese Bedürfnisse einer einzelnen Anstalt
hinaus auch Disciplinarsatzungen für ein ganzes Land zu entwerfen, hätte man freilich vor einem Menschenalter wohl noch
Bedenken getragen. Denn die wirklich bessernde Zucht beruht
wesentlich und allein auf der persönlichen Einwirkung des Lehrers und Erziehers und richtet sich überall nach den persönlichen

Verhältnissen und Eigenthümlichkeiten, denen er gegenüber steht; es gibt kein Gebiet und keine Aufgabe des Lebens, die sich so wenig in allgemeine Regeln bringen ließe, als gerade sie. Was man dem einen erlauben darf oder muß, muß man dem andern verbieten; denn was bei dem einen unschädlich, vielleicht sogar förderlich ist, ist bei dem andern schädlich.

Mein Vater hielt nun nicht viel auf Schulgesetze; denn für ihn fiel nicht, wie für Wagner, Schulpolizei und Disciplin zusammen. Die vorhandenen Satzungen blieben zwar auch nach 1840 bestehen; denn vorschriftsmäßig mußten ja welche da sein, und er wollte nicht statt eines Paragraphen einen andern, wenn auch vielleicht weniger polizeilich gefaßten, setzen. Ihm kam es nicht auf das, was auf dem Papier steht, sondern auf den lebendigen und wirksamen Geist an. Trotz ihres Bestehens blieben darum jene Satzungen unbeachtet. Man wußte kaum, daß solche existierten; publiciert wurden sie während der acht Jahre meiner Schulzeit ein einziges Mal, nach der Morgenandacht, vielleicht auf ein eingetroffenes Monitorium hin. Dann aber versanken sie sofort wieder in ihr Grab der Vergessenheit. Daß uns nach § so und so viel etwas geboten, nach § so und so viel etwas verboten, und nach Nummer so und so viel der Strafscala eine Strafe auferlegt worden wäre, davon war keine Rede. Der Wille der Lehrer war unser Gebot oder Verbot; der Geist, der gepflegt wurde, sollte unsere Triebfeder zum Guten, der Abscheu vor dem Bösen und Gemeinen unsere Schranke sein, und die Strafe für die Verfehlung bemaß sich nach der Persönlichkeit und den Umständen. Zum Polizeidienst in und außer der Schule ist die Thätigkeit unserer Lehrer nie geworden, und selbst unser alter Pedell Kehr, der die Ehrenzeichen von zehn Feldzügen auf seiner Brust trug, hat nie gewußt, daß er der Aufpasser über unser Thun und Lassen sein müßte. Denn Disciplin ist nicht äußere Ordnung. Diese ist überhaupt nur von untergeordnetem Werth, so lange sie nur in der Befolgung äußerer Vorschriften besteht. Zu verhüten, daß einer nicht stiehlt, das heißt noch nicht, ihm das siebente Gebot in's Herz pflanzen. Die Pädagogik hat überhaupt andere Ziele als die Polizei. Sorget vollständig dafür, daß ein Schüler nichts übertritt und überall thut, was ihr ihn heißt; gebet ihm dann das Zeugniß musterhafter Aufführung, und — ihr steht doch nur auf dem Standpunkte jenes Jünglings, der sprach: „Das habe ich alles gehalten von meiner Jugend an", und über den ein heiliger Mund seufzte: „Wie schwerlich werden doch die Reichen in das Himmelreich kommen!" — Wir stehen eben wieder vor dem wesentlichen Unterschied einer evangelischen Pädagogik von jeder andern. Nicht mit einer casuistischen Moral will es unsere Erziehung zu thun haben, sondern das nennt sie Zucht, daß sie den Menschen lehrt, sich selbst im Zaume zu halten, und alles in ihm zu wecken und zu pflegen sucht, was ihm dazu Kraft geben kann. Ihr Gebot heißt nicht: „Laß dir nichts zu Schulden kommen; denn du wirst bestraft; — thue möglichst viel Gutes; denn du wirst belohnt"; sondern: „Suche zu wachsen an dem innern Menschen; vor dem Bösen schaudere zurück; nicht, daß es in deinen Handlungen nicht zu Tage kommt, sondern daß es immer weniger zu Tage kommen kann, das ist deine Aufgabe; gib dich aber auch mit dem scheinbar Guten nie zufrieden; denn alles dein Wissen und dein Wollen ist und bleibt Stückwerk, und alles dein Handeln bleibt noch immer weit hinter der Vollkommenheit zurück; denke, wie der Apostel: Nicht, daß ich es schon ergriffen hätte, oder schon vollkommen sei; ich jage ihm aber nach, ob ich es ergreifen möchte." Das waren die ungeschriebenen Disciplinarsatzungen des „evangelischen" Gymnasiums bei Sct. Anna.

Diese zu verwirklichen, dazu reichen nun Paragraphen nicht aus; das muß der persönliche Einfluß thun. Nun ist freilich auch eine große Verschiedenheit unter den Lehrern einer Anstalt. Die Macht der Persönlichkeit, welche die Schüler begeistern muß zu edlerem Streben, ist nicht überall die gleiche; es findet schon das nämliche Gebot aus verschiedenem Munde

nicht den nämlichen Gehorsam bei der Jugend. Um so wich=
tiger ist es, daß die Anstalt selbst ein lebenskräftiger Organis=
mus ist, an dem auch der gute Wille des schwächern Lehrers
seinen Rückhalt findet, wie die Jugend in ihrer Lust zur Aus=
schreitung ihre Schranke, in ihrem Streben nach dem Edleren
ihre Hilfe und Förderung. Ein Ganzes muß sie sein; aber
nicht einer todten Maschine, sondern einem grünenden, blühen=
den und früchtetragenden Baum muß sie gleichen, dessen Lebens=
saft aus gesundem Stamme in alle Aeste und Zweige dringt.
Eine solche lebendige Einheit herzustellen, sah mein Vater daher
als Aufgabe eines Rectors an. Es lag ihm ebenso fern, über
die Köpfe der Lehrer weg auf die Schüler wirken zu wollen,
als er die Lehrer nach Willkür mit den Schülern schalten und
walten lassen wollte. Er hielt sich mit beiden in fortwähren=
dem Zusammenhang. Genaue Kenntniß von allem, was an
der Anstalt vorgieng, suchte er durch die gewissenhafte, wenn
auch noch so zeitraubende, Durchsicht aller Arbeiten, die gefer=
tigt wurden, dann durch seine regelmäßig wiederkehrende An=
wesenheit bei dem Unterricht in allen Classen, sowie durch sorg=
fältige Beobachtung der einzelnen Schüler, die ihm besonders
im Collegium möglich war, zu gewinnen. Jene Besuche in den
Claßstunden arteten jedoch nie in lästige und beengende In=
spectionen und Prüfungen des Lehrers aus; er verzichtete ent=
weder ganz auf ein Eingreifen in den Unterricht und hörte
schweigend zu, oder er übernahm ihn auch selbst ganz und ließ
den Lehrer zuhören; das Letztere bei jüngeren Lehrern, die da=
raus seine Methode kennen lernen sollten. So hinterließen diese
Besuche bei den Schülern immer nur den Eindruck, daß hinter
ihrem Lehrer auch die Autorität des Rectors stand, und er=
höhten daher den Ernst seiner Forderung. Seine eigenen Beob=
achtungen wurden vervollständigt durch die Mittheilungen, welche
ihm die Lehrer machten entweder direct oder durch Einträge in
das sogenannte „Signum“, das nach altem Herkommen in jeder
Classe geführt wurde. Wenn am Samstag in der Freiviertel=

stunde der „Signifer" — ein Ehrenamt, das nur bessern Schü=
lern anvertraut wird, — in das Rectoratszimmer wanderte,
war jedem Schüler bange, dessen Name etwa in dem verhäng=
nißvollen Büchlein stand; denn wenn er darauf hin selbst hinauf=
gerufen wurde, nahm er einen Eindruck mit fort, der ihn so
bald nicht wieder vergessen ließ, daß das Gebot des Lehrers
das der Anstalt war, durch die ein tiefer sittlicher Ernst waltete.
Ebenso kräftig vertrat mein Vater die Lehrer dem Publikum
gegenüber. Es hat sich wohl nie einer darüber zu beklagen
gehabt, daß er nicht energisch für alle eingestanden wäre und
alles Gehässige auf sich genommen hätte, wenn es galt, die
Autorität der Schule zu wahren. Den Lehrern selbst gegenüber
war er jedoch ebenso bemüht, sie vor Mißgriffen zu behüten
oder, wenn solche etwa einmal vorkamen, sie für die Zukunft
unmöglich zu machen. Auf das Sorgfältigste aber nahm er
sich in Acht, dies nicht vor den Augen der Schüler oder so zu
thun, daß ihr Ansehen bei diesen litt. Nie ist ihm bei seinen
häufigen Besuchen in den Classen ein Wort der Mißbilligung,
sei es über die Methode oder die erzielten Resultate oder über
getroffene Einrichtungen entschlüpft; unter vier Augen aber sagte
er seine Meinung über das, was er zu loben oder zu tadeln
hatte. Namentlich war es ihm eine aufrichtige Sorge, jüngere
Lehrer sich nicht selbst zu überlassen. Es ist ja ein zwar häufig
beklagter Uebelstand, gegen den aber noch niemand ein aus=
reichendes Mittel der Abhilfe hat nennen können, daß ein Lehrer
das Unterrichten erst im Laufe der Jahre durch seine eigene
Praxis lernen muß. Was durch sein Experimentieren und durch
seinen Mangel an Takt verfehlt wird, geht aber auf Kosten
der ihm anvertrauten Jugend. Mein Vater rechnete es zu sei=
nen ersten Pflichten, Lehrer zu bilden, und ließ sich nicht etwa
dadurch abhalten, daß es oft gerade dem angehenden Lehrer
weniger zusagen will, als dem älteren, sich unter die Leitung
einer reiferen Erfahrung zu stellen. Den inneren Zusammen=
hang der Anstalt zu befestigen, dazu dienten auch die regelmäßig

alle Monate abgehaltenen, oft sehr ausgedehnten Lehrerconferenzen.
Es wurde darin nicht bloß über den Stand der einzelnen Classen
ausführlich referiert, sondern auch allgemeine Fragen der Pä=
dagogik und Didaktik wurden eingehend besprochen. Dadurch
sollte auch die Individualität der einzelnen Lehrer zu ihrem
Rechte kommen und verhütet werden, daß nicht durch getroffene
Einrichtungen der ihnen nothwendige Spielraum so sehr beengt
würde, daß ein gedeihliches Zusammenwirken unmöglich würde.
Denn die Einheit eines todten Mechanismus herstellen wollen,
der nur von oben her in Bewegung gesetzt wird, wäre noch
verkehrter, als die Auflösung des Zusammenhangs der einzelnen
Theile einer Anstalt.

Diese Einheit des Lehrercollegiums ermöglichte nun auch
die Einheit des Unterrichts. Ich habe damit ein gefährliches
Wort ausgesprochen, das mich nöthigt, vor allem einen großen
Irrthum abzuwehren, der leider schon vielen Nachtheil ge=
bracht hat. Einheit des Unterrichts, aber nicht an einer, son=
dern an sämmtlichen Anstalten des Landes herzustellen, ist ein
Hauptbestreben der Gegenwart, in das man sich von vielen
Seiten mit ganzer Macht hineinwirft. Gleiche Lehrbücher, gleiche
Vertheilung des Lehrpensums, gleiche Methode, gleiche Disci=
plinarsatzungen u. s. w., — davon hofft man Aufschwung und
Besserung unserer Schulen. Man scheint ganz vergessen zu ha=
ben, wie einsichtige Pädagogen darüber dachten, deren vollendetes
eigenes Lebenswerk als das beredteste Zeugniß vor uns liegt, ob
sie Recht hatten oder nicht. Unsere bayrischen Anstalten hätten
alle Ursache, z. B. Roth's Schrift über unser Schulwesen, wie er
es im J. 1842 verließ, sich bei dieser Gleichmacherei als einen
Spiegel vorzuhalten. Aber um wie viel tiefer noch ist man
in alles das seitdem hineingekommen, wovor er einsichtig warnte!
Und wie sehr ereifert man sich vollends in der Gegenwart für
diesen Irrthum! Ich will nicht verkennen, daß es vielfach aus
guter Meinung geschieht; aber dennoch ist man auf einem Irr=
wege; denn die Einheit, die man sucht, ist nur Gleichförmigkeit;

8*

und je strenger man auf diese durch das ganze Land hält und hinwirkt, um so mehr lähmt man die Persönlichkeiten und die Anstalten und tilgt aus ihnen den belebenden Geist aus. Von allen dahin zielenden Bestrebungen fühlte sich mein Vater auf das Höchste abgestoßen.

Die Individualität einer Anstalt ist etwas ebenso Be= achtenswerthes, wie die eines Menschen. Nicht daß dieser andern gleich sieht, sondern daß er in sich eine harmonische Einheit ge= staltet, darauf kommt es an. Und bei Sct. Anna bestand eine solche durchgängige Harmonie des Ganzen. Was dort als gut sich bewährte, braucht deswegen noch nicht als allgemeine Vor= schrift empfohlen zu werden; ja es verträgt die Verallgemeine= rung nicht einmal durchgängig. Denn es gibt keine unfehlbare Methode, und die meines Vaters war auch nur zweckmäßig, wo man sie zu handhaben wußte, und wo man in seinem Geiste wirkte. Was er als das Resultat der ganzen Gymnasialbildung ansah, darauf wurde schon vom ersten Jahre an hingewirkt. Es handelte sich da nicht um Einzelheiten, die vom Ganzen hätten losgelöst und ohne dieses erfaßt werden können. Das Latein= lernen der zehnjährigen Schüler schon war ebenso wenig ein Abrichten für lateinische Regeln und ihre Anwendung oder ein Ansammeln todter Kenntnisse im Gedächtniß, als das Lesen der Classiker in den obersten Classen ein Vorübergehen an ihnen mit den Augen, und die Beschäftigung mit ihrer Sprache ein Ausrüsten mit gewissen Sprachfertigkeiten war. Hineinführen wollte er die Schüler in das Heiligthum der Classiker, daß Herz und Geist darinnen eine liebe Wohnung fänden; die Augen wollte er ihnen öffnen für den Wunderbau der Sprache, daß sie an den alten ihre eigene lernten; ein anderer, ein edlerer und höherer Mensch sollte herauskommen aus dem Gymnasium, als hineingekommen war. Das waren ihm die Ziele der Gymnasialbildung.

Bei dem Unterricht in den Sprachen war es die Bildung der schriftlichen und mündlichen Rede durch freie Reproduction,

die ihm auf allen Stufen seine Besonderheit gab. Er unter=
schied sich schon in seinem ersten Beginn ganz wesentlich von
demjenigen, in welchem die Gedächtnißthätigkeit entweder alles
verschlingt oder wenigstens im Vordergrunde steht. Hier war
es das Nachdenken, worauf man hinzuwirken suchte. Doch
durchaus nicht in dem Sinne, wie etwa jetzt eine weit ver=
breitete Richtung, die immer mehr an Boden gewinnt, schon
die Formenlehre „wissenschaftlich“ behandeln will und schon den
kleinsten Knaben die Entstehung von Wortformen durch Zer=
gliederung ihrer Bestandtheile erklären will, ehe sie auch nur
entfernt im Stande sind, zu begreifen, was denn alle diese Weis=
heit soll. Es liegt dieser Art, in die sich unsere Schulgramma=
tiken immer mehr verirren, eine vollständige Verkennung des
geistigen Entwickelungsganges eines Menschen zu Grunde. Die
Wahrnehmung und die einfache Kenntniß einer Thatsache ist
das Erste, das Begreifen kann immer erst nachfolgen; es ist
auch gar nicht einmal nothwendig, daß es unmittelbar nach=
folgt. Es ist daher ganz verkehrt, einer Altersstufe etwas zu=
zumuthen, wofür sie noch nicht reif ist. Was für den Sprach=
forscher von höchstem Interesse ist, hat für den Knaben nicht
einmal etwas Anregendes. „Nicht über den Horizont der Ju=
gend hinaus!“ das war die goldene Regel, die man daher in
dem Unterricht bei Sct. Anna nie vergaß. Ich halte es nicht
für überflüssig, dies ganz besonders zu betonen. Denn es ist
auch ein Grundzug fast unserer sämmtlichen jetzigen Schulgram=
matiken, daß sie nach Vollständigkeit trachten. Damit ist unser
Unterricht mit einer erdrückenden Last von Kleinigkeiten von
untergeordnetem oder gar keinem Werthe überschüttet worden;
ähnlich, wie unsere Schulcommentare zwischen der Jugend und
den alten Classikern die Berge ihrer oft höchst kleinlichen Ge=
lehrsamkeit aufthürmen, angeblich um zu erklären, in Wirklich=
keit aber mit dem Erfolge, daß über allen diesen Zuthaten der
Schüler nie in die entzückende Welt der Alten hineinkommt.

Wie ich bei den pädagogischen Anschauungen meines Va=

ters als das Wesentlichste die Anspruchslosigkeit hervorheben
mußte, die auf glänzenden äußeren Anstrich verzichtete, um die
sittliche Forderung dafür um so mehr zu vertiefen, so war es
auch in didaktischer Hinsicht der Verzicht auf jene sich breit
machende Vielwisserei, welcher dem Unterricht sein Maß und
seine Richtung gab, ihn aber um so gründlicher und frucht-
bringender machte. Nicht mit einer Menge unwichtiger Kleinigkeiten war der Unterricht vollgestopft, die doch nur gelernt
werden, um wieder vergessen zu werden, sondern die eine Frage
war überall die entscheidende: Was braucht der Schüler? Mit
dem, was nicht nothwendig ist, verschonte man ihn; das Nothwendige aber erließ man ihm nie; mit allem Nachdruck wirkte
man darauf hin, daß dies wirklich sein Eigenthum werde. Der
Unterricht stand im schärfsten Gegensatz zu dem jetzt so häufigen,
ich kann wohl sagen, vorherrschenden, der vor lauter unwesent-
lichen Dingen, die angeblich „gut lateinisch" oder „besser lateinisch" oder „allein lateinisch" sind, nie zu der Hauptsache kommt,
was überhaupt lateinisch ist, und es vor lauter Methodik und
rationeller Behandlung nie zu einer Methode bringt.

Schon auf der untersten Stufe war Leben und Anregung
in dem lateinischen Unterricht. Die Schüler begannen mit dem
Declinieren auch schon das Conjugieren und lernten an dem
einfachsten Satze nachdenken über das Verhältniß seiner Worte
zu einander, indem sie ihn construierten. Man hat sich dieser
früher durchaus nicht allgemeinen Behandlung des Sprachunter-
richts in neuerer Zeit in immer weiteren Kreisen zugewandt.
Es wäre das eine erfreuliche Wahrnehmung, wenn nicht schon
ein Blick in manche vielverbreitete Uebungsbücher lehrte, daß
durch das Umgießen in ein besseres Gefäß der Stoff selbst doch
nicht besser wird. Wem der Sprachunterricht nichts weiter ist,
als das Erzielen von gewissen Sprachfertigkeiten, der geräth
eben auch auf dieser neuen Bahn ebenso in das mechanische
Einüben von Regeln hinein, wie er sich zuvor in dem mechanischen Einlernen von Wörtern und Wortformen bewegte. So

verstand man nun den Sprachunterricht bei Sect. Anna nicht. Die Ausbildung des Sprachgefühls und die allmähliche Entwickelung eines Sprachverständnisses, das sich des Unterschieds der Sprachen immer deutlicher bewußt wird, war hier erstes Ziel und letztes; die Herrschaft über die Sprache ergibt sich dann in dem Maße von selbst, in dem man dem Ziele nahe kommt. Schon der Anfänger war gehalten, den Satz, den er übersetzt hatte, frei vom Buche deutsch und lateinisch wiederzugeben, und eine Aenderung, die der Lehrer etwa in der einen Sprache vornahm, sofort auch in der andern vorzunehmen. Mit der zunehmenden Fähigkeit lernte er mehrere Sätze in freier Reproduction zusammenfassen, sie wieder in ihre Bestandtheile auflösen und sich ihres Baues bewußt werden. Daneben erweiterte sich die Kenntniß der Formenlehre; aber nie durfte der Unterricht weiter schreiten, ehe der Lehrer sich die Ueberzeugung verschafft hatte, daß die Sache von den Schülern auch richtig verstanden sei. So ergab es sich von selbst, daß schon leichtere Regeln der Syntaxis hereinflossen, während man noch mit der Formenlehre sich beschäftigte. Aber nicht jenes mechanische Einüben durch eine Anzahl von Beispielen aus einem Uebungsbuche, die von den Schülern ohne jede Geistesthätigkeit, wie im Schlafe, nach einander fortübersetzt zu werden pflegen, galt hier für Unterricht, sondern was vom Lehrer vorgelegt, was aus dem Uebungsbuche entnommen, was an der Tafel angeschrieben wurde, hatte alles den Zweck, daß der Schüler nachdenken lernte, wie ein richtiges Deutsch zu einem richtigen Latein wird. Was ein unverständiger Unterricht mühsam einpaukt und doch nicht zum Verständniß bringt, ergab sich da von selbst. Daß traditum est Homerum caecum fuisse, ebenso gut heißen kann: „es ist überliefert worden, daß Homer blind gewesen sei", als: „er sei blind gewesen", oder: „von Homer ist überliefert worden, daß er blind gewesen sei", oder: „Homer war, wie überliefert worden ist, —" oder „— nach der Ueberlieferung blind", — daraus machte man auch dem Anfänger keine mechanischen

Regeln, sondern es verstand sich für die Knaben, denen man es vom ersten Beginn an nie erließ, wiederzugeben, was sie gehört oder gelesen hatten, und zwar in beiden Sprachen, und nur sprachrichtig, und nur so, daß sie auch Rechenschaft darüber geben konnten, warum es so sein konnte oder mußte, ganz von selbst. Von der geisttödtenden Art, wie sie durch ein in Bayern hauptsächlich verbreitetes Uebungsbuch immer mehr sich einbürgert, die z. B. in § 78 den Genitivus qualitatis einübt, und nachdem etwa dreißig andere Regeln durchgenommen sind, in § 115 den Ablativus qualitatis; oder die in § 76 lehrt, daß bei memoria der Genitivus objectivus steht, und nach Einschaltung von einem halb Dutzend anderer Regeln in § 83, daß bei memor der nämliche Genitiv steht, und nach Einschaltung wieder einiger anderer in § 86, daß bei memini ebenfalls der Genitiv steht u. s. w., war keine Rede. So die Denkfähigkeit der Jugend abzustumpfen, hätte mein Vater für eine Sünde gehalten, und ein Lehrer, der es so getrieben hätte, wäre die längste Zeit am Sct. Anna-Gymnasium gewesen. Es ist mir öfter, auch von Lehrern, die nicht jene Wege der Abrichtung giengen, gesagt worden, die Arbeiten, welche den Augsburger Schülern auf der untersten Stufe gegeben würden, seien zu schwer. Sie mögen dem Fernerstehenden, der den Weg nicht kannte, auf dem man von selbst zu diesen Leistungen kam, so vorgekommen sein; aber vor einer Ueberlastung hütete man sich hier gerade ganz besonders. Ungesunde Treibhauspflanzen wollte man nicht ziehen. Es war nur ein natürliches Ergebniß der ganzen Methode, wenn Schüler etwa schon im zweiten Jahre mit derselben Leichtigkeit in indirecter Rede lateinisch niederschrieben, was ihnen in directer deutsch dictiert war, oder wenn sie sich sonst freier bewegen konnten, als andere, die rathlos dastehen, wo sie die anzuwendende „Regel noch nicht gehabt haben".

Daß Lehrbücher, wie überhaupt im ganzen Unterricht, so auch in dem der alten Sprachen, nur eine untergeordnete Rolle spielten, versteht sich nach dem Gesagten von selbst. Natürlich fehlten sie nicht; aber in der Auswahl war mein Vater, soweit den Anstalten in Bayern überhaupt noch ein Spielraum hierin gestattet ist, sehr sorgsam. Eine Grammatik, welche nur ein Conglomerat von Regeln ist, aber kein Sprachgebäude, — ein Vorwurf, der manche unter den jetzt verbreiteten trifft, — hätte er nicht brauchen können. Es ist zwar von Werth, daß der Schüler ein Buch in der Hand hat, in dem er so weit heimisch geworden ist, daß es ihm während der ganzen Schulzeit ein Rathgeber sein kann; aber die Hauptrolle spielte die gedruckte Grammatik auf keiner Stufe des Unterrichts. Es war vielmehr eine lebendige Grammatik von Beispielen, die der Schüler im Kopfe hatte. Sein praktischer Blick ließ meinen Vater daran festhalten, daß für den Knaben nicht das Abstracte, sondern das Concrete etwas taugt, weil es für ihn einen Reiz hat und faßbar ist. Er hielt daher von Anfang an darauf, daß Sätze eingeprägt wurden, an denen das im Unterricht Behandelte sich festklammern konnte, aber ebenso, daß diese Sätze auch einen passenden Inhalt hatten, der als ein locus memorialis auch für spätere Zeit, wo er vielleicht sich erweitern konnte, blieb. Diese Sammlung im Gedächtniß, auf die der Unterricht bei jeder Gelegenheit wieder zurückgieng, war das Gerüste, an dem sich der ganze übrige Bau erhob. Was in der einen Classe von Bausteinen gesammelt war, übernahm der nächste Lehrer und baute darauf weiter. Die Schüler hatten es zugleich in Hefte eingetragen; für die Lehrer bestand außerdem eine sehr praktische Einrichtung, welche die Conformität des Unterrichts erleichterte. Von den sämmtlichen in allen Classen während des Jahres gefertigten Probearbeiten wurde am Schlusse immer die eines bessern und eines schlechtern Schülers zur Aufbewahrung zusammengebunden. Ueber dreißig solcher Jahrgänge standen zuletzt den Lehrern zur Verfügung, um frühere und spätere Leistungen oder den Gang des Unterrichts in den einzelnen Classen zu vergleichen.

War der Unterricht so weit vorgeschritten, daß man zu der Lectüre der Classiker übergehen konnte, so wurde auch hier die nämliche Methode eingehalten, daß die fortwährende mündliche Reproduction, die in keinem Falle erlassen wurde, Rechenschaft darüber gab, ob der Inhalt des Gelesenen den Schülern in allen seinen Theilen klar, und ob sie im Stande waren, den Gedankengang in guter deutscher, aber den lateinischen oder griechischen Worten entsprechender Form wiederzugeben, und auch hier steigerten sich die Forderungen in fortschreitendem Grade. Von einem Schüler der vierten Lateinklasse z. B., in der man Xenophon und Cäsar las, verlangte man, daß er ein Kapitel des letzteren oder einen kürzeren Abschnitt des ersteren sofort nach der Lectüre in gewähltem, gutem Deutsch und dann ebenso in der alten Sprache wiedergeben konnte. Daß nichts zum sachlichen oder grammatischen Verständniß Nothwendiges unerörtert blieb, dafür suchte man ebenso schon bei dem Uebersetzen zu sorgen, wie dafür, daß nichts Unnöthiges das Verständniß trübte und den Genuß des Schriftstellers hinderte. Von jener thörichten Art, die unter der Erklärung des Schriftstellers die Benützung desselben zur Einübung der Grammatik oder zum Anbringen überflüssiger Gelehrsamkeit versteht, hielt man sich fern und suchte zu vermeiden, was nur einen Widerwillen gegen das Alterthum bei der Jugend zurückläßt, gewiß aber nie die Liebe zu ihm pflanzt. Dafür bestrebte man sich, die Schüler daran zu gewöhnen, selbst dem Schriftsteller nachzugehen, seinen Gedanken nachzudenken und seine Form nachzubilden und in sich aufzunehmen.

Was die Schüler aus der Lectüre gewonnen hatten, konnten sie in den regelmäßigen Schul- und Hausaufgaben auch verwerthen. Denn man hielt fest darauf, daß der stilistische Unterricht auch strenge an die Lectüre sich anschloß; wenn er ein richtiger ist, so ist er unlöslich mit ihr verbunden. Der Schatz, den sich aus ihr der Schüler selbst sammelt, ist es, von dem er zehren muß, nicht ein paar eingeprägte Phrasen und Rede-

wendungen. Man hielt daher darauf, daß die Lehrer auch die
Entwürfe zu den Uebersetzungsaufgaben selbst ausarbeiteten und
nach dem jeweiligen Bedürfniß und dem Stand der Classe ein=
richteten. Man sah das als unumgänglich nothwendig an, und
mit Recht; das Gegentheil hätte man nur der Bequemlichkeit
und Nachlässigkeit eines Lehrers zugeschrieben.

Je höher die Classen wurden, um so rüstiger konnte man
auf der allen Schülern längst vertrauten Bahn vorschreiten.
Weil sie gewöhnt waren, alles zu reproducieren, fiel es ihnen
nicht schwer, auch größere Abschnitte zu überschauen, ihre Glie=
derung zu erkennen und ohne wesentliche Lücken wiederzugeben.
Und weil durch die gleichmäßige Berücksichtigung beider Sprachen
auch das nothwendige sprachliche Rüstzeug gewonnen war, um
über die Form Herr zu werden, so konnte die Lectüre einen
weitern Umfang haben, als es außerdem möglich wird. In
meinen eigenen Schuljahren habe ich z. B. in den beiden ober=
sten Classen fünf Tragödien des Euripides und Sophocles, die
Rede des Demosthenes über den Kranz (in der dritten Gymnasial=
klasse, wo dieser Schriftsteller jetzt nicht mehr erlaubt ist), Plato's
Apologie, Crito und Phädo, die Rede Cicero's für den Sestius
(die der catilinarischen Reden war schon vorausgegangen), seine
Bücher über die Pflichten und eines der tusculanischen Unter=
suchungen, Tacitus' Germania, Agricola und mehrere Bücher
der Annalen, Horaz's Oden, Episteln und Satiren, soweit sie
für die Schule geeignet sind, kennen gelernt, und die Homer=
lectüre, die in allen vier Gymnasialclassen besonders gepflegt
wurde, konnte so weit vorschreiten, daß wir die Ilias ganz, die
Odyssee wenigstens zur Hälfte gelesen hatten. Und zwar stand
das nicht etwa bloß in den Katalogen, die vielmehr bei Sect.
Anna immer sehr bescheiden aussahen, war auch nicht etwa
„controlierte Privatlectüre“, sondern es wurde, mit Ausnahme
von ein paar Gesängen des Homer, die der Privatlectüre über=
lassen waren, und höchstens etwa des Schlusses der zuletzt ge=
lesenen Stücke bei dem einen oder andern Schriftsteller, wenn

das zu Ende gehende Schuljahr die Vollendung nicht mehr ganz gestattete, alles in der Classe gelesen, und daß dies nicht oberflächlich geschah, dafür bürgt der Name der Claßlehrer; denn die dritte Gymnasialclasse hatte mein Vater selbst, die vierte unser pflichteifriger Professor Schmidt. In jeder dieser Classen wurde je ein Schriftsteller lateinisch erklärt, und zwar sprach in der dritten der Lehrer immer lateinisch, den Schülern verargte man es nicht, wenn sie deutsch antworteten, in der vierten waren auch sie gehalten, lateinisch zu sprechen. Jeder Schüler könnte zu dieser Claßlectüre noch ein Stück Privatlectüre, die bei uns eine freiwillige und darum eine wirkliche war, auf das Verzeichniß setzen. Aber davon machte man nicht viel Wesens; denn es galt auch hier der Grundsatz: „Die Sache, und nicht den Schein!"

In innigem Zusammenhange mit der Lectüre der Classiker stand auch der deutsche Unterricht. Ein Lehrbuch der Stilistik oder sonst ein Hilfsbuch ist dabei nie gebraucht worden und hätte auch keinen Zweck gehabt; denn jene Lehrer, die sich einen Unterricht nicht anders denken können, als nach Regeln und Paragraphen zugeschnitten, gab es bei Sct. Anna glücklicher Weise nicht; sie hätten hier auch mit ihrer unfruchtbaren Weisheit kein Glück gehabt. Wo der Unterricht nicht Leben ist, da ist er nichts werth, sondern nur Zeitvergeudung. Größeren Werth kann man an einer Anstalt auf den deutschen Unterricht nicht wohl legen, als es bei Sct. Anna geschah; nirgends aber würde er dem Fernerstehenden regelloser erschienen sein; und doch war er gerade hier geregelter von unten auf bis oben, als irgendwo. Schon von der untersten Stufe an war die Bildung der mündlichen und schriftlichen Rede der Hauptgesichtspunkt, nicht etwa grammatische Kenntnisse und mechanische Uebungen nach eingelernten Mustern. Wie bei den alten Sprachen, so war es auch hier die freie Reproduction, auf die der Nachdruck gelegt wurde. Ueberall schloß sich der Unterricht an einen Lesestoff an. Schon das Lesen mußte zeigen, ob der Inhalt

mit dem Geiste durchdrungen war. Dann folgte das nie er=
lassene freie Wiedergeben, und ohne daß das Buch weiter be=
nützt wurde, schlossen sich grammatische und logische Uebungen
an; erstere nicht über das unumgänglich nothwendige Maß
hinaus; letztere darauf abzielend, den ganzen Gedankengang auch
zum Bewußtsein zu bringen. Denn mein Vater gieng von dem
gewiß richtigen, aber leider so vielfach verkannten Gesichtspunkte
aus, daß „auch schon auf der untersten Stufe der Lateinschule
eine Einsicht in die künstlerische Composition eines Stückes ver=
schafft und die ästhetische Bildung angestrebt, der Sinn für das
Schöne in der Form gepflegt werden soll und kann", wie er
in einer mir vorliegenden Instruction für die Lehrer einer iso=
lierten Lateinschule es ausdrückt. Wen es befremdet, hier Ge=
sichtspunkte betont zu sehen, die ihm bisher nur in Lehrbüchern
für die obern Classen aufgestoßen sind, dem möge eben dieses
sein eigenes Befremden zum Beweise dienen, daß der Unterricht
bei Sct. Anna einheitlicher gestaltet war, als man sonst es
findet. Daß man irgendwie über das Maß der Kraft und
Fähigkeit einer Altersstufe hinausgegangen wäre, den Schluß
aber möge er nicht daraus ziehen. Denn man kann für das
Schöne auch an dem einfachsten, faßlichsten Stoff schon die
Augen öffnen. Wie die mündliche Rede, so wurde die schrift=
liche auf das Sorgfältigste und Fleißigste gepflegt, aber nie in
dem Geiste mechanischer Abrichtung, die etwa nach Art der la=
teinischen Formenlehre oder Syntaxis eine deutsche einüben will
und mit dem Verständniß auch das Wohlgefallen an der Mutter=
sprache erstickt, oder die an der Hand eines Lehrbuchs oder einer
Aufgabensammlung der Reihe nach Erzählungen, Briefe, Schil=
berungen, Betrachtungen, Charakteristiken u. s. w. abfassen läßt,
oder die etwas erreicht zu haben glaubt, wenn sie die Worte
eines Gedichtes durch Umstellung in Prosa verwandeln läßt.
Der Unterricht wuchs vielmehr auch hier aus dem Gesammt=
unterricht heraus. In der erwähnten Instruction ist den Leh=
rern neben der Warnung, nie über die Fassungskraft und den

Horizont der Jugend hinauszugehen, besonders eingeschärft, daß „durch die schriftlichen deutschen Arbeiten der Schüler eine Veranlassung bekommen muß, das, was er in dem Unterricht der verschiedenen Fächer gelernt hat, unter bestimmten Gesichtspunkten zusammenzufassen."

In den Gymnasialclassen war der deutsche Unterricht innig mit der Lectüre der Classiker verwoben. Sie lieferte den Stoff zu den schriftlichen Aufgaben, welche hier seinen Mittelpunkt bildeten. Denn an ihre Besprechung lehnte sich der Unterricht hauptsächlich an, nicht an Lehrbücher. Man ließ es nicht bei der schriftlichen Correctur, auf die übrigens eine sehr große Sorgfalt verwendet wurde, beruhen; sondern die Hefte aller Schüler giengen dem Lehrer in der Classe noch einmal durch die Hand, und die Mängel der einzelnen Aufsätze boten die Gelegenheit zur Belehrung. Das, was man leider vielfach deutschen Aufsatz heißt, ein seichtes Gerede, aus einigen Phrasen zusammengewebt und angeschmiegt an eine Disposition, die entweder den Schülern an die Hand gegeben wird, oder die sie nach eingeübten Mustern sich selbst zusammenstoppeln, fand hier keine Statt. Schon in der Wahl der Themata war man sehr behutsam. Solche Stoffe, die zu einem oberflächlichen Moralisieren oder einem überstiegenen, unreifen Philosophieren veranlassen, oder die zu unwahren und heuchlerischen Herzensergüssen verleiten, vermied man sorgfältigst. Als die Einrichtung getroffen wurde, — sie besteht erst seit 1854, — daß die Arbeiten der Maturitätsprüfung für das ganze Land gleichmäßig von dem Ministerium gegeben werden, und eines der ersten deutschen Themata lautete: „Ueber die Bescheidenheit", sprach mein Vater in einem Briefe an den damaligen Minister rückhaltslos und offen seine Unzufriedenheit über eine solche Wahl und die schweren Bedenken, die er dagegen hatte, aus.' Reflexionen über ein solches Thema wird nur der machen, dem die Sache selbst nur auf den Lippen, aber nicht im Herzen sitzt; der edleren Natur wird Scham und Unwille das Wort hemmen; er wird es demjenigen gerne überlassen, bei dem, wie bei jenem alten Philosophen, aus den Löchern des Mantels die Eitelkeit herausschaut. Einer Erziehung aber, deren innerstes Wesen es ist, jene kostbare Tugend wirklich in das Herz einzupflanzen, muß es widerstreben, sie als prunkendes Schaustück von den Schülern feiern zu lassen. Und so dachte man über alle andere derartigen Paradestücke.

Was der Unterricht selbst an die Hand gibt, das ist der rechte Stoff für Schüler. Es spricht ein Lehrer selbst das Todesurtheil über seinen Unterricht, wenn ihm daraus nicht jederzeit Stoff in Hülle und Fülle für die deutsche Stunde zur Verfügung steht. „Der deutsche Aufsatz sei ihm der Prüfstein, was die ganze Gymnasialbildung für ein Resultat gehabt habe," pflegte mein Vater zu sagen, wenn von der Absolutorialprüfung die Rede war. Und er drückte damit seine ganze Anschauung vom deutschen Unterricht aus. Das Erfassen und Verarbeiten des gebotenen Inhalts, sein Wiederaufleben in eigener Reproduction, die Bildung des Geschmackes an ihm und durch ihn, die Anregung zu eigener Geistesthätigkeit, die Erfüllung mit hohen Idealen, die Begeisterung für sie, das war das Ziel bei allem, was man trieb; — hier ist dir nun ein Stoff gegeben, Schüler, und ein Standpunkt bezeichnet, von dem aus du ihn ansehen und darstellen sollst; nun zeige, was du gewonnen hast! Gib einen Beweis, daß du klar aufgefaßt hast, daß du richtig denken, gut und schön deine Gedanken vortragen kannst, daß die Classiker nach Inhalt und Form dir Lehrmeister geworden sind! So sah man den deutschen Aufsatz an.

Was sonst noch im deutschen Unterricht zu behandeln ist, wie Literaturgeschichte, altdeutsche Grammatik u. drgl., waren nicht besonders ausgeschiedene Theile desselben. Letztere insbesondere fand keine weitere Berücksichtigung, als die Lectüre des Nibelungenliebs, das in der dritten Gymnasialclasse gelesen zu werden pflegte, unbedingt erfordert. Denn für ein eigentliches, sachgemäßes Betreiben des Altdeutschen hat ja das Gymnasium keinen Raum, und vor jeder Schein- und Halbwisserei, die mit ein paar dürftigen, aufgefangenen Kenntnissen den Dünkel in sich nährt, sie könne jetzt etwas, wollte mein Vater seine Schüler behüten. War es nicht möglich, ihnen ein gründliches Verständniß zu geben, so sollten sie sich auch nicht einbilden, sie wüßten etwas; es wäre das ganz gegen seine Grundanschauung von der Erziehung gegangen. Die Literaturgeschichte aber schloß sich innig an die allgemeine Geschichte an, oder bildete vielmehr einen Bestandtheil derselben; besondere Stunden des deutschen Unterrichts ihr zuzuweisen, fand mein Vater nicht für nöthig. Dagegen ließ er keine Gelegenheit vorübergehen, wo er auf das Wissenswürdige hinweisen, ganze Richtungen oder ihre einzelnen Vertreter charakterisieren, Einzelnes herausheben und besonders behandeln konnte. In dem allgemeinen Geschichtsunterricht bekam das alles seinen Zusammenhang und seine richtige Stelle; jener aber auch seinen richtigen Hintergrund und seine nothwendige Ergänzung. Wo er konnte, ermöglichte er auch die Lectüre von solchen Literaturproducten, auf welche die Jugend sonst nicht aufmerksam wird, und von Zeit zu Zeit führte er seine Schüler auf die Stadtbibliothek und zeigte ihnen auch ihre Schätze aus alter und neuer Zeit. Sie bekamen dadurch einen bessern Einblick in die Literatur, als aus einem dürftigen Leitfaden. Ueberhaupt suchte er ihnen auch Bücherkenntniß zu geben, und was ihm zu Gebote stand, vorzuzeigen. Die Privatlectüre anregender literaturgeschichtlicher Werke suchte er zu befördern; daß jeder mit den deutschen Classikern möglichst genaue Bekanntschaft machte, setzte er ohnedies voraus. Doch suchte er die Jugend zurückzuhalten von einem planlosen Lesen und warnte nicht nur vor solchen Autoren, die entweder für ihr Alter noch nicht paßten, oder auch in der Meinung des großen Publicums einen bessern Namen haben, als sie verdienen, sondern untersagte sie auch. Manches nahm er da den Schülern aus der Hand, was andere Pädagogen, die auch nicht ohne Einsicht sind, ihnen gestatten. Doch war das nicht Engherzigkeit; sondern er wollte ihnen nur gesunde Nahrung geben für Geist und Gemüth und sie nicht zu früh an die zweifelhafte lassen, die sie verderben konnte. Selbst die für einen erstarkten und ausgebildeten Organismus stärkende kann ja für den noch in der Ausbildung begriffenen schädlich, unter Umständen sogar tödliches Gift sein.

Ich muß noch auf eine Seite des deutschen Unterrichts kommen. Ich erinnere mich aus meiner Universitätszeit, daß Freunde, die von andern Schulen gekommen waren, und die es befremdete, daß die Augsburger mit manchem aus der Logik und Rhetorik vom Gymnasium her schon bekannt waren, was jene nun erst aus den Vorlesungen erfuhren, deshalb bei ihnen einen besonderen Unterricht, den sie genossen hätten, voraus= setzten. Aber auch das war nur das Ergebniß der Art, wie man uns überhaupt unterrichtete. Das eingehende Besprechen der Arbeiten gab zu so mancherlei Bemerkungen Anlaß, die, durch das Bedürfniß des Einzelnen, welcher Belehrung brauchte, her= vorgerufen, sich zum Unterricht für alle erweiterten. Und da der Unterricht in allen Fächern in so innigem Zusammen= hange stand, und man uns auch die Classiker nicht durch ein= seitige grammatische Behandlung verkümmerte, so kam auch hier manches zur Besprechung, worauf wir entweder selbst aufmerk= sam geworden waren, oder wozu wir hingeführt wurden. Was man neuerdings auf den bayrischen Anstalten durch die Ein= fügung einer besondern philosophischen Propädeutik in das Pensum der obersten Classe zu erreichen sucht, das fiel hier als reife Frucht des Ganzen größtentheils von selber zu.

Daß mein Vater kein Anhänger des Fachlehrersystems war, brauche ich nach dem Gesagten kaum mehr hinzuzufügen. Es ist nicht meine Absicht, die Gründe für und wider jenes hier abzuwägen; mein Vater hat sich ihre gewissenhafte Prüfung nicht erspart; aber diejenigen, die zu Ungunsten desselben sprechen, schienen ihm die gewichtigsten. Denn seine Anschauung vom Unterricht lief auf eine erziehende Thätigkeit an dem ganzen Menschen hinaus. Das war ihm der maßgebende Gesichts=

punkt, nicht die möglichste Ausbildung in den einzelnen Fächern, die vielleicht gerade durch ihre Vertheilung an verschiedene Lehrer eine ganz ungleichmäßige wird und Schaden leidet. Denn höher als die einzelnen Theile stand ihm immer und überall das Ganze. Man braucht, um das Fachlehrersystem zu vertheidigen, gerade noch nicht den niedrigen Gesichtspunkt derer zu theilen, welche den Unterricht ungefähr wie eine Fabrikindustrie beurtheilen, in der jeder dasjenige Stück zur Bearbeitung erhält, welches er am besten zu fertigen versteht, damit man dann das Ganze aus möglichst gut gearbeiteten Theilen zusammensetzen kann. Aber auch diejenigen, welche es von einem höhern Gesichtspunkt aus empfehlen, können gefährliche Klippen nicht ganz vermeiden, an welchen man, auch wenn einem der vollständige Schiffbruch erspart bleibt, nie ganz ungeschädigt vorbeikommt: das Gleichgewicht und die Harmonie des Unterrichts ist und bleibt dadurch gestört. Der Lehrer, welcher mit der meisten Energie die Kraft des Schülers packt, dem gehört sie, auch wenn sein Fach vielleicht das untergeordnetere ist. Und wer verhütet, daß nicht vielleicht von mehreren Seiten zugleich solche Anforderungen an den Schüler gemacht werden, daß seine Kraft ihnen nicht gewachsen ist, und die Sehne des fortwährend überspannten Bogens erschlafft? Der Claßlehrer aber kann, was dem Fachlehrer nicht möglich ist, die Kraft in dem einen Fache schonen, wenn er sie in dem andern anspannen muß, und er kann eine Wechselwirkung herstellen, wobei ein Fach dem andern dient. In meines Vaters ganzer Anschauung nun war der pädagogische Gesichtspunkt überall der erste, der didaktische erst der zweite; und das bestimmte seine Stellung zu der Frage. Nicht daß man nach einem Jahre mehr lateinische, mehr griechische, mehr geschichtliche, mehr mathematische, mehr Kenntnisse in der Literatur u. s. w. habe, sah er als Ziel an, sondern daß durch dieses alles ein besserer, edlerer, geistig und sittlich geförderterer Mensch aus der Classe herauskomme, als hineingekommen war. Er wurde schon unwillig, wenn er überhaupt nur von der Auffaſſung des Unterrichts, welche in unſerer Zeit leider immer mehr die tonangebende wird, hörte, als könnte im Gymnaſial= unterricht ein einzelnes Fach losgeſchält werden vom Ganzen. Das war ihm ſo undenkbar, als daß ein Zweig blühen und Früchte tragen kann ohne ſeinen natürlichen Zuſammenhang mit dem Baum. Daher kam auch ſeine gründliche Abneigung gegen das viele Reden über die beſte Behandlung, Abgrenzung und Vertheilung des Unterrichtsſtoffes in jedem Fache, wovon jetzt die Verſammlungen und Vereine widerhallen, und die Zeit= ſchriften voll ſind, ſowie über jene zahlloſen Detailbeſtimmungen, deren dringende Empfehlung zur allgemeinen Nachahmung an jene glücklich überwundene Geſchmacksrichtung erinnert, welche die Bäume nur ſchön fand, wenn ihnen die Scheere gleiche Ge= ſtalt gab. Man hat die Natur von jener Zwangsgeſtalt, die man ihr einſt auferlegt hat, wieder befreit und hat erkannt, daß ſie ſelbſt die ſchönſten und vollkommenſten Formen ſchafft, wenn man ſie walten läßt; wird man auch in unſeren Schulen den Weg wieder zurück finden von jener jetzt immer mehr geprie= ſenen gleichförmigen Abrichtung zu der Erziehung von Menſchen und Individualitäten, von dem man in der Gegenwart immer weiter abirrt? Iſt ja in neuſter Zeit nicht einmal die Privat= lectüre der Schüler mehr ſicher vor dieſem allgemeinen Zuſchnitt. Schon verhandelt man in Directorenconferenzen, Lehrerverſamm= lungen und Zeitſchriften darüber; wie lange wird es alſo wohl noch dauern, bis ſelbſt hier allgemein bindende Vorſchriften ihre lähmende Wirkung üben?

Wer dagegen das Heil der Schulen da ſucht, wo es allein zu finden iſt, in der perſönlichen Wirkſamkeit begeiſterter Lehrer, denen ihr Beruf ein Herzensanliegen, nicht aber bloß ein Ge= ſchäft oder gar nur „die Kuh iſt, die ſie mit Butter verſorgt", der wird auch vor allem darauf bedacht ſein, daß ihre Perſönlich= keit ſich auch voll und ganz geltend machen und von allen Seiten auf die ihnen anvertraute Jugend anregend, belehrend, begeiſternd, veredelnd einwirken kann. Was er ſelbſt als Rector für die ganze Anstalt sein wollte, das sollte daher nach der Ansicht meines Vaters auch der Claßlehrer in dem engeren Kreise seiner Classe sein können. Nun kann man allerdings nicht voraus= setzen, daß jeder Lehrer jedem Unterrichtsfach gleich gewachsen ist, und einzelne Fächer, wie die Mathematik, scheiden sich ja schon von selbst aus und verlangen einen besonderen Lehrer. Mein Vater, der nirgends als Doctrinär unfruchtbare Theo= rien zur Wirklichkeit machen wollte, verschloß sein Auge auch keineswegs dagegen, daß z. B. der Fall eintreten kann, daß ein Lehrer, der dem Geschichtsunterricht nicht gewachsen ist, mit einem andern Lehrer tauschen muß. Aber er würde eine solche Nothwendigkeit nur als einen Nothstand angesehen und bedauert haben. Ihm galt das Umgekehrte als Regel, dieses nur als Ausnahme. Gerade auf den Geschichtsunterricht legte er einen großen Nachdruck, und einen humanistischen Lehrer, der ihn nicht ertheilen kann, sah er als nur einseitig ausgebildet an. Das Alterthum zumal, — wer kann es verstehen, der in der alten Geschichte nicht zu Hause ist? Ihm selbst aber war auch die mittlere und neuere Geschichte ein durch fortwährendes Studium lieb gewordenes und vertrautes Gebiet. Einzelne Perioden, in denen er sich mit Vorliebe umsah, waren ihm so bekannt, daß ihm auch alle Einzelnheiten stets gegenwärtig waren, in keiner aber war er fremd. Bis in das Alter suchte er sich in der historischen Literatur immer auf dem Laufenden zu erhalten, und es fiel ihm nicht schwer, als nach Sybel's Abgang von München in der philologischen Prüfungscommission dieses Fach ersetzt werden mußte, weil für jenen noch keine neue Berufung erfolgt war, als Examinator in die Lücke einzutreten, obwohl ihm erst bei seiner Ankunft in München davon Mittheilung gemacht wor= den war.

Kein Wunder, daß ihm die Geschichte auch im Gymnasial= unterricht nicht die letzte Stelle einnahm. Aber vor dem Ge= schichtsunterricht, wie er ihn an manchen andern Anstalten er= theilt sah, — glücklicher Weise drang diese Anschauung auf die protestantischen nie ein, — daß ein Lehrbuch der Geschichte auswendig gelernt und abgefragt wurde, schauderte er zurück. Leider schien das Uebel unausrottbar; denn auch bei dem philo= logischen Examen blieb ihm die schmerzliche Wahrnehmung nicht erspart, daß es nicht wenige gab, die auch auf der Universität nicht über diese Art von Geschichtsstudium hinausgekommen waren. Er hielt mit seiner Entrüstung über dieses Unwesen nie zurück und hat es dagegen mit großer Freude begrüßt, als mit der Errichtung des historischen Seminars in München auch für eine tüchtige Ausbildung künftiger Geschichtslehrer gesorgt wurde. An seiner Anstalt war er aber von Anfang an bestrebt gewesen, den Geschichtsunterricht auch wirklich fruchtbar zu machen.

Die eingehaltene Methode war auch hier die des freien Vortrags durch den Lehrer und der freien Reproduction durch die Schüler. Eine halbe Stunde wurde zur Repetition des Pensums der vorigen Stunde verwendet; an die Wahrnehmungen, die der Lehrer da machte, knüpfte er an, berichtigend, ergänzend, weiterbauend. In den untern Classen sah man nicht auf Voll= ständigkeit, sondern darauf, daß die Personen und Ereignisse, die das Gemüth des Knaben ergreifen, seinen Geist erheben und die Bewunderung des Guten und Schönen, den Abscheu vor dem Bösen und Gemeinen wecken, in fesselnder Weise und in passen= der Auswahl vorgeführt wurden. So wurde in der dritten Lateinclasse die griechische und römische Geschichte, in der vierten die deutsche vor der Reformation behandelt. Zusammenhängen= der Geschichtsunterricht begann erst in den Gymnasialclassen. Man ließ keine Gelegenheit unbenützt, ihn mit den übrigen Fächern in Verbindung zu setzen und zu erhalten. Die fort= während Reproduction in der Geschichtsstunde diente ebenso sehr der Uebung des freien Vortrags, wie umgekehrt der deutsche Unterricht des gewonnenen Stoffes für die schriftlichen Arbeiten sich bediente. Bei den geschichtlichen Probearbeiten sah es mein Vater nicht gerne, wenn sie nur Fragen nach Einzelnheiten stellten; er selbst richtete die seinigen immer so ein, daß die

Schüler zeigen konnten, ob sie eine Anschauung vom Ganzen gewonnen hatten, größere Abschnitte überschauen und das Wesentliche herausheben konnten. Denn wenn auch der Geschichtsunterricht immer auf ein gewisses Maß dem Gedächtniß einzuprägender Kenntnisse sich stützen muß, zur reinen Gedächtnißsache durfte er ihm doch nie heruntersinken. Das nur in dem Gedächtniß Haftende ist, wenn es verloren wird, unwiederbringlich verloren; was mit dem Verstande aufgefaßt ist, bleibt nicht nur fester, sondern es läßt sich auch die Lücke, die etwa entsteht, durch Combination wieder ergänzen.

Höher aber noch stand ihm das ethische Moment im Geschichtsunterricht. Er gab sich Mühe, so gewissenhaft, gerecht und unparteiisch, als nur möglich, vorzutragen; schon sein wissenschaftliches Gewissen hätte ihm jede tendenziöse Darstellung untersagt. Aber von einem farblosen Geschichtsunterricht war deswegen keine Rede. Es ist ein großer Irrthum, in den sich aber mancher gerne einwiegt, daß es eine Geschichte gebe, die von jeder Befangenheit frei sei, weil sie nur die Thatsachen reden lasse. Diese Thatsachen sieht sich eben jeder mit seinen Augen an; er kann sich selbst keine anderen einsetzen, so wenig als er aus seiner Haut herauskann. Und er kann sie sich nicht ansehen außer von dem bestimmten Standpunkte aus, auf den er sich gestellt hat; — und auf irgend einem muß er stehen; — wenn er darum, was er sieht, auch noch so gewissenhaft wiedergibt, er sieht und gibt es eben immer nur so wieder, wie es ihm erscheint. Und daraus ergibt sich, daß, wer die Reformation für ein Werk menschlicher Leidenschaft ansieht, wie der Katholik, nothwendig eine andere Anschauung von der Geschichte und ihren Thatsachen haben muß, als derjenige, welcher sie als eine Folge innerer geschichtlicher Nothwendigkeit, das Brechen der Fesseln Roms als eine Wohlthat für das deutsche Volk und die ganze Menschheit ansieht, wie der Protestant. Und zwar gilt das nicht bloß von der Geschichte, welche auf die Reformation folgte, sondern auch von der, die ihr vorausgieng, weil die Reformation das Resultat der letzteren ist. Das Urtheil über einen Gregor VII., Innocenz III., Bonifacius VIII., über das große Ringen der Kaisermacht mit der päpstlichen, oder über die Concilien des fünfzehnten Jahrhunderts wird bei Katholiken und Protestanten ein ebenso verschiedenes sein, wie das Urtheil über Luther, die Jesuiten und ihr Werk, die Gegenreformation, und die daraus hervorgewachsenen Schrecken des dreißigjährigen Kriegs, durch den der Riß, der heute noch unser Vaterland in zwei kämpfende Lager spaltet, zum unheilbaren geworden ist.

Der Zwiespalt des religiösen Bekenntnisses ist nun einmal da; die Augen dagegen verschließen, das beseitigt ihn nicht; das Recht des andern nicht achten, das verschärft ihn nur. Mein Vater war Protestant im innersten Herzen; er machte nie ein Hehl daraus; sein Geschichtsunterricht war daher auch ein protestantischer durch und durch, wie die evangelische Freiheit der Grundton seiner Pädagogik war. Und trotzdem hat sich nie ein Katholik, der in seinem Unterricht gesessen ist, zu beklagen gehabt, daß er ein gehässiges oder verletzendes Wort gehört hätte. Die größte Errungenschaft, welche die Reformation der Welt erobert hat, ist die Freiheit der Gewissen. Je mehr die Begeisterung für dieses hohe Gut flammt, die sich dessen freut, was damit dem eigenen Herzen wieder errungen ist, um so wahrer und reiner wird auch der Wunsch sein, daß auch der Andersdenkende frei in seinem Herzen und Gewissen sei. Wer diesen Sinn nicht theilt, der verleugnet den Boden der Reformation, auch wenn er sich einen Protestanten heißt. Dieser echt protestantische Gesichtspunkt gab dem Geschichtsunterricht meines Vaters seine Farbe und seine Weihe. Es war nicht der mattherzige, der, wie es in manchem für Katholiken und Protestanten gleich brauchbar sein sollenden Geschichtslehrbuch der Fall ist, zwar überall zu verdecken sucht, aber doch nur unter trügerischer Asche den glimmenden Brand birgt. Er wollte nicht farblos, sondern er wollte protestantisch sein; und darum haben ihm auch Katholiken ohne Mißtrauen und mit Theilnahme an-

gewohnt. Es lag in meines Vaters ganzem Wesen, daß er
nichts thun konnte, wenn nicht sein ganzes Herz dabei war,
und so fühlte man auch seinem Geschichtsvortrag an, daß er
aus dem innersten Herzen quoll. Daß darum auch in diesem
Fache das Lehrbuch, auch wenn ein solches eingeführt war, so
gut wie nicht vorhanden war, brauche ich kaum beizufügen;
man merkte auch in den übrigen Classen kaum etwas von einem
solchen. Doch pflegte er in früherer Zeit seinen Breyer mit in
den Unterricht zu nehmen, in den er sich seit seiner ersten Zeit
Notizen gemacht und zahlreiche Blätter eingelegt hatte. Selten
jedoch zog er sie zu Rathe, etwa wenn er einmal sich versichern
wollte, daß seinem Vortrage nichts entgangen sei, was er zu
berücksichtigen pflegte, oder um rasch einen Ueberblick über den
Stoff zu gewinnen, den er sich dann zum freien Vortrage im
Geiste gruppierte. Er hielt auch sonst etwas auf dieses nun
leider längst beseitigte Lehrbuch, dem er nur eine neue Auflage
wünschte. Sein eigenes Handexemplar davon ist ebenso sehr
ein Beweis seines fleißigen Studiums, wie des Lehrgeschicks,
mit dem er sich das für den Unterricht Nothwendige zurechtzu-
legen verstand. Später verzichtete er auch auf diesen Anhalts-
punkt bei seinem Unterricht und trug ganz frei vor; jedoch niemals, ohne daß die gewissenhafteste Vorbereitung für jede einzelne Unterrichtsstunde vorangegangen wäre, für die er es sich
meistens viel längere Zeit kosten ließ, als ihn der Unterricht
selbst in Anspruch nahm.

Diese Grundzüge mögen genügen, um anzudeuten, welches
das Ziel, der Gang und der Geist des Unterrichts war. Mir
sind bei dem Niederschreiben hauptsächlich die Zustände meiner
eigenen Schulzeit, die in die Jahre 1842 bis 1850 fiel, vor-
geschwebt; es war die Zeit der vollen Kraft meines Vaters.
Wer seine Ansichten weiter begründet sehen will, findet seine
eigene Darstellung der eingehaltenen Unterrichtsweise in dem
Gymnasialprogramm von 1867.*) So eigenartig ausgeprägte

---

*) Ueb. d. Unterricht an der St.-Anst. bei Sct. Anna in den letzten 25 Jahren.

Anstalten sind in der Gegenwart, wo man alles Heil von dem Buchstaben des Schulplanes erwartet, nicht mehr möglich. Man thut darum nichts Ueberflüssiges, wenn man aus der Periode der Schulregulative und Uniformitätsbestrebungen auch wieder einmal den Blick rückwärts lenkt in jene Zeit unseres Schulwesens, wo ein Lehrer noch Lehrer sein, und eine Anstalt sich noch selbständig gestalten durfte.

Die Reife der Saat.

Wir kehren aus der Schulstube zurück in das, ich weiß nicht, soll ich sagen, Studier= oder Rectoratszimmer meines Va= ters. Denn beides war eines, seit er die Rectoratswohnung im Sct. Annahofe bezogen hatte, als hätte auch der gewöhn= liche Aufenthaltsraum ein Abbild seines Wesens sein sollen, in dem sich Amt und wissenschaftliches Studium ebenso innig durch= drangen, als Beruf und persönliches Leben eines waren. Stun= den, in denen mein Vater nicht dem Berufe gehörte, gab es eigentlich nicht. Aus ihm trug er seine Sorgen in die wenigen Pausen, die er sich selber gönnte, und die Auffrischung, welche er sich im Familienkreise holte, wo ihm die hingebende Sorge unserer Mutter seine schwere Bürde zu erleichtern suchte, war nur ein kurzes Kräftesammeln zu erneuter Anstrengung. Vom frühen Morgen bis in die späte Nacht gieng diese unausgesetzt fort, und es blieb ihm zu Zeiten kaum eine Viertelstunde für das Mittagessen und die kurze Pause darnach, in der er auf dem Sopha ruhte und die Zeitung las.

Aber der Erfolg war auch sichtbar und bald weiteren Kreisen bemerkbar. Noch nicht drei Jahre waren seit seinem Rectoratsantritt verstrichen, da bekam er einen wohlthuenden Beweis davon. Die Universität Erlangen feierte ihr hundert= jähriges Jubiläum. Zu Reisen, selbst zu kleinen, hatte bisher die beengte äußere Lage die Mittel nicht geboten. Nicht einmal

seine Geschwister, von denen der nächstälteste Bruder jetzt als
Architekt in Fürstlich Taxis'schem Dienste in Regensburg lebte,
die einzige Schwester in Nürnberg verheiratet war, hatte er be=
suchen können. Höchstens ein kurzes Wiedersehen der Mutter
in Wassertrübingen, wohin er dann zu Fuße wanderte, war ihm
hie und da vergönnt. Aber nach Erlangen gestattete er sich den
Aufwand einer Reise; dort hätte er nicht fehlen dürfen. Es
hatte überdies dort ein anderer Bruder als Maurermeister sich
niedergelassen, den er nach langer Trennung nun wieder sehen
konnte. Es waren Freunde, die er seit der Erlanger Zeit erst
gewonnen hatte, welche mit ihm in die Universitätsstadt reisten,
sein College Schmidt, Pfarrer Krauß und Bomhard. Zu ihnen
gesellte sich der Genosse der fröhlichen Universitätszeit, Dr. Hertel,
der noch einmal den Studiengenossen als M. Reimlein sich vor=
stellte, mit einer prächtigen Festgabe: "Unser Erlangen". Das
war das rechte Wort; nicht Erlangen, "unser Erlangen" war
es, was auch meinen Vater wieder hingezogen hatte. Hier sah
er sie wieder, die Freunde seiner Studentenzeit; mit Stolz sah
er sie wieder; denn die Jugendsaat war aufgegangen; und nicht
bloß in ehrenvollen Aemtern standen sie; nein, Ehre hatten sie
dem Vaterland und dem Berufe gemacht, dem sie sich gewidmet
hatten; die begeisterten Jünglinge waren treffliche Männer ge=
worden, und mancher war auch darunter, der sich kräftiger und
bedeutender entwickelt hatte, als sich einst erwarten ließ. "Gib
mir die Hand", rief ihm einer entgegen, "ich bin nicht mehr
der Alte; seitdem habe auch ich etwas gelernt." Mit Freude
hat mein Vater noch nach einer Reihe von Jahren von dieser
Begegnung erzählt; denn es war volle Wahrheit, was jener
sprach; sein Name hat einen guten Klang gewonnen und be=
halten in weiteren Kreisen. Mehrere von den Freunden sah er
in den Reihen der seitdem berufenen Professoren der Universität,
neben Nägelsbach seinen Höfling; und von seinen eigenen Leh=
rern konnte er so manchen noch begrüßen; auf dem Höhepunkt
seiner akademischen Wirksamkeit sah er Döderlein, unter dessen

erſten Zuhörern er einſt geſeſſen war. Welche erhebenden Er=
innerungen giengen an ihm vorüber in dem kleinen Stübchen
in den „drei Huſaren", das er einſt bewohnt hatte, dann, als
die alten Burſchen ſich wieder zuſammenfanden in der „Oppelei",
und insbeſondere, als der engere Kreis der nächſten Freunde ſich
wieder vereinigt ſah! Es waren vornehmlich ſieben, die einſt
das Band brüderlicher Liebe umſchlungen hatte; ſie galten als
der Kern der damaligen Burſchenſchaft und ſahen ſich jetzt ver=
eint zum erſten Male alle wieder; es war leider auch die letzte
Begegnung für den ganzen Kreis; einen oder zwei davon hat
mein Vater überhaupt nie wieder im Leben geſehen. Hohe Freude
war es für ihn, als auch Bomhard ſich zu ihnen geſellte. Seine
Univerſitätszeit war vor die Stiftung der Burſchenſchaft ge=
fallen, und er hatte einer Landsmannſchaft angehört. Jetzt aber
fühlte er, daß das Leben, das auch das ſeinige war, in einem
andern Kreiſe pulſierte, und auch die Freunde erkannten, daß
der Freund meines Vaters zu ihnen gehörte.

Aber es wartete meines Vaters noch eine Ueberraſchung,
die ihm in der Seele wohlthat. Seine Lehrer hatten ihn auch
nicht vergeſſen und ihm eine Anerkennung zugedacht. Er war
unter den Ehrendoctoren, welche die philoſophiſche Facultät bei
dieſer Gelegenheit ernannte. Alle andern Auszeichnungen, die
er in ſeinem Leben erhielt, waren ihm von untergeordnetem
Werthe, und er hat nicht viel Aufhebens davon gemacht; aber
auf dieſe war er immer ſtolz, und beſonders, weil ſie von Er=
langen kam. Ob indefessum laborem, quo difficillimo ju-
ventutis doctrina et exemplo instituendae muneri satis-
facit, — dieſe Worte ſeines Diploms ſprachen eine Wahrheit
aus, die er von keiner andern Seite lieber hätte anerkannt
wiſſen wollen, als von dieſer.

Mit welchen ganz anderen Gefühlen konnte er diesmal
Erlangen verlaſſen, als vor zwanzig Jahren, wo er, nieder=
gedrückt von der verletzenden Behandlung, die er bei der Prü=
fungscommiſſion in Würzburg hatte erfahren müſſen, einer un=

gewissen Zukunft entgegengieng. Die Universität war es damals gewesen, die sich ihres beeinträchtigten Studenten annahm; die Universität war es auch jetzt, die ihm mit der ertheilten Auszeichnung neue, freudige Zuversicht mit auf den Weg seines weitern Wirkens gab. Doch brachten die nächsten Jahre manches Leid. Zunächst häusliches; zweimal sah er Söhne in schwerer Krankheit, dem Tode nahe; drei andere Kinder nahm ihm der Tod wirklich, zwei davon im zartesten Alter; das dritte, ein sanftes, unglückliches Kind, das, ohne blöde zu sein, nie reden und nie frei gehen lernte, war sieben Jahre der Eltern besondere Sorge gewesen. Im gleichen Jahre noch starb auch der jüngste Bruder unserer Mutter, der von unsern Eltern erzogen und jetzt eben im Begriffe war, sich seinen eigenen Hausstand zu gründen.

Aber auch im übrigen Leben stieg manche trübe Wolke auf. Es war die Zeit, wo das Abel'sche Regiment auf seinem Höhepunkt stand. Die Erinnerungen, die es in der protestantischen Bevölkerung Bayerns zurückgelassen hat, sind unerfreulich genug; besonders fühlbar machte es sich aber auf dem Gebiete der Schule. Es ist jetzt verurtheilt auch in dem Bewußtsein vorurtheilsfreier Katholiken, und nur mit Beschämung denkt man an jenen Zeitabschnitt zurück, wo eine solche Mißachtung der Gewissensfreiheit möglich war. Wer aber aus eigener Erfahrung oder aus den Mittheilungen derer, welche jenen Druck empfinden mußten, die Geschichte des damaligen bayrischen Schulwesens kennt, wird sich doppelt glücklich preisen, daß jene Zeiten hinter uns liegen, obwohl drei Jahrzehnde noch nicht hingereicht haben, ihre Spuren vollständig zu vertilgen. Die leidenschaftslose Schrift, welche K. L. Roth bei seinem Weggehen aus Bayern über unser Schulwesen veröffentlichte, ist durch den einfachen Bericht der Thatsachen, die da allein sprechen, eine vernichtende Kritik des eingehaltenen Systems, und sie war noch dazu geschrieben, lange ehe die Sache ihren Gipfelpunkt erreicht hatte. Nicht jeder war, wie Roth, in der Lage, solchen Zuständen den

Rücken zu kehren; wie mußte es aber den Lehrern der prote=
stantischen Anstalten zu Muthe sein, die zum Ausharren ge=
nöthigt waren! Zwar war mein Vater nicht der Mann dazu,
sich in seinem bisherigen Streben irre machen zu lassen; er ge=
hörte nicht unter diejenigen, die „sich beugen, wo die Gewalt
sich regt". Das Werk der Neubelebung seiner Anstalt schritt
trotzdem kräftig vorwärts, wenn sich auch seiner Brust, wie
mancher andern, schwere Seufzer entrangen über das, was über
das Schulwesen und über die protestantische Kirche ergieng.
Aber nun schlugen die Blitze auch in seinen nächsten Freundes=
kreis ein; das gieng ihm tief zu Herzen. Der ihm so innig ver=
bundene Freund Redenbacher war seit mehreren Jahren Pfarrer
in Sulzkirchen in der Oberpfalz. Als Verweser des Dekanats
Pyrbaum, zu dem seine Pfarrei gehörte, hatte er sich in einer
Synodalrede über jene das Gewissen der Protestanten so schwer
verletzende Verordnung ausgesprochen, welche die protestantischen
Soldaten zwang, bei Processionen das Knie zu beugen. Es
folgte die Entfernung vom Amte und die Verurtheilung zu ein=
jähriger Festungshaft. Zwar ließ König Ludwig I. ohne Reden=
bacher's Ansuchen Begnadigung eintreten, und Friedrich Wil=
helm IV. von Preußen suchte den freimüthigen Bekenner, dessen
Proceß weithin Aufsehen gemacht hatte, durch die Verleihung
einer Pfarrei in seinem Lande zu entschädigen. Aber ein rich=
tiges Gefühl sagte der protestantischen Bevölkerung, daß in Re=
denbacher's Person das protestantische Gewissen verurtheilt wor=
den sei. Wie schmerzlich mußte es erst diejenigen berühren,
die sich nicht nur im Geiste mit dem muthigen Manne eins
wußten, sondern ihm auch durch ihre persönlichen Beziehungen
so nahe standen! Nicht ohne die ernsteste Prüfung, ob sein
Vorgehen auch recht war, wagten die nächsten Freunde ein Urtheil
darüber zu fällen. „Es will mir vorkommen", schrieb Höfling
auf die erste Kunde von Redenbacher's mannhaftem Auftreten an
meinen Vater, „als dränge sich Redenbacher zum Martyrium hin."
Daß er in den Worten über das Maß hinausgegangen sei,

trauten sie dem besonnenen und ernsten Manne nicht zu; in der
Sache selbst waren sie vollständig mit ihm eines Sinnes; aber
ob gerade er den Beruf dazu gehabt habe, zu reden, darauf
bezog sich dieses Bedenken. Als nähere Nachrichten und der
Verlauf der Sache ihnen vollständigen Einblick gewährten, freuten
sie sich ihres tapfern Freundes, so schmerzlich auch der Gedanke
an die bedrängte Lage war, in die er dadurch mit seiner zahl=
reichen Familie gekommen war. Die Zeiten sind entschwunden,
und was an der beklagenswerthen Sache noch gut zu machen
war, hat König Maximilian II. durch die Zurückberufung Reben=
bacher's wieder ausgeglichen. Und auch Rebenbacher's milder
und christlicher Sinn, von dem noch lange seine schriftstellerischen
Leistungen Zeugniß geben werden, hat über das Geschehene den
Schleier der Vergessenheit fallen lassen. In friedlicher Stille
hat er in zwei Landpfarreien seiner Heimat noch mit Segen ge=
wirkt, bis er im vorigen Jahre, in weiten Kreisen geachtet und
betrauert, zu Grabe getragen wurde. Seine Geschichte füllt ein
Blatt der Zeitgeschichte, das man nur mit Wehmuth liest; seine
Gestalt aber wird eine Zierde unserer evangelischen Landeskirche
bleiben. Möge sie recht viele Männer immer haben, wie er
gewesen ist, so wahr, so ernst, so fest, aber auch so versöhnlich
und mild!

Ich durfte von Rebenbacher's Auftreten hier nicht schwei=
gen; denn die Erinnerung an den tiefen Eindruck, den seine
herben Erfahrungen auf meinen Vater damals machten, ist mir
aus meinen Knabenjahren noch lebendig genug. Es war nicht
bloß der treue Freund, es war seine gute Sache, die ihn so sehr
bekümmerte. Er konnte überhaupt in jenen Jahren seines Le=
bens nie recht froh werden. Denn auch die Sorgen im häus=
lichen Kreise wuchsen und drückten hart. Unsere gute Mutter
fieng nach der Geburt unseres jüngsten Bruders an zu kränkeln,
und ein Jahr lang schien es, als wanke sie dem Grabe zu.
Auch der kurze Besuch eines Bades, zu dem sie sich nur schwer
entschloß, schien ihr keine Heilung bringen zu können. Wie ein

damals von ihr in den einsamen Vormittagsstunden, welche sie auf den Rath des Arztes unter den Bäumen des Apostelgartens zubrachte, geführtes Tagebuch zeigt, hatte sie sich schon ganz für den Tod fertig gemacht, so wehmüthig ihr auch der Gedanke an die Familie war, die sie zurücklassen sollte, und die ihrer Sorge noch so sehr bedurfte. Denn ihr ältester Sohn war nun eben so weit, daß er auf die Universität abgehen sollte, und von den sieben andern Kindern, welche sie von zwölfen noch übrig hatte, lag das jüngste noch in der Wiege. Ihr in Gottes Willen ergebener Sinn hat die Freude erlebt, daß sie allmählich wieder erstarkte. Noch für zehn Jahre hat sie Gott den Ihrigen wieder geschenkt.

Den Vater bekümmerte das Leiden der Mutter sehr. Im Herbste des nächsten Jahres trieb ihn dazu die Sehnsucht, seine eigene Mutter im Leben noch einmal zu sehen, nach Wassertrübingen. Denn sie war erblindet und bettlägerig geworden und harrte der Erlösung von ihren Leiden durch den Tod. Bald nachdem er ihr zum letzten Male die Hand gedrückt hatte, kam die Nachricht aus Nürnberg, wohin sie sich zuletzt noch hatte bringen lassen, daß sie im Hause ihrer Tochter gestorben sei.

Solche trübe Erfahrungen half der Beruf vergessen und überwinden. In seiner treuen Erfüllung suchte sich mein Vater immer wieder aufzurichten, wenn ihn etwas beugte. Und die von ihm in der Schule gestreute Saat prangte jetzt in der Schönheit ihres Hochsommers. Wenn nun das Schuljahr zu Ende gieng, und der Ministerialcommissär zur Absolutorialprüfung kam, wie ganz anders sah es an der Studienanstalt aus, als früher! Zwei Jahrzehende hindurch war es immer Thiersch, der zu diesem Zwecke von München geschickt wurde; ein einziges Mal, als er das Rectorat der Universität bekleidete, 1847, ersetzte ihn Professor Neumann; und so wenig man damals Ursache hatte, mit seinem Stellvertreter unzufrieden zu sein, so war es doch allen, Lehrern wie Schülern, als fehle der Anstalt etwas, weil Thiersch nicht da war. Denn es hatte sich unvermerkt ein Band mit ihm geknüpft, deſſen Werth man zwar immer hochſchätzte, deſſen Feſtigkeit man aber erſt dann recht erkannte, als man Thierſch nicht mehr hatte. Es hat dieſes ſein Verhältniß zu dem Sct. Anna=Gymnaſium in ſeiner Bio= graphie durch ſeinen Sohn keine Erwähnung gefunden. Die Darſtellung eines ſo vielſeitig ſchaffenden Lebens auf verſchie= benen Gebieten der Wiſſenſchaft und in der Zeitgeſchichte bot keinen Raum für die ſtille Thätigkeit in anſpruchsloſeren Ver= hältniſſen. Um ſo weniger darf ich ſie hier übergehen.

Der Name Thierſch hat für die ehemaligen Schüler des Sct. Anna=Gymnaſiums einen ſo wohlthuenden Klang, wie für die Lehrer, welche ſeine Viſitationen noch erlebt haben. Ich ſelbſt habe ſie ſiebenmal als Schüler geſehen, und dreimal habe ich als junger Lehrer die Freude gehabt, ihm am Ende des Schuljahrs meine Schüler zeigen zu dürfen. Denn eine Freude war es für alle, wenn er kam. Bei dieſen Viſitationen war nichts zu ſpüren von jenem kleinlichen und peinlichen Suchen nach etwas, was der Inſpicient beſſer wiſſen und tadeln konnte. Thierſch ſah ſich ſeine Aufgabe von einem höhern Standpunkte aus an, als etwa ein überweiſer Recenſent, der den Glanz ſeiner Gelehrſamkeit um ſo mehr zu erhöhen glaubt, je tiefer er das Werk ſeines Opfers herunterſetzt. Jene verletzende Art, die unter der Form einer Prüfung der Schüler den Lehrer ſelbſt eine ſolche vor den Schülern beſtehen läßt, ihn vielleicht auch vor jenen tadelt, lag ihm auch fern. Er brauchte eine ſolche zweifel= hafte Stütze ſeines Anſehens nicht; denn die beſſere und ſtärkere, die es hatte, war die wiſſenſchaftliche Ueberlegenheit und die wirkliche Einſicht in die Bedürfniſſe des Schullebens. Er war nicht der einſichtsvollere Schulmann durch das Decret, das er mitbrachte, ſondern durch die Achtung und das Vertrauen, das er jedem einflößte. Nie hatte man ſich bei ihm über Anord= nungen zu beklagen, die man widerwillig hingenommen hätte, weil ſie verkehrt oder hindernde Feſſeln der freien Bewegung des Einzelnen oder der ganzen Anſtalt geweſen wären. Es

kann ja der Schule nicht frommen, wenn der redliche Wille sich
überall durch beengende Vorschriften gelähmt sieht, für die er
keinen andern Grund findet, als den, daß sie befohlen sind.
Thiersch hütete sich ebenso sehr, solche zu geben, als in Dinge
einzugreifen, über die nur die Praxis der fortwährend mit dem
Jugendunterricht Beschäftigten sich ein Urtheil bilden kann. Er
übersah sich die Leistungen und die Art, wie man sie erzielte;
in humaner Weise erkannte er an, was er Gutes fand; ebenso
human und taktvoll sprach er über das, was ihm etwa nicht
gefiel; nie verfiel er in den Ton des Befehlenden gegen den
Untergebenen. An dem Tage, den er für die Inspection einer
Classe ansetzte, wurde von dem Claßlehrer ein Thema zur Ueber=
setzung in das Lateinische oder Griechische dictiert. Eine Stunde
später etwa fand sich Thiersch in Begleitung meines Vaters
ein, und die Arbeit wurde dann durchgesprochen; an der Art,
wie der Lehrer das angriff, konnte man Methode und Lehr=
geschick, an den Antworten der Schüler die Leistungen der Classe
sehen. Manchmal wurde dann noch ein Classiker herausgenom=
men, und Thiersch versäumte dann nicht, wenn die Schüler ihm
gezeigt hatten, daß er nicht umsonst in ihren Händen gewesen
sei, ihnen seinerseits ein hübsches Gastgeschenk zurückzulassen,
etwa die Beschreibung einer griechischen oder italischen Oertlich=
keit, die er aus eigener Anschauung kannte, wenn das Gelesene
zur Anknüpfung Anlaß bot, oder sonst eine sachliche Belehrung,
die für die Schüler interessant und neu war, oder seine eigene
Ansicht über die Stelle des Schriftstellers. Immer verstand er
das in fesselnder Weise zu thun, und die Schüler hatten dabei
das Gefühl, daß er doch nur eine kleine Perle aus dem reichen
und kostbaren Schatz, über den er verfügte, ihnen als Andenken
zurückließ. Sein Vortrag trug dabei nie das Gepräge eines
vorbereiteten, wie er es ja auch nicht war; um so stärker wirkte
der Ausdruck unmittelbarer Empfindung, und es ist mir neben
anderem namentlich die herrliche Exposition der VII horazischen
Epistel des ersten Buchs in Erinnerung geblieben, die er uns

bei solcher Gelegenheit gab. Ehe er schied, hielt er dann in jeder Classe noch eine Ansprache an die Schüler, die sich eben= falls immer über der Sphäre gewöhnlicher und stets wiederholter Redensarten hielt. Es hob sich auch das Gefühl der Schüler, wenn er erschien, und sie setzten etwas darein, vor ihm nicht schlecht zu bestehen, sondern zu zeigen, daß man etwas gelernt hatte, und da er durch seine regelmäßig wiederkehrenden Besuche nicht nur den Stand der Jahrescurse überhaupt kannte, sondern auch viele einzelne Schüler, so war man ebenso sehr darauf bedacht, ein von ihm erhaltenes Lob nicht wieder zu verlieren, als sich neues zu erwerben. Wenn vollends einmal bei solcher Gelegenheit mein Vater ihm seine Zufriedenheit mit einem Jahrescurse bestätigte, — eine Anerkennung, mit der er sehr sparsam war, — so galt das für das höchste Lob, das man sich erwerben konnte. Als wir unsere Absolutorialprüfung be= standen hatten, traf mich mein Vater zu Hause bei dem Durch= lesen meines Maturitätszeugnisses. „Das, worauf ihr am meisten stolz sein dürft, ist, daß Thiersch's Name darunter steht", sagte er zu mir. Ich kann es seitdem nicht ansehen, ohne daß mir diese Worte in den Sinn kommen, und das Bild des greisen Gelehrten vor die Erinnerung tritt, der uns unsere Prüfung zur Freude gemacht hat.

Auch Thiersch war nach und nach so sehr an die Anstalt gewöhnt, daß er es vermißt hätte, wenn er am Ende des Jahres nicht mit der Leitung der Absolutorialprüfung betraut worden wäre. An andere Anstalten gieng er meines Wissens in späte= ren Lebensjahren nicht mehr. Als ihn das hohe Alter nöthigte, auch in Augsburg die gewohnten Herbstbesuche einzustellen, fügte er der Mittheilung von seiner Ablehnung, die er meinem Vater zugehen ließ, die Bitte bei, ihm dennoch den Termin der Ab= solutorialprüfung mitzutheilen; er gedenke, wie gewöhnlich, einige Tage unter den Augsburger Lehrern zuzubringen. Ob er diesen Vorsatz wirklich ausgeführt hat, weiß ich nicht, da ich damals nicht mehr in Augsburg war.

Zwischen Thiersch und meinem Vater bestand stets das beste Einvernehmen. Zwar häuften sich gerade um die Zeit jener Visitationen die Rectoratsgeschäfte besonders, und mehr noch griff meinen Vater die Absolutorialprüfung selbst an. Denn da er sehr reizbare Nerven hatte, so setzte ihn die Sorge um seine Schüler jedesmal in die höchste Aufregung, und die Theilnahme des Gemüths machte sich seinem Körper fühlbarer, als die erhöhte Anstrengung selbst. Dennoch war es ihm eine Freude, wenn er Thiersch möglichst eingehend zeigen konnte, wie es mit seiner Anstalt stand. Denn sie verstanden sich in ihren beiderseitigen Aufgaben. Mein Vater verehrte in ihm ebenso den großen Gelehrten und den einsichtigen, um das Wohl unserer Schulen besorgten Mann, als Thiersch ihm das vollste Vertrauen entgegenbrachte und sich auch hütete, den Meister spielen zu wollen, wo die größere Erfahrung auf der Seite meines Vaters war. Daß der Geist, aus dem er die Regeneration unseres Schulwesens hoffte, bei Sct. Anna waltete, wußte und sah er; ihn nicht in der Art walten zu lassen, wie er sich bethätigte, wäre so viel gewesen, als ihn wieder verbannen. Mein Vater verlangte von ihm keine Nachsicht; Thiersch brachte kein Mißtrauen mit. In der freiesten Weise besprachen sie die Themata, die sie den Schülern zur Bearbeitung vorlegen wollten; sie waren damals den Prüfungscommissionen noch ganz freigegeben. Ferne von jedem Großthun mit eingelerntem Wissen suchte mein Vater dabei Thiersch die Leistungsfähigkeit seiner Schüler zu zeigen und hatte es gerne, wenn die Wahl auf solche Stücke fiel, welche große Anforderungen an sie stellten. Ich erinnere mich, daß er einst während des Absolutoriums etwas erregt zum Mittagessen kam. Ich fragte ihn, was ihm wäre. „Ach, Thiersch hat gesagt, der Abschnitt, den wir gewählt haben, ließe sich gar nicht in das Lateinische übersetzen", erwiderte er mir, „nun haben wir ausgemacht, jeder von uns beiden soll selbst bis morgen eine Uebersetzung liefern". Obwohl mir erinnerlich ist, daß sie es auch gethan haben, kann ich doch nicht mehr angeben, woher der Abschnitt genommen war.

Ein einziges Mal trübte sich dieses Verhältniß, und ich theile den Vorfall mit, weil er Thiersch's Charakter Ehre macht; er hat damit ein schönes Beispiel gegeben, wie man begangenes Unrecht wieder gut machen muß. Die Absolutorialprüfung und die Visitation des Gymnasiums war vorbei, und nur noch die Inspection des Collegiums übrig. Thiersch muß nicht guter Laune gewesen sein; denn er tadelte die Stellung der Pulte, die doch durch die Localität bedingt war, und anderes in verletzendem Tone und noch dazu so, daß es Schüler hörten. Mein Vater war tief verwundet; so etwas war ihm von Thiersch noch nicht begegnet; er war auch entschlossen, es nicht hinzunehmen. In der größten Erregung gieng er heim und schrieb sein Entlassungsgesuch. Die Lehrer der Anstalt erfuhren davon; sie kamen und baten ihn, es nicht abzuschicken; er war für keine Vorstellung zugänglich; sein Entschluß stand fest. Ich weiß nicht, ob Thiersch davon Kenntniß hatte; aber als am andern Morgen mein Vater bei der Sitzung des Kreisscholarchats im Regierungsgebäude erschien, das letzte Mal, wie er glaubte, waren die andern Mitglieder schon anwesend. Sofort erhob sich Thiersch, schritt auf ihn zu und sprach: „Es ist etwas zwischen uns beiden vorgefallen; sehen Sie an meinen Thränen, wie leid es mir thut!" und drückte ihm die Hand. Es versteht sich, daß mit dieser Genugthuung alles Vorhergegangene vergessen war. Seitdem ist das Verhältniß nie wieder getrübt worden. Als Thiersch sein Jubiläum feierte, hielten es die Schüler des Gymnasiums bei Sct. Anna für natürlich, daß auch sie ihm einen Beweis ihrer Verehrung geben müßten. Es war ein Album mit selbstgefertigten Arbeiten, das sie ihm schickten. Thiersch nahm es auf, wie es gemeint war, und zeigte, wie innig er sich selbst mit der Augsburger Schule verbunden erachtete. Denn als ihn kurze Zeit darauf mein nun verstorbener Bruder, der damals Studienlehrer bei Sct. Anna war, besuchte, führte er ihn an den Tisch, auf dem die ihm zugekommenen Festschriften lagen. Er nahm die oberste weg und sagte: „Danken Sie in meinem Namen Ihren Schülern und fügen Sie bei, sie mögen den Platz, den ich ihrer Schrift angewiesen habe, als ein Zeichen ansehen, daß ich Werth darauf lege."

Doch sind wir damit in der Zeit vorangeeilt und müssen nun noch einmal zurückkehren in das fünfte Decennium des Jahrhunderts. Es hat einen bewegteren Abschluß gefunden, als man kurz zuvor noch dachte. Hoch giengen draußen die Wogen des öffentlichen Lebens, als der Sturm des Jahres 1848 sich erhob; konnte ein Herz, dem Deutschlands Ehre und Größe auch in trüber Zeit nie gleichgiltig geworden war, ruhig und kalt bleiben? Als jene Fluth kühner Hoffnungen, unklarer Programme, verworrener Ideen und überstürzender Thaten, deren Grundzug doch ein wohlthuender Patriotismus war, welcher selbst den bedauernswerthen Ausschreitungen einen mildernden Ton beimischte, über Deutschland hinbrauste, und überall die Geister, edle und unedle, wachrief, lebten auch in meinem Vater die seit der Jugendzeit treu bewahrten und gepflegten Hoffnungen neu auf. Er hätte nicht der alte Burschenschafter sein müssen, wenn nicht der Gedanke an Kaiser und Reich, an Freiheit der deutschen Nation und Wiederauferstehen der alten Größe die Flamme der Begeisterung in ihm neu hätte auflodern lassen. Er war in seinen Freistunden damals mit den Vorarbeiten zu einem Horazcommentar beschäftigt gewesen; einen solchen zu schreiben, war ein lange gehegter Lieblingswunsch von ihm. Jetzt räumte der alte Dichter anderen Gedanken das Feld. Später hat die Arbeitsüberhäufung gehindert, daß die Sache wieder aufgenommen wurde; das Programm von 1855*) ist das Einzige, was mein Vater von seinen Horazarbeiten veröffentlicht hat. Daß es den Beifall des competentesten Beurthei-

---

*) Expositio epistolae Horatii ad Pisones.

lers, Döberlein's, fand, der es in seiner Ausgabe der Episteln
einer besondern Empfehlung für werth hielt, war ihm die wohl-
thuendste Anerkennung, die er wünschen konnte.

Die Bewegung verlief anders, als die Begeisterung des
ersten Augenblicks hatte hoffen lassen. Aber auch in seinen persönlichen Beziehungen machte es sich für meinen Vater dabei
sehr fühlbar, daß zwischen der Studentenzeit und dem Auf-
und Niederwogen der Gegenwart der Unterschied von fast drei
Jahrzehenden lag. Denn der Blick auf einst nahestehende Freunde
brachte nur zu sehr zum Bewußtsein, daß man von demselben
Centrum aus sich immer weiter entfernen und zuletzt auf ganz
verschiedenen Punkten der Peripherie ankommen kann. Er fühlte
das am meisten an seinem Universitätsfreunde, dem Freiherrn
von Bernhard.*) Mit ihm hatte der persönliche Verkehr nie
aufgehört, und sie glaubten beide, trotz mancher Meinungsverschiedenheit gemeinsamen Boden unter den Füßen zu haben.
Wenn Bernhard sich in Augsburg aufhielt, wo er ein Haus
besaß, suchte er meinen Vater auf, und sehr häufig begleitete
er ihn am Sonntag von der Kirche nach Hause, wo es dann
in stundenlangen Gesprächen zu manchfachen Erörterungen kam.
Aber gerade hier zeigte sich, daß der Spalt, der insbesondere
in ihren religiösen Anschauungen sie trennte, immer weiter und
weiter klaffte. Später, als der Verkehr längst ganz aufgehört
hatte, soll Bernhard zum Katholicismus übergetreten sein. Als
nun das Jahr 1848 beide veranlaßte, auch innerhalb der politischen Parteien Stellung zu nehmen, trat auch hier der Zwiespalt zu Tage. Es sammelte sich auch in Augsburg die Linke
in dem „Märzverein", die Rechte in dem „constitutionellen",
welchem Bernhard angehörte. Mein Vater dagegen stand mit
an der Spitze des „deutschen Vereins", der die gemäßigten libe-
ralen Elemente vereinigte. Aus der Reihe dieser letzteren giengen

*) Es ist der Schwiegervater des bekannten Reichstagsabgeordneten
von Mallinkrodt.

auch der damalige Parlamentsabgeordnete für Augsburg und
sein Ersatzmann hervor, Advocat von Paur, und Advocat
Fischer, beide ebenfalls mit meinem Vater aus der Universitätszeit befreundet. Doch nicht lange litt es ihn in jenem Verein;
das viele Reden und die oft unklaren Tendenzen und Anträge
behagten seinem Sinne wenig; je weniger der Verlauf auch der
Ereignisse draußen seinen idealeren Wünschen und Hoffnungen
entsprach, um so mehr fühlte er sich enttäuscht und abgestoßen.
Den deutschen Einheits= und Freiheitsbestrebungen im Frank=
furter Parlament jedoch folgte er mit der wärmsten und ge=
spanntesten Theilnahme. Das Gagern'sche Programm einer
Einigung Deutschlands unter einem preußischen Erbkaiserthum
entsprach ganz seinen eigenen Ansichten und Hoffnungen. Seine
Herkunft aus dem Stammlande des preußischen Königshauses
und die innige Pietät, welche er ihm zeitlebens bewahrte, die
Begeisterung für die Großthaten Preußens in den Freiheits=
kriegen, seine seit den Universitätsjahren treu bewahrten Ein=
drücke aus dem Burschenkreise, seine Lebenserfahrungen, die so
oft die Sehnsucht nach einem schützenden Damm gegen den
Ultramontanismus in ihm geweckt hatten, und dazu sein prote=
stantischer Sinn, der ihn zu dem Hohenzollern'schen Stamme
ebenso hinzog, wie er ihn von dem Habsburgischen abstieß, —
das alles wirkte zusammen, um ihn auf jenem Wege die Zu=
kunft Deutschlands suchen zu lassen. Bis zum völligen Scheitern
mit Friedrich Wilhelm's IV. Ablehnung der Kaiserkrone gab er
die Hoffnung nicht auf, und auch nachher hat er an ihr fest=
gehalten, bis ihn das Alter noch ihre Erfüllung sehen ließ.
Der Freund, mit dem er sich auf diesem Gebiete am besten ver=
stand, war Dr. Mebold, mit dem er darum auch am liebsten
seine Gedanken austauschte.

Doch auch noch eine besondere Aufgabe brachte ihm jene
bewegte Zeit. Wie auf allen Gebieten, so wurden ja auch im
Schulwesen die weitestgehenden Forderungen laut. Mit ge=
wohnter Sicherheit, die mit dem Urtheile über die schwierigsten

Probleme fertig ist, wo die Sachkundigen mit dem ihrigen vor=
sichtig und behutsam sind, regte sich die Presse. Berufene und
Unberufene sprachen von den Mängeln der humanistischen
Schulen, von den berechtigten Ansprüchen der Neuzeit auf eine
Umgestaltung; die kühnsten Projecte tauchten auf, in denen be=
sonders die Bedeutung der Naturwissenschaften für die moderne
Bildung und die Ebenbürtigkeit der zurückgesetzten und stief=
mütterlich behandelten neueren Sprachen mit den alten betont
wurden. Und es lag ja schon in den Zeitverhältnissen, die an
allem Bestehenden rüttelten und mit Fug und Recht so manches
unhaltbar Gewordene wegschafften, eine eindringliche Mahnung
auch für die Schule, das, was sie hatte und brauchte, einer ge=
nauen Revision zu unterziehen und auf der einen Seite dafür
zu sorgen, daß die hochgehenden Wogen nichts von dem zur
glücklichen und sichern Fahrt Nothwendigen ihr über Bord
spülten, auf der andern, daß sie überflüssigen und hindernden
Ballast beseitigte und ihre wirklichen Schäden besserte. Eine
neue Zeit schien anzubrechen; die Schule mußte sich mit ihr
auseinandersetzen. Es ist ein Glück gewesen, daß die Wahl der
Regierung auf so besonnene und erfahrene Männer fiel, als
sie im Jahre 1849 eine Commission zur Ausarbeitung eines
neuen Schulplans nach München berief. Unter ihnen war auch
mein Vater. Sie waren fern von dem Wahne, daß man mit
dem Buchstaben auf dem Papier Schulen bessern könne; aber
jetzt stand man wirklich wieder an einem Zeitpunkt, wo man
sich fragen mußte, ob der Rahmen, den man dem Jugendunter=
richt gegeben hatte, nicht zu enge war. Gewissenhaft haben
jene Männer geprüft, was die Zeit von den Schulen verlangte,
und haben sich nirgends engherzig gegen berechtigte Forderungen
verschlossen, wo es geschehen konnte, ohne die Hauptsache zu
verkümmern. Man räumte ebenso gerne den modernen Sprachen
ihr Recht in dem Umfange ein, wie es das humanistische Gym=
nasium braucht und vertragen kann, als man die Frage der
Berechtigung der Naturwissenschaften eingehend erwog. Es

waren zu diesem Zwecke der Commission auch fachkundige Be=
rather beigegeben. Mit Befriedigung hat mein Vater erzählt,
wie auch ihre Ansichten der Anschauung der übrigen Mitglieder
entgegengekommen seien. Sie drangen nicht auf eine über=
mäßige Betonung, sondern warnten im Gegentheil vor einer
solchen Einfügung dieses Unterrichtsstoffes, die entweder zur Be=
einträchtigung des Hauptzweckes führen muß oder zu einem ober=
flächlichen Scheinwissen, das ebenso unnütz als schädlich ist.
Am nächsten unter allen Commissionsmitgliedern stand Nägels=
bach meinem Vater nicht nur durch die den seinigen so ver=
wandten Ansichten, sondern auch durch sein für die Schule gleich
warm fühlendes Herz.

Dieser im Jahre 1849 ausgearbeitete Schulplan erschien
jedoch nicht; erst 1854 kam er an das Tageslicht, aber nicht
in seiner ursprünglichen Gestalt, sondern überarbeitet. Den Ein=
gang, mit dem er nun versehen war, welcher von den ungenü=
genden Leistungen der (d. h. aller) Gymnasien sprach, hat Dö=
berlein in einem Briefe an Held einen impertinenten genannt.*)
In rascher Folge lösten sich dann Zusätze und Abänderungen,
die sich zumeist auf die Berechnungsart der Fortgangsplätze,
welche man an maßgebender Stelle als eine hochwichtige Frage
zu betrachten schien, in solcher Fülle ab, daß schon im Jahre
1861 ein diese zusammenfassender Nachtrag erschien, welcher
dem Schulplan an Umfang nicht viel nachsteht. Daran hatte
weder Nägelsbach, noch mein Vater Antheil. Es bemißt sich
darnach, welche Berechtigung es hatte, wenn sowohl im Land=
tag, als in officiösen Zeitungsartikeln ihre Namen auch mit
jener veränderten Gestalt ihres Werkes, die man immer noch
den Schulplan von 1854 nannte, in Verbindung gesetzt wurden.

Das Jahr 1849 gieng nicht zu Ende, ohne meinem Vater
noch eine ungesuchte Anerkennung zu bringen. Am 3. Decem=
ber, ehe noch die Schatten der Nacht dem Sonnenlicht gewichen

---

*) Fries, Dr. Joh. Christ. Held. Ein Lebensbild. II. 2. Abth. S. 41.

waren, tönten die Klänge des Chorals: „Nun danket alle Gott"
von dem gegenüber liegenden Thurme des Bibliotheksgebäudes
in sein Zimmer herüber. Schüler der Anstalt hatten ihn an=
gestimmt, um einen Ehrentag ihres Vorstandes damit zu be=
grüßen, den er still hatte vorübergehen lassen wollen. Es waren
fünfundzwanzig Jahre, daß er bei Sct. Anna als Lehrer ein=
getreten war. Im Laufe des Vormittags versammelten sich
Lehrer und Schüler in einem Schulzimmer und holten ihn da=
hin ab. Schmidt überreichte ihm im Namen der Collegen eine
von ihm abgefaßte Festschrift mit herzlichen Worten; ein Schüler
der Oberclasse hielt im Namen der Schüler eine lateinische An=
sprache an ihn. Vertreter des Verwaltungsausschusses des Col=
legiums, der protestantischen Geistlichkeit und der städtischen Be=
hörden hatten sich eingefunden, ihn zu beglückwünschen; selbst
der Regierungspräsident war erschienen und überreichte ihm den
Michaelsorden. Mein Vater war tief gerührt; er hatte das
nicht erwartet. Er erwiderte allen in Worten, denen man an=
fühlte, daß sie aus dem Herzen kamen; aber am wärmsten wurde
er, als Bomhard eine von ihm verfaßte Gratulationsschrift im
Namen der Geistlichen überreichte. Die Thränen, die er bei
seiner Antwort nicht zu unterdrücken vermochte, und die Herz=
lichkeit, mit der er ihn umarmte, zeigten auch den Fern=
stehenden, wie innig die Freunde mit einander verbunden waren.
Im Laufe des Tages kam noch manches Zeichen der Theil=
nahme von nah und fern, das ihn wohlthuend empfinden ließ,
daß er dankbare Schüler und treue Freunde habe.

Hätte es noch einer Aufmunterung für sein Wirken be=
durft, solche Wahrnehmungen hätten sie ihm geben müssen. Aber
er that ohnedies längst mehr, als die Körperkraft gestattete.
Zwar zeigte sein Aeußeres keine Spur von Ermattung. Er
stand nun am Ende des fünften Jahrzehnds seines Lebens;
noch verrieth kein graues Haar die Annäherung des Alters;
die feste, energische Haltung, die Beweglichkeit des Körpers, der
rasche und sichere Gang, das feurige Auge ließen auf körper=

liche Gesundheit schließen. Aber die Seinigen allein wußten, daß auf die Mühen des Tages schlaflose Nächte folgten, und die überreizten Nerven einen andern längst veranlaßt hätten, sich Ruhe zu gönnen. Es war nur die Gewalt des Willens, welche die bereits erschütterte Gesundheit aufrecht erhielt. Er wurde ärgerlich, wenn man in ihn drang, sich zu schonen; denn er sah es als Weichlichkeit an, sich nachzugeben. Er achtete es nicht, daß die Verdrießlichkeiten, die keinem Lehrer, zumal keinem Vorstand einer Erziehungsanstalt, erspart bleiben, ihn viel mehr angriffen, als früher. Je mehr zudem die Familie sich zerstreute, — denn sein ältester Sohn hatte nun die Universität verlassen und bekleidete eine Hofmeisterstelle zuerst in München, dann in Göttingen; dafür waren zwei andere Söhne nach Erlangen abgegangen, — um so mehr sorgte er sich auch um diese ab und wollte auch in der Ferne überall berathen und leiten. Es kamen dazu neue Arbeiten, welche das wachsende Vertrauen ihm zutrug. Bei der theologischen Prüfung war in der Regel ein Mitglied der Prüfungscommission aus der Reihe der Gymnasiallehrer gewählt worden. Mehrere Jahre hatte der durch seine Gelehrsamkeit trefflich geeignete Rector Elsperger in Ansbach diese Stelle bekleidet. Nun fiel die Wahl im Jahre 1853 auf meinen Vater. Er hielt es für seine Pflicht, dem ehrenvollen Auftrag sich nicht zu entziehen, obwohl die Prüfung die Ferienzeit ausfüllte, die ihm gerade diesmal besonders nothwendig zur Erholung gewesen wäre. Die Mutter hatte lange mit Besorgniß der Ueberanstrengung des Vaters zugesehen und vergebens alles aufgeboten, um zu verhüten, was sie voraussah. Da brach seine Kraft mit einem Male. Der Arzt rieth ihm bringend, sich für einige Zeit seiner Arbeitslast zu entledigen, und erklärte einen Badebesuch für unumgänglich nothwendig. Er konnte sich aber weder auf seinen Rath, noch auf das Zureden der Freunde und Collegen entschließen, seine Thätigkeit einzustellen, bis endlich mit dem Schlusse des Schuljahrs seine Kraft völlig erschöpft war. Man sah sich selbst von

Seite der Regierung veranlaßt, ihn zur Mäßigung seiner Arbeit zu nöthigen. Unter dem 15. August erhielt er eine Regierungs= Entschließung folgenden Inhalts: „Der unterfertigten Stelle sind zu ihrem großen Bedauern Nachrichten über den durch übergroße Anstrengung angegriffenen Gesundheitszustand des k. Studien= rectors Dr. Mezger zugekommen. Da dem Staate daran ge= legen sein muß, daß ein so ausgezeichneter Studienvorstand und im höchsten Grade achtungswürdiger Staatsdiener dem Staate in ungetrübter Gesundheit möglichst lange erhalten werde, so sieht sich die unterfertigte Stelle veranlaßt, denselben aufzufor= dern, in seinen Arbeiten Maß zu halten und zu seiner eigenen Erhaltung für seine Familie und den Staat sich die nöthige Erholung durch eine entsprechende Reise und allenfallsigen Ge= brauch einer Badekur zu gönnen; daher es keinem Anstand unter= liegt, wenn heuer die Preisevertheilung und der Schluß des Studienjahrs früher gehalten wird, sowie die unterfertigte Stelle es für nothwendig erachtet, daß derselbe das Commissorium als Examinator bei der theologischen Anstellungsprüfung ablehne." Erst dieser ihm aufgedrungene Urlaub wirkte. Es war aber auch höchste Zeit. Denn er vermochte kaum mehr die Reise in das Bad Reichenhall zu ertragen, so sehr auch unsere Mutter, die ihn begleitete, bemüht war, ihm jede Anstrengung zu ersparen. Aber schon in München, als er in dem überfüllten Gasthaus nur ein Zimmer im dritten Stockwerk erhalten konnte, kostete es ihn so große Anstrengung, selbst mit Unterstützung dahin zu gelangen, daß er es nun selbst einsah, wie weit es schon ge= kommen war. Der vierwöchentliche Aufenthalt in der reinen Gebirgsluft und der Gebrauch der Bäder in Reichenhall ver= fehlten indessen ihre Wirkung nicht. Neu gekräftigt kehrte er zurück und konnte mit dem Anfang des neuen Schuljahrs seine Arbeit wieder vollständig aufnehmen. Eine Warnung, in ihr Maß zu halten, hat er sich aber leider nicht daraus genommen; und wenn es auch in der Folgezeit nie mehr zu so totaler Abspannung der Kräfte kam, so führte doch die beständige

Anstrengung eine bis an sein Lebensende immer wachsende Un=
geduld und Reizbarkeit herbei, die ihn selbst die kleinsten Ver=
drießlichkeiten, welche gesunde Menschen gar nicht oder nur
obenhin berühren, auf das Peinlichste empfinden ließ. Da ge=
schah es denn auch wohl, daß seine Empfindlichkeit sich in einer
Weise äußerte, daß anderen, die ihn nicht kannten, seine Reden
heftiger erscheinen mußten, als sie gemeint waren und ihm
selbst erschienen.

Als vollends unsere gute Mutter heimgieng, war niemand
mehr da, der so viel Gewalt über ihn gehabt hätte, seinem
Pflichteifer das nothwendige Maß zu setzen. Und diese schwere
Stunde nahte nun auch heran. Ihr Tod war der härteste
Schlag, den er im Leben erlitten hat; er hat sich nie wieder
davon erholt. Mit ihrem Leben war auch das seinige geknickt.
Ein leichtes Unwohlsein, das wohl kaum mit der Ursache ihres
Todes zusammenhieng, hatte sie einige Tage an das Bett ge=
fesselt. Sie fühlte sich wieder wohl und wollte am Morgen
des 15. December 1855 aufstehen. Während des Ankleidens
überfiel sie plötzlich heftiges Herzklopfen. Sie fühlte ihr nahes
Ende und nahm Abschied von uns. Der schnell herbeigerufene
Arzt, der sogleich erschien, kam eben, als sie die letzten Athem=
züge that. Sanft endigte ihr Leben, als müßte ihr Tod von
dem gottergebenen Frieden ihrer Seele ein Ausdruck sein. Mein
Vater war wie vernichtet. Als ich am Abend bei ihm in seinem
Zimmer stand, drückte er mir die Hand und sagte: „Wollen
wir alle recht treu in unserem Berufe sein!" Darin fand er
seine Ruhe wieder.

Seit jener Zeit hat er nie wieder eine Gesellschaft besucht
und außer dem Familienkreise nur mehr mit den nächsten Freun=
den verkehrt. Mehrmals kamen in den folgenden Jahren Stun=
den, wo er den Zeitpunkt gekommen glaubte, daß auch er der
Mutter folgen dürfte. Zweimal hat er mich selbst an sein Bett
gerufen und mir für diesen Fall Aufträge gegeben. Ich weiß,
wie bereit er gewesen wäre. Und doch war er Gott dankbar

dafür, daß er ihn noch bei seinen Kindern ließ; ja Gott hat ihn über sein Hoffen noch eine große Sorge vom Herzen genommen. Wie mancher Seufzer wegen der ungewissen Zukunft der noch unmündigen Kinder hatte sich bei der beengten äußeren Lage seinem und der Mutter Herzen entrungen; seitdem ist es ihm bei seiner eigenen Genügsamkeit möglich gewesen, ihnen die Zukunft sorglos zu machen in den bescheidenen Grenzen, für die er sie erzogen hatte. „Des Vaters Segen bauet den Kindern Häuser." Gute Mutter, wenn auch du das Ende deiner treuen Sorge erlebt hättest!

Kaum ein halbes Jahr gieng hin, da kam ein neuer Schlag; der älteste Bruder meiner Mutter gieng in's Grab. Er war kaum ein Jahr in München gewesen, wohin er als Oberappellationsgerichtsrath befördert worden war, als ein rasch sich entwickelndes Lungenleiden seinem Leben ein Ende machte. Er war dem Vater mehr gewesen, als Schwager; denn sie waren befreundet von Jugend auf. Und wie hatte sich die Mutter gefreut, ihren liebsten Bruder, den sie in langen Jahren nur spärlich gesehen hatte, nun so nahe zu haben! Die erste Gelegenheit zum Wiedersehen hatte sich geboten, als mein Vater im Herbste 1855 bei dem philologischen Examen war. Die Mutter begleitete ihn nach München wegen seines noch immer leidenden Zustandes. Man freute sich, als in meines Onkels Hause mit zwei andern nahen Verwandten und ihren Familien ein frohes Fest der Wiedervereinigung gefeiert werden konnte; es sollte der Anfang regelmäßiger Zusammenkünfte sein. Da schreckte plötzlich ein wohlgemeintes Telegramm, das sich nach meines Vaters Befinden erkundigte, alle auf und störte die Freude des Abends, über den eine bange Stimmung sich lagerte. Die erste Zusammenkunft war wirklich auch die letzte; ehe ein Jahr vergieng, trauerten drei der versammelten Familien um den Vater oder die Mutter.

Nicht lange zuvor hatte mein Vater noch einen anderen schmerzlichen Verlust erlitten. Sein Freund Höfling, als Ober-

consistorialrath nach München berufen, hatte ebenfalls seine neue
Stelle nur kurze Zeit bekleidet, und auch hiemit war eine schöne
Hoffnung auf oftmaligen Verkehr vernichtet worden. Das Andenken an ihn aber war es hauptsächlich, das meinen Vater
bestimmte, auch trotz der schlimmen Erfahrungen, die er mit
seiner Gesundheit machen mußte, seine Ferien der theologischen
Prüfung zu opfern. Denn ihm hatte er das Versprechen gegeben, daß er auf die Aufforderung dazu annehmen würde, und
er hielt sich dem Todten gegenüber gebunden. Im Jahre 1854
zwar wollte er noch ablehnen, weil er zwei Söhne unter den
Examinanden hatte. Ein Brief, der ihm aus der Mitte des
Oberconsistoriums daraufhin zukam, legte ihm indessen den
Wunsch noch einmal bringend an's Herz; man traue ihm auch
in dieser Hinsicht vollste Unparteilichkeit zu und werde ihn,
wenn er dieses Bedenken nur ausspreche, auch officiell darüber
beruhigen; was dann auch geschah. So nahm er denn an, natürlich mit Verzicht auf jedes Urtheil über die Arbeiten seiner
Söhne. Drei Jahre nach einander war er bei jener Prüfungscommission; doch war er davon nie recht befriedigt. Zwar
achtete er die Männer, mit denen er sich in die Prüfung theilen
mußte, persönlich sehr hoch; es war auch nicht ihr theologischer
Standpunkt, der ihn abgestoßen hätte; die Art der Prüfung
selbst wollte ihm nicht behagen. Er vermißte an ihr die brei-
tere Grundlage, die nicht bloß theologisches Wissen, sondern
gründliche Durchbildung des ganzen Menschen auf dem Boden
allgemeiner Bildung verlangt hätte. Er konnte sich die Theologie nur innerhalb des Rahmens der Wissenschaft überhaupt,
aber nicht losgelöst von ihr denken. So faßte er insbesondere
auch die beiden Fächer auf, die ihm selbst bei der Prüfung zugefallen waren, die Kirchengeschichte und die neutestamentliche
Exegese. In der ersteren war er gründlich zu Hause, wie in
jedem Zweige der Geschichte. Aber sie war ihm eben nur Zweig
am großen, grünenden Baum, nicht etwas für sich; und er vermißte so sehr in den Wahrnehmungen, die er machte, die freiere

und größere Auffassung, welche die Kirchengeschichte aus der Weltgeschichte zu begreifen sucht und wieder in jener die Seele dieser sucht. Nicht anders gieng es ihm bei der Exegese. Mit jenem befangenen Standpunkt, in den die Theologie so gerne verfällt, daß sie das dogmatische Gebäude fertig hat und seine Resultate in den Worten der heiligen Schrift wieder finden will, so daß die Exegese zur Eisegese wird, konnte er sich nicht befreunden. Er wollte, daß man mit dem Rüstzeug des Philologen hintreten und finden könne, was geschrieben steht, aber auch sich hüte, hineinzutragen und wieder herauszuerklären, was nicht geschrieben steht, sondern was die Speculation gefunden hat. Zudem schmerzte es ihn, wenn er sehen mußte, wie viel mancher Candidat aus seinem Schulsack schon verloren hatte, den er vier Jahre früher wohlgefüllt vom Gymnasium weg-getragen hatte. Umgekehrt war es ihm eine rechte Freude, wenn er sah, daß es da noch gut bestellt war, und ein Candidat nicht bloß specielles Fachwissen zeigte, sondern in freieren Bahnen sicher gieng. Aber er hätte dies gerne als den Hauptgesichts-punkt betont gesehen. „Ich wünschte, daß es mir gelänge, dieses Examen umzugestalten“, sagte er mir schon, nachdem er das erste Mal beigewohnt hatte. Die Hindernisse liegen aber tiefer, als daß sie eine Prüfungscommission beseitigen könnte; sie liegen auch nicht bloß in der Einseitigkeit einer einzelnen Universität, sondern in der Zeit selbst, und es hat keine einzelne Richtung innerhalb der Theologie das Recht, die andere dafür verant-wortlich zu machen.

Dreimal betheiligte sich mein Vater bei dieser Prüfung; als im Jahre 1857 die Aufforderung an ihn wieder ergieng, lehnte er ab. Es war auch wirklich zu viel für ihn. Wenn das Schuljahr zu Ende gieng, harrten seiner jedesmal amtliche Arbeiten, die er unter dem Drange des Semesterschlusses hatte zurückschieben müssen, in Fülle. Wenigstens die ersten Wochen mußte er den Berichten, der Rechnungsstellung seiner Kassen, den Anträgen wegen des Collegiums u. s. w. opfern. Dann kam die Reise nach Ansbach zu jener Prüfung, die drei Wochen dauerte. Kam er zurück, so begann schon das neue Schuljahr, und kaum war hier wieder alles im Gang, so mußte er auf drei oder vier Wochen nach München; denn der philologische Concurs wurde gewöhnlich im October abgehalten. Und der letztere war ihm wichtiger, als die theologische Prüfung. Seit 1853 war die Einrichtung beseitigt, daß an jeder der drei Landes=universitäten eine besondere Prüfungscommission bestand. Als zum ersten Male die Candidaten gemeinschaftlich in München geprüft wurden, war von den Gymnasialrectoren der schon sehr bejahrte Schulrath Held in Baireuth einberufen worden; vom folgenden Jahre an trat mein Vater an seine Stelle bis zum Jahre 1866, wo auch er wegen zunehmender Kränklichkeit sich veranlaßt sah, zurückzutreten. Nur zweimal lehnte er ab, beide-mal, weil er Söhne bei der Prüfung hatte; in beiden Fällen ersetzte ihn Elsperger von Ansbach. Die Theilnahme an dieser Prüfung war ihm von großem Werth, nicht bloß, weil er die künftigen Lehrer unserer Schulen dabei kennen lernte, son-dern auch, weil er an seinem Theile dabei mitwirken konnte, daß die Ziele ihrer Vorbildung so gesteckt wurden, wie er sie zum Heile unserer Schulen für nothwendig hielt. Es war ihm deshalb eine besondere Freude, daß auch Nägelsbach in der Commission war, mit dem er sich so sehr verstand. Leider hatte schon im Jahre 1859 die Universität Erlangen und unser bay-risches Schulwesen seinen Tod zu beklagen, — ein unersetzlicher Verlust für beide. Bei der Gewissenhaftigkeit, mit der mein Vater eine Aufgabe erfüllte, die über das Lebensglück manches jungen Mannes entschied, strengte ihn die Prüfung immer sehr an. Weniger die immerhin große Arbeit, deren Last er nicht achtete, aber — „Wenn die Aufregung nicht wäre!“ hat mir Nä-gelsbach seufzend gesagt, als er zum letzten Male dieser Ob-liegenheit nachkam; und von meinem Vater galt das in noch höherem Grade; bei ihm war überall das Gemüth hauptsächlich betheiligt.

In die Mitte der Fünfziger Jahre fällt jener bekannte
Sturm, der sich in der protestantischen Kirche Bayerns erhob,
als das Oberconsistorium entweder aus großer Unbekanntschaft
mit der herrschenden Ansicht in den Gemeinden oder aus ver=
hängnißvoller Ueberschätzung der streng confessionalistischen, so=
genannten altlutherischen Richtung mit jenen unerwarteten Er=
lassen über Kirchenzucht, Liturgie u. s. w. hervortrat. Auch das
kurz zuvor eingeführte neue Gesangbuch, das in seiner ersten,
der Synode vorgelegten Gestalt, wo es das spätere archaistische
Sprachgewand noch nicht erhalten hatte, gewiß ein erfreulicher
Fortschritt gegen das vorher gebrauchte, aus der Zeit des nun
glücklich überwundenen Rationalismus stammende war, wäre
fast dem sonst berechtigten Widerwillen gegen eine mit der po=
litischen Reaction sich vielfach berührende Strömung zum Opfer
gefallen. Mit der vorläufigen Zurücknahme jener Erlasse und
der Regelung der Sache durch die darauffolgende Synode kam
die Bewegung in ein ruhigeres Geleise. Mein Vater war Mit=
glied jener Synode, wie er auch schon denen von 1840 und
1853 als Abgeordneter angehört hatte*). An der für unsere
Landeskirche wichtigen Beilegung jener Bewegung hatte er aber
einen noch weiter gehenden Antheil, von dem ich jetzt, nach
seinem Tode, wohl reden darf. Nach dem, was ich über seine
religiöse Gesinnung bereits gesagt habe, kann die Stellung nicht
zweifelhaft sein, die er zu der Sache einnahm. Für ihn lag
der Schwerpunkt in allen religiösen Fragen nicht in der con=
fessionellen Form, also auch nicht in der Kirchenverfassung und
äußeren Einrichtungen, sondern im christlichen Leben. Das evan=
gelische Christenthum aber war ihm zu sehr Herzenssache, als
daß er nicht mit ganzer Kraft eingetreten wäre, wo er es wirk=
lich gefährdet sah. Das Resultat einer durch heiße Kämpfe
breier Jahrhunderte sicher gestellten geschichtlichen Entwickelung

---

*) 1848 war er als Ersatzmann gewählt zu der im folgenden Jahre
abgehaltenen Synode.

der unklaren Aufwallung einer vielköpfigen Menge, von der ein
Theil gegen das Christenthum selbst sich kehrt, ein anderer, ver=
ständnißloser, die Tragweite seines Verlangens überhaupt nicht
ermißt, und nur ein verhältnißmäßig kleiner die Schale und
den Kern zu scheiden versteht, preiszugeben, konnte ihm nicht
einfallen. Religiöse Angelegenheiten waren ihm überhaupt eine
zu ehrwürdige und heilige Sache, und seine Achtung vor der
Freiheit der Gewissen war eine zu große, als daß er sie in der
oberflächlichen Discussion von Volksversammlungen und Artikeln
der Tagespresse hätte abgemacht wissen wollen. Eine solche
Behandlung setzt doch nur an die Stelle eines Zwanges einen
andern, gefährlicheren und drückenderen. Auf der andern Seite
aber schien es ihm höchst bedenklich, daß das Oberconsistorium
mit Bestrebungen hervortrat, welche unsere Gegenwart auf einen
überwundenen Standpunkt zurückschrauben wollten, und einem
engherzigen Confessionalismus seinen Willen that, welcher die
Form mit dem Inhalt für gleich wesentlich ansieht. Von einer
solchen Verkümmerung der evangelischen Freiheit wollte er ebenso
wenig etwas wissen. Als nun die Adressen*), die gegen das
Oberconsistorium gerichtet waren, nach München kamen, sah man
sich dort in einer um so schwierigeren Lage, als die Entscheidung
von Männern ausgehen mußte, die der evangelischen Kirche gar
nicht angehörten. In dieser mißlichen Lage wandte sich der da=
malige Minister von Zwehl an meinen Vater und bat ihn, ihm
offen und rückhaltslos seine Meinung zu sagen. Mein Vater
zögerte nicht; er fühlte die volle Verantwortung, die damit in
seine Hand gelegt war. Unumwunden sprach er sich über den
gemachten Mißgriff aus, rieth aber auch, die Sache nicht in
eine Bahn kommen zu lassen, wo sie Gefahr lief, daß die hoch=
gehenden Wogen der Agitation auch das Gute und Berechtigte
wegschwemmten, und deswegen nicht das Oberconsistorium der
Bewegung zum Opfer fallen zu lassen, die Entscheidung vielmehr

---

*) Der Nürnberger war auch eine von Augsburg gefolgt.

der besonneneren Berathung der Generalsynode anheimzustellen. Kaum war sein Brief nach München gelangt, so erfolgte die Bescheidung jener Adressen. Mein Vater war in jenen Tagen sehr unwohl; er mußte sogar, wozu er sich nur im äußersten Falle entschloß, das Bett hüten. Bomhard und Puchta kamen, um ihm die vermeintliche Neuigkeit mitzutheilen. Lächelnd zeigte er ihnen den Brief des Ministers und das Concept seiner Antwort, aus deren Wortlaut sie entnehmen konnten, daß sie auf jenes Resultat nicht ohne Wirkung gewesen war.

Ganz anderer Art war die Aufgabe, welche ihm das Jahr 1862 brachte. Die Philologenversammlung tagte in Augsburg und hatte ihn zum Präsidenten erwählt. Er gehörte nicht zu den regelmäßigen Theilnehmern dieser jährlichen Zusammenkünfte; denn die weiten Reisen verboten sich ihm von selbst; nur der zwanzig Jahre früher in Ulm abgehaltenen und der Erlanger im Jahre 1851 hatte er angewohnt. Um so mehr machten ihm die ungewohnten, umständlichen Vorbereitungen mit ihren Correspondenzen, Comitesitzungen, Einladungen u. s. w. zu thun; aber er setzte eine Ehre darein, der Versammlung einen würdigen Empfang zu bereiten. In seiner Begrüßungsrede sprach er über die Förderung, welche die Alterthumswissenschaft durch Augsburger Gelehrte erfahren hat, und er hatte Namen von gutem Klang vorzuführen, Konrad Peutinger, Marcus Welser, Hieronymus Wolf, David Höschel, Georg Henisch, die beiden Occo. Dem an dritter Stelle genannten Amtsvorgänger widmete er noch eine besondere Schrift in lateinischer Sprache, welche den Theilnehmern als Festschrift überreicht wurde.

Die Memoria Hieronymi Wolfii war eigentlich nicht erst jetzt entstanden, sondern dreißig Jahre früher; sie hatte bei der dreihundertjährigen Jubelfeier des Gymnasiums die Ehrenpflicht erfüllen sollen, welche die Augsburger Schule gegen ihren berühmtesten Lehrer und Rector hatte, ihm das verdiente Denkmal zu setzen. Allein mein Vater war damals gegen einen andern Collegen, welcher als Festschrift eine philologische Abhandlung

bieten wollte, zurückgetreten. In drei Abtheilungen war dann
ein Theil der Schrift in den Schulprogrammen von 1833,
1834 und 1841 veröffentlicht worden. Seitdem war er zwar
öfter aufgefordert worden, auch das Uebrige herauszugeben, hatte
aber nie die Zeit dazu finden können, die Arbeit, die er nun
nach der langen Unterbrechung gerne einer erneuten Durchsicht
unterworfen hätte, für den Druck fertig zu machen. Als ihm
nun Rector Ameis in Mühlhausen, der ihn auf einer Ferien-
reise besuchte, wieder den Wunsch aussprach, und bald darauf
auch Karl von Raumer, der für die Geschichte der Pädagogik
Aufschlüsse wollte, deshalb an ihn schrieb, entschloß er sich im
Jahre 1858, als Thiersch's Jubiläum gefeiert wurde, die alte
Arbeit wieder vorzunehmen, und die Philologenversammlung
gab ihm nun willkommenen Anlaß, auch die früheren Abtheilungen einer Revision zu unterwerfen und alle zu einer Schrift
zu vereinigen. Er that das mit um so größerer Liebe, als die
Persönlichkeit Wolf's für ihn etwas ganz besonders Anziehendes
hatte; ja ich kann wohl sagen, in Wolf's Leben hatte er einen
Spiegel seines eigenen vor sich. Es bleibt mir unvergeßlich,
was ich schon als Knabe aus seinem Munde darüber hörte.
Auf einer Fußwanderung nach Wassertrübingen, wohin er uns
Knaben mitnahm, kamen wir nach Harburg, über dem auf herrlichen Jurafelsen das schöne Schloß der Fürsten von Wallerstein
thront, einer der schönstgelegenen Reste des Mittelalters in Süddeutschland. Hier bog mein Vater, der Gegend aus seiner Jugend wohl kundig, gerne von der Straße ab und schritt an der
Burg vorbei den sie überragenden Höhen zu, von denen man
eine weite Aussicht hat über das lachende Ries mit seinen hun-
dert Dörfern um die alte Reichsstadt Nördlingen herum, seinen
fruchtbaren Gefilden und den schön geformten Bergen am Rande,
von denen andere Burgen herübergrüßen. So that er auch diesmal. Hinter uns lag die altersgraue, thürmereiche Burg, vor
uns in blauer Ferne die Geburtsstadt Wolf's, Oettingen. Unser
Standort war die Veranlassung, daß mein Vater, indem er sich

auf einen der Felsblöcke niederließ, uns die Geschichte zu erzählen anfieng von dem Schreiber, der hier auf dem Harburger
Schlosse, um den Püffen und Mißhandlungen der Junker aus-
zuweichen, nach seinen Amtsstunden in der rauchigen Küche saß
und sich abmühte, für sich Lateinisch und Griechisch zu lernen;
wie ihn dann seine Genossen auch daraus vertrieben, und er
auf diese Höhen flüchtete und mit seinem Homer in der Hand
weinend dasaß, weil er die Wörter nicht wußte; wie er dann
sich zusammensparte, um sich in Nördlingen ein Lexicon zu
kaufen, und wie er krank wurde über sein vieles Studieren;
wie er endlich in Tübingen etwas Rechtes wurde und in Wittenberg zu den Füßen Melanchthon's saß und bei ihm das
Alterthum verstehen und lieben und das Christenthum im Herzen
erfassen lernte; wie er nach wechselvollen Schicksalen nach Augsburg kam und Rector bei Sct. Anna wurde und in dem Hause
wohnte, in dem wir selbst damals auch wohnten. „Er war
Autodidakt, wie ich auch", setzte mein Vater dazu, und ich
fühlte, daß in einem solchen Selbstunterricht eine besondere
Kraft liegen müsse. Der Geburtsort Wolf's und der meines
Vaters liegen nur zwei Stunden auseinander; mir stieg, obwohl ich noch ein Knabe war, eine Ahnung davon auf, daß
auch ihr Lebensgrund, ihr Lebensgang und ihr Lebensziel nicht
weit auseinander lagen. Dritthalb Jahrhunderte lagen dazwischen, seit der einstige Oettinger Schreiber die Augen schloß,
bis der einstige Wassertrübinger Schreiber sein Amtsnachfolger
wurde, aber ein gemeinsamer Geist schwebte über beiden, und
die Jahrhunderte trennten sie nicht. Es war meinem Vater
wohl, wenn er die Bücher auf der Bibliothek in der Hand
hatte, die einst Wolf gesammelt und geordnet hatte, und die
jetzt seiner Obhut anvertraut waren, wenn er die Zeugnisse
seines staunenswerthen Fleißes, seine Ausgaben der alten Classiker, ansah, wenn er seinen feinen pädagogischen Takt in den
noch von ihm vorhandenen amtlichen Berichten bewundern
konnte. Denn er verstand es, was wissenschaftliche Hilfsmittel

werth sind, wenn man seufzend hat entbehren müssen, was an=
dere nicht schätzen, die es haben; er wußte, auf welchem Boden
Wolf's Sprachkenntniß erwachsen war, und warum er die Clas=
siker so lieb hatte; denn er hatte selbst auch einst diesen harten
Boden gepflügt; er wußte, wo Wolf sich seine Menschenkenntniß
geholt hatte, und verstand seine Klagen, daß man so wenig
Einsicht habe in das, was der Jugend noth thue. Ja, Wolf's
Leben mußte mein Vater schreiben; für ihn war diese Arbeit
aufgespart. Man fühlt es seiner Schrift an, daß sie einem
innern Bedürfniß entsprungen ist, und nicht bloß historisches
Interesse die Feder geführt hat. Als er einst anfieng, sie zu
schreiben, mochte ihm manchmal der Contrast von Wolf's Gym=
nasium und dem, an welchem er selbst wirkte, zum Bewußtsein
gekommen sein. Jetzt, wo er sie veröffentlichte, sah auch die
Schule von Sct. Anna wieder anders aus; er war nicht um=
sonst zwei und zwanzig Jahre ihr Rector gewesen.

7.

Der Lebensabend.

Es gibt aus dem äußeren Leben meines Vaters nur wenig mehr zu berichten. Denn immer einförmiger und immer einsamer floß es dahin, je mehr die körperliche Kraft nachließ. Das Letztere wollte er sich zwar nie gestehen, und vergeblich war es, ihm vorzustellen, daß man mit sechzig Jahren sich nicht mehr die Last auflegen dürfe, die man mit vierzig wohl tragen konnte. Sich von seinem Unterricht etwas abnehmen zu lassen, gieng ihm gegen seine Grundsätze; er beklagte es oft, daß an so vielen Gymnasien der wichtigste Unterricht in die Hände junger, unerfahrener Assistenten gelegt sei, und lehnte für sich selbst eine solche Unterstützung ab, als sie ihm wohlwollend von dem damaligen Ministerial-Referenten angeboten worden war. Erst in den letzten Lebensjahren trat er ein paar Stunden an einen bewährten jüngern Lehrer ab, dem er vollständig vertraute. Ebenso fest hielt er an seinem Religionsunterricht, der ihm noch sechs wöchentliche Stunden über das einem ordentlichen Lehrer bestimmte Maß hinaus zulegte. Auch hier gönnte er sich erst in der letzten Zeit einige Erleichterung. Dafür erwuchs ihm andere Mühe genug, besonders als er nach dem Tode des lange Jahre in diesem Dienst gewesenen Hausmeisters des Collegiums auch noch die ganze Regie dieses Instituts unter seine unmittelbare Aufsicht nahm. Es mag das ein Mißgriff gewesen sein; aber es war die Sorge für das Beste der Anstalt auch hinsichtlich

ihres ökonomischen Vortheils, die ihn denselben machen ließ.
Denn wenn ihm einmal etwas anvertraut war, so kam die
Frage, ob viel oder wenig Mühe für ihn entstand, gar nicht
mehr in Betracht; für ihn gab es dann nur mehr den Gesichts=
punkt der Pflicht, die alles auf das Beste besorgen wollte.

Der persönliche Verkehr schränkte sich in immer engere
Kreise ein; der große Garten des Collegiums wurde allmählich
fast der einzige Ort, wo er in den Freistunden Erholung suchte.
Immer seltener wurden Spaziergänge, und höchstens hier ge=
schah es, daß er mit alten Freunden und Bekannten, die ihm
etwa begegneten, sich in kurzer Unterhaltung auffrischte. Auch
seine Lebensgewohnheiten wurden immer regelmäßiger und rich=
teten sich in den letzten Jahren sogar auf das Pünktlichste nach
der Uhr, während er in gesunden Tagen nie eine bestimmte Zeit
für das Abendessen oder Schlafengehen u. s. w. gekannt hatte;
das Maß der Arbeit hatte ihm da die Zeit vorgeschrieben; jetzt
that es der Körper von selbst. Löste er sich so allmählich von
der Umgebung des äußern Lebens immer mehr los, so doch
nicht von seinem Studium. Auf jeden andern Umgang konnte
er verzichten, auf den mit der Wissenschaft nicht. Von den
neuesten Erscheinungen in allen den Gebieten, für die er In=
teresse hatte, nahm er bis in die letzte Zeit Kenntniß, und ins=
besondere sein geschichtliches Studium hörte nie auf. In seiner
Berufsthätigkeit erschlaffte er ebenso wenig. Zwar wurde es
ihm immer gleichgiltiger, was andere davon dachten, und wie
andere es trieben. Werth hatte das fremde Urtheil für ihn
ohnedies immer nur so weit gehabt, als er sich selbst daran
prüfen konnte, nicht so weit es der Eitelkeit schmeichelte. Irre
hätte er sich auch durch den Widerspruch nicht machen lassen,
wo er das Rechte zu haben sich bewußt war. Aber jetzt nahm
er immer weniger Antheil an dem, was außerhalb seiner eige=
nen Anstalt in unserem Schulwesen vorgieng. Er beobachtete
es nur, sprach auch, wenn er von maßgebender Seite um sein
Urtheil über irgend eine pädagogische Frage angegangen wurde,

dasselbe mit Entschiedenheit aus; aber er hütete sich, namentlich an den Agitationen sich zu betheiligen, wie sie in den folgenden Jahren immer häufiger wurden. Gegen sie sträubte sich sein ganzer Sinn. Wenn ihm die Aufforderung zukam, eine Eingabe um Verbesserung der prekären Lage der Lehrer zu unterschreiben, wies er sie gewöhnlich kurz ab; ja, er wurde unwillig, wenn er dabei etwa von der Pflicht gemeinsamen Auftretens für ein Standesinteresse, oder vollends von Gleichstellung im Range mit andern Staatsdienerclassen hörte. Nicht, weil er anderen eine Aufbesserung mißgönnt hätte, sondern weil es ihm gegen sein innerstes Wesen gieng, überhaupt Pflicht und Bezahlung so mit einander in Verbindung gebracht zu sehen. Eben solches Widerstreben zeigte sich bei ihm, wenn er sah, wie man sich bemühte, die sämmtlichen Lehrer unserer Anstalten zum Zusammenwirken für die Besserung unseres Schulwesens zu vereinigen. Wäre dieses auf dem richtigen Wege geschehen, so hätte der Sache seine aufrichtige Theilnahme und Mitwirkung nicht gefehlt. Je mehr aber diese vermeintliche Besserung in der That darauf hinauslief, jede Eigenart der einzelnen Anstalten unmöglich zu machen und eine Schablone herzustellen, nach der man alle zuschneiden müßte, um so heftiger fühlte er sich abgestoßen. Er hatte früher oft und freimüthig selbst auf fachmännische Leitung unserer Schulen hingedrängt und bei mehr als einer Gelegenheit an maßgebender Stelle seine Ansicht darüber ausgesprochen. Aber dabei schwebte ihm vor, daß diese Leitung in die Hände eines Mannes, wie etwa Thiersch oder Nägelsbach war, gelegt werden sollte, der mit richtigem Blick die passenden Männer für die richtigen Stellen zu finden verstünde und es als seine Pflicht und Hauptaufgabe ansähe, diese zu suchen; daneben schlechten Schulen durch sein Vorbild oder seine specielle Anweisung aufhelfen könnte. Daß aber das individuelle Leben, das doch allein eine Schule hebt, beseitigt werden, und der Ersatz dafür die Gleichheit äußerer Einrichtungen sein sollte, dafür wäre er nimmermehr eingetreten; und daß er

unſer Schulweſen immer mehr in dieſe verhängnißvolle Bahn
hineintreiben ſah, das ſtieß ihn ſo mächtig von dieſem Streben
ab; die wohlklingende Bezeichnung „gemeinſame Intereſſen der
Schule" ließ ihn kalt. Und er hatte darin gewiß Recht; denn
es wird ſicherlich eine Zeit kommen — und ich hoffe, ſie hat
ſchon begonnen, — wo dieſe alles gleich machen wollende Bewegung wieder rückläufig wird, und man wieder daran zu glauben beginnt, daß die ganze Schulfrage eine Perſonenfrage iſt,
und Lehranſtalten etwas Höheres ſind, als Uhrwerke, die nur
nach gleichem Syſtem zu conſtruieren wären, um ſie dann mit
einem gemeinſamen Schlüſſel aufziehen und durch das ganze
Land in Gang ſetzen zu können.

Daß ſich mein Vater gegen alle dieſe Beſtrebungen, in
die ſich ein großer Theil unſeres Lehrerſtandes mit aller Macht
hineinwarf, — gewiß zum größten Theile in beſter Meinung
und in der Hoffnung, der Schule wirklich zu nützen, — nur
ablehnend verhielt, iſt ihm von mancher Seite zum Vorwurf
gemacht worden. Daß das Sct. Anna=Gymnaſium dadurch eine
immer mehr iſolierte Stellung unter den bayriſchen Schulen bekam, berührte ihn nicht viel; andere haben die Zurückhaltung
meines Vaters bedauert, theils, weil ſie gerne das Gewicht ſeines
Namens in die eine oder die andere Wagſchale gelegt geſehen
hätten, theils in der Ueberzeugung, daß jedes ſich Abſchließen
nothwendig zu immer größerer Einſeitigkeit führen muß. Ich
will die Berechtigung ſolchen Tadels dahin geſtellt ſein laſſen.
Es mag ſein, daß ihn manche in höheren Jahren einſeitiger,
ſchroffer und für andere Meinungen unzugänglicher gefunden
haben, als in früheren. Aber mit ſeiner Stellung in dieſer
Sache hat das nichts zu thun. Es war unverbrüchliche Ueberzeugung bei ihm, früher und ſpäter, daß, wenn es keine ſich
friſch und kräftig aus ſich ſelbſt heraus geſtaltende Anſtalten
geben darf, es auch ein gutes Schulweſen nicht geben kann.
Er hat ſich da in ſeinem Weſen nicht verändert; möglich allerdings, daß er ſich früher in anderer Form darüber geäußert

und nicht bloß, wie später, sich auf seine Anstalt zurück=
gezogen hätte.

Er blieb sich in seiner Wirksamkeit in der Schule ebenso
gleich. Seine späteren Schüler haben ihn gewiß als viel reiz=
barer und heftiger kennen gelernt, als einst meine eigenen Mit=
schüler vor dreißig Jahren. Aber von Erschlaffung der Geistes=
kraft haben sie nichts gesehen; denn die blieb ungebrochen, so
lange er in der Schule wirkte. Auch sie haben in seinem Unter=
richt nur den Eindruck des frischen Lebens bekommen, wie es
aus einer Persönlichkeit quillt, die von dem, was sie gibt, selbst
sich nährt. Es ist mir das durch mehr als eine Mittheilung
bestätigt worden. Auch die Sicherheit seines Wissens verlor
sich nicht; denn auch sein Gedächtniß blieb ihm treu, wie es bei
Männern, bei denen das wissenschaftliche Streben nie aufgehört
hat, nicht selten vorkommt. Die beständige Beschäftigung erhält
auch die Fähigkeit dazu, und er konnte auch, wie Solon,
sprechen: γηράσκω δ' αἰεὶ πολλὰ διδασκόμενος. Den Eindruck
eines alten Lehrers bekam man wohl, aber nicht den eines ver=
fallenden, der sich überlebt hat.

Schwer allerdings gieng es meinem Vater ein, sich selbst
zu gestehen, daß für jeden Menschen eine Zeit kommt, wo er
mehr auf das Empfangen, als auf das Geben angewiesen ist.
Um so mehr aber strengte er sich an, auch immer geben zu
können. Nun muß zwar einer seine Lebensaufgabe schlecht er=
füllt haben, wenn er im Alter aus dem Schatze seiner Erfahrung
nicht ohnedies der nachwachsenden Generation manches bieten
kann, was dieser noch fehlt. Solche erfahrene Greise haben
immer etwas Ehrwürdiges, selbst wenn sie sich überlebt haben
und nur noch wie eine Reliquie aus der Vergangenheit in der
Gegenwart stehen. Bei meinem Vater aber war es mehr als
diese Erfahrung, die ihm seine Stellung im Alter sicherte und
ihm zugleich seine Haltung vorzeichnete. Ich habe ihn in einem
kurzen Nekrolog, aus der Feder eines mir Unbekannten, als den
Letzten aus der Reihe jener alten Rectoren, wie Held, Döderlein,

Bomhard, Roth, Elsperger — es hätte auch Nägelsbach's Name beigefügt sein können, wenn dieser sich auch seine Verdienste um die Schule nicht als Rector erwarb, — bezeichnet gefunden. Es ist kein unrichtiges Urtheil, obgleich dem Worte sich einige Wehmuth beimischt. Denn es klang auch in dem eigenen Gefühle meines Vaters etwas davon durch, daß er der Letzte war von einer Vergangenheit, die ihm Stolz und Labung war, und er sah sich als den Wächter einer immer mehr entschwindenden Tradition an; dies ließ ihn den Gegensatz gegen die herrschende Strömung, dessen er sich wohl bewußt war, gering achten. Sie brauchen sich auch nicht zu verkriechen, diese Männer, vor den Epigonen; man mag immerhin an der alten Eiche die dürren Aeste zählen, sie bleibt doch die Eiche und ist etwas anderes, als der junge Nachwuchs um sie herum, der erst noch zeigen muß, ob er zum Baume werden kann, oder gar das Schlinggewächs, das sich an ihr hinaufrankt, und aller Welt zuruft: „Seht, wie groß und schön ich bin", aber nicht daran denkt, daß es seinen Halt nur durch den Stamm hat, den es undankbar zerdrückt. Eben in diesem Blick auf die Vergangenheit lag für meinen Vater aber auch die Zuversicht im Alter. Nicht mit dem wehmüthigen Gefühle, wie so mancher alte Mann, hat er von seinem Werke Abschied genommen: Ich habe es noch so gemacht, weil ich mich in die neue Zeit nicht mehr zu finden vermag; jüngere Männer mögen es nun anders versuchen. Es war vielmehr die Wehmuth des Abschieds, die am liebsten das Werk noch länger selbst gehütet hätte und es nur abgibt, weil eine höhere Hand den müden Arbeiter zur Ruhe verweist. Sie ist begleitet von Sorge und Zuversicht, daß das Werk auch weiter gedeihen wird.

War das nicht Selbsttäuschung? nicht Eigensinn? Nun, jedes Werk trägt das beste Zeugniß seines Werthes in sich selbst. Eine Schule zumal, der vielköpfige Organismus, wird schnell den Kampf des Neuen mit dem Alten zur Erscheinung bringen, wenn der neue Geist der lebenskräftigere, der alte der abster-

bende ist. Auch bei Sct. Anna waren nach und nach die alten
Kräfte ausgestorben, die mit meines Vaters Rectorat groß ge=
wachsen waren, und jüngere an ihre Stelle gerückt. Ich meine,
es liegt ein starkes Zeugniß für die Lebenskraft des Alten darin,
daß auch diese jüngeren Kräfte sich fest hineinlebten in die Be=
sonderheit des Ganzen und gerne als Glieder jenes Organismus
sich fühlten, und ein ebenso starkes darin, daß überhaupt mit
dem Abtreten meines Vaters nicht der Wunsch sich regte, daß
nun etwas Neues beginnen, sondern vielmehr, daß in seinem
Geiste fortgearbeitet werden möge.

Noch in weiteren Kreisen hat seine Thätigkeit nachhaltige
Wirkung gehabt. Wer die bayrischen „isolierten“ Lateinschulen
früher kannte, der weiß, was für verlorene Posten in unserem
Schulwesen es größtentheils waren. Der wahrhaft kläglichen
äußeren Lage der Lehrer selbst, wovon die gegenwärtige Gene=
ration glücklicher Weise nichts mehr zu fühlen hat, entsprach
leider vielfach der Zustand der Schulen selbst so sehr, daß man
sich an den vollständigen Anstalten ganz daran gewöhnt hatte,
sie gar nicht als ebenbürtig anzusehen; bei den Schülern, die
von daher kamen, war es stillschweigende Voraussetzung, daß
sie gar nicht mitbringen konnten, was sie sollten. Im Kreise
Schwaben war es anders. Mein Vater hatte es sich von An=
fang an ernstliche Sorge sein lassen, die dort seiner Aufsicht
unterstellten Schulen auf die gleiche Stufe mit den vollständigen
Anstalten zu bringen.*) Er suchte sie ebenso sehr mit tüchtigen

---

*) Es mag diese Bemerkung auch zur Erläuterung seines Referats
über den Antrag auf Wiedereinführung des sogenannten „kleinen philo=
logischen Examens“ dienen, dessen Ablehnung er bei der Synode von 1857
durchsetzte. Es wurde ihm das damals von einem Theil der Geistlichen,
welche darin fälschlich eine Schädigung der Interessen der evangelischen
Kirche sahen, sehr verargt. Er aber glaubte besser für diese und für die
Schule zu sorgen, wenn die jungen Theologen, die im Lehramt thätig sein
wollen, gezwungen würden, sich auch die dazu nöthigen Kenntnisse anzu=
eignen, als wenn man die Zugehörigkeit zum geistlichen Stand als einen
Ersatz dafür gelten ließe.

Lehrern zu verſehen, als dieſe zum Verſtändniß ihrer Aufgabe
anzuleiten und überall mit Rath und That zu unterſtützen.
Seine oftmaligen, eingehenden Inſpectionen hatten weniger den
Zweck, die Leiſtungen zu prüfen, die er an den nach Sect. Anna
übertretenden Schülern viel beſſer ſehen konnte, als durch Belehrung und Beiſpiel die Lehrer ſelbſt mit dem, was er wollte,
vertraut zu machen. Daß trotz des loſeren Zuſammenhangs
mit dieſen Schulen ſein Geiſt auch hier durchdrang und ſie be-
herrſchte, und daß man dort in dieſem Geiſte heute noch fort-
zuwirken ſucht, iſt eben ein Beweis ſeiner Kraft.

Und worin ruhte dieſe ſchließlich? Es war die innere
Einheit ſeines Weſens, die meinen Vater nie planlos herum-
irren und in das unſtäte Experimentieren verfallen ließ, das
leider das Kennzeichen des bayriſchen Schulweſens zu allen
Zeiten geweſen iſt. Es waren große und feſte Geſichtspunkte,
von denen aus er von Anfang an den Unterricht angeſehen
hatte. Sie waren ihm das Ergebniß ſeiner ganzen Anſchauung
vom Leben, ſeinem Grund, ſeinem Ziel, ſeiner Hoffnung; daher
die Energie ſeines Wollens; die Zuverſicht ſeines Handelns.
Ob es auch die richtigen wirklich waren? Nun, ſein Lebenswerk
liegt abgeſchloſſen vor; es gehört bereits der Geſchichte, der un-
erbittlichen Richterin. Aber nicht ſowohl die nächſte, als eine
ſpätere Zukunft wird unparteiiſch urtheilen können. Es hatte
ſich noch nicht lange das Grab über der irdiſchen Hülle meines
Vaters geſchloſſen, da las ich in einem Artikel der „Allgemeinen
Zeitung“, welcher mehr um ſeines Verfaſſers, als um ſeines
Inhalts willen bemerkenswerth war, die Worte: „Es iſt auch
der Geiſt Nägelsbachs und Mezgers wieder heraufbeſchworen
worden.“ Es hat dieſe geringſchätzige Art zu reden auch bei
anderen verletzt, die gleich mir zu den Füßen des Erlanger
Profeſſors geſeſſen ſind, dem wir alle die herzlichſte Dankbarkeit
bewahrt haben, und deſſen Bild über meinem Schreibtiſch ich
nie anſehen kann, ohne daß mir die Worte des Tacitus einfallen: admiratione et immortalibus laudibus et, si natura

suppeditet, imitando te colamus. Meines Vaters Sache aber als die meinige anzusehen, habe ich noch ein näheres Recht und die Pflicht. Man mag sich vielleicht in den Kreisen, aus denen jener Artikel stammte, mit dem Glauben tragen, man habe jenen Geist todt gemacht, sich vielleicht sogar etwas darauf zu Gute thun. Mich hat es seltsam berührt, daß fast zu der nämlichen Zeit — nicht aus Veranlassung jenes Zeitungsartikels — ein ehemaliger Mitschüler an mich schrieb: „Der Geist des ehrwürdigen Rectors von Sct. Anna wird noch lange fortwirken in Schule und Kirche." Es wird die Zukunft lehren, wer von beiden Recht hat. Daß zwei verschiedene Geister hier mit einander kämpfen, will ich nicht bestreiten.*)

Aber ein Geist war es allerdings, aus dem Nägelsbach's und meines Vaters pädagogische Anschauung geboren war, so selbständig auch ihre beiderseitige Thätigkeit im Leben verlief. Es war der idealere Geist der Zeit, in die ihre Jugend fiel, an dem sie fest gehalten haben ihr Leben lang. Er dachte von der Aufgabe unserer Schulen höher, er faßte die Pflicht des Schulmanns ernster und tiefer als die Gegenwart. Was Wunder, daß er auch gerne zurückschaute in jene Zeit, wo seine Wurzeln lagen, die auch dem alten Stamme noch immer seine Nahrung zuführten. Für meinen Vater war alles ein theures

---

*) An demselben Tage noch, wo ich dieses niederschrieb, fiel mir ein „Zur vergleichenden Religionsforschung" überschriebener Aufsatz in der Beilage zur Allg. Ztg. vom 24. Juli 1877 in die Hand, in welchem ich folgende Stelle las: „Das schöne Wort des seligen Nägelsbach, des Verfassers der homerischen Theologie: „Bewahret die classischen Studien; sonst bricht die Barbarei über uns herein! Aber haltet auch fest am Evangelium, sonst bleibt das Alterthum unverstanden und bringt uns unheilvolles Heidenthum!" hat seinen Wiederhall unter den Schulmännern und Kirchendienern noch nicht verloren. Aber die Kirche würde nicht so in Conflict mit dem Staate, mit der Schule und mit sich selbst gerathen sein, wenn dieser Rath besser befolgt worden wäre." — So möge denn dieses mir unvermuthet aufstoßende Urtheil eines mir Unbekannten als ein Zeugniß für diesen „wieder heraufbeschworenen" Geist hier eine Stelle finden.

Gut, was aus jener Vergangenheit ihm noch übrig war; und das war nicht wenig; denn nicht in den engen Schranken des Schullebens allein waltete jener Geist, sondern draußen im Leben, auf verschiedenen Gebieten des Berufes, hatten gleichgesinnte Jugendfreunde ihn ebenso bethätigt. Und es ist meinem Vater vergönnt gewesen, einige von ihnen sich im Alter noch einmal recht nahe gerückt zu sehen. Es hat ihm dies seine letzten Lebensjahre verschönert; denn mit jenen hat er so innig fortgelebt, wie in der Knaben= und Jünglingszeit. Ein Freund aus der Erlanger Burschenschaft, der damals vom Judenthum zum Christenthum übergetreten war, dann als Pfarrer lange in Segen gewirkt hat, hatte sich aus Gesundheitsrücksichten von seiner Pfarrei zurückgezogen und war nach Augsburg übergesiedelt. Ich glaube nicht, daß ihn mein Vater seit ihrem Abschied in Erlangen wieder gesehen hatte; aber von dem Augenblick an, wo sie wieder beisammen waren, war auch ihr Verhältniß wieder ein so brüderliches, wie einst in der Burschenzeit. Für den Freund hatte er immer ein offenes Ohr, auch in den sorgenvollsten Stunden, und Pfarrer Mayer's freundliche Zurede, die sich auch durch eine anfängliche barsche Abweisung nicht irre machen ließ, vermochte ihn manchmal, zur Schonung seiner Gesundheit etwas zu thun, wozu ihn seine Kinder nicht bringen konnten. Kam dann etwa einmal ein anderer alter Freund, was öfter geschah, nach Augsburg zu Besuch, so holte man noch Dr. Hertel, und dann lebten die Erlanger Erinnerungen auf, als lägen sie erst wenige Tage hinter ihnen. Groß war die Freude, als zwei der genauesten Freunde aus der Burschenschaft in ihren alten Tagen ihren Wirkungskreis in der Nähe von Wassertrübingen bekamen, Dekan Koch in Gunzenhausen und Pfarrer Wild in Schwaningen. Wenn nun mein Vater nach seinen jährlichen Schulvisitationen in Nördlingen und Dettingen seinen Geburtsort wieder aufsuchte, wo er freilich fast nur mehr die Gräber der Eltern und die stummen Zeugen der Vergangenheit, einst lieb gewesene Plätze und

Häuser, aufzusuchen hatte, so harrte seiner in der Nähe die freundlichste Bewillkommnung, und man bestellte sich zusammen; denn auch Nebenbacher war nur eine Stunde von Gunzenhausen entfernt. Ein anderer Freund aus noch älterer Zeit und durch unauslöschliche Erinnerungen mit ihm verwachsen, Bocke, der Gefährte seiner Schreiberzeit auf dem Rentamt, lebte ihm in München. Wie freute er sich, als er ihn bis zum Staatscassier befördert, als er ihn dann bei seinem Scheiden aus dem Staats= dienst mit den wohlverdienten Ehren ausgezeichnet sah! So oft er nach München kam, that es ihm wohl, die wenige freie Zeit, die ihm das philologische Examen übrig ließ, dem Jugend= genossen, der auch treuer Freund im Alter blieb, widmen zu können. Noch als Greise haben sie mit einander auch das Wassertrübinger Rentamt aufgesucht und sich vor den Akten, die von ihren Händen geschrieben waren, das Einst und Jetzt ihrer Lebensführung vergegenwärtigt.

Unter denen, die er immer um sich hatte, blieb ihm aber stets der Nächste Bomhard. Ihrer Freundschaft hat er noch in seiner Gratulationsschrift ein schönes Denkmal gesetzt, als im Jahre 1865 Bomhard sein fünfzigjähriges Jubiläum feierte. In weiten Kreisen nahm man Antheil an dem Ehrentage des um die protestantische Kirche Bayerns hochverdienten Mannes, der wohl der begabteste Kanzelredner gewesen ist, den sie ge= habt hat. Auch die theologische Facultät in Erlangen fühlte die Pflicht, ihm ihre Hochachtung durch eine Adresse zu beweisen, — das Doctordiplom hatte sie ihm schon sechzehn Jahre früher überschickt, — und ersuchte meinen Vater, sie ihm in ihrem Namen zu überreichen. Es freute ihn innigst, so in doppelter Weise dem geliebten Freunde ehrende Freude bereiten zu dürfen. Bomhard's Beredsamkeit hatte sich an diesem Tage selbst über= troffen. Allen Deputationen antwortete er in einer Weise, die alle wohl vorbereiteten Reden, welche an ihn gerichtet wurden, in den Schatten stellte. Als nun am Abend beim Festmahl, zu dem man den Jubilar geladen hatte, in mancher schönen

Antwort dem Greise wieder süßer als Honig die Rede vom
Munde floß, erhob sich mein Vater, um auf die Quelle hinzu=
deuten, aus der ihm diese Meisterschaft stammte, und brachte
einen Toast aus auf den beredten Zögling der alten Classiker. Denn
die waren es wirklich gewesen, an denen er sich gebildet hatte.
Ursprünglich war er selbst von seinem Vater zum Philologen,
sein Bruder, der spätere Ansbacher Schulrath, zum Theologen
bestimmt gewesen. Eine nicht vorhergesehene Fügung hatte dann
die Rollen vertauscht und diesen in die Schule, ihn selbst in
das Pfarramt geführt, und beide sind sie Zierden ihres Stan=
des gewesen. Die Jubiläumsfeier war der letzte helle Sonnentag
in Bomhard's Leben. Bald fieng die Kraft des hochbejahrten
Mannes an zu verfallen, und wenn auch die kräftige Natur
noch längere Zeit dem Tode trotzte, er konnte jenen Tag doch
als den Schluß seines segensreichen Wirkens ansehen. Als er
starb, sank für meinen Vater mehr als nur ein Freund in's Grab.

Quis desiderio sit pudor aut modus
    tam cari capitis?

Kurze Zeit nach Bomhard's Jubiläum kam auch für ihn
selbst ein Tag, den man sonst als einen festlichen zu begehen
pflegt: es gieng das fünfundzwanzigste Jahr zu Ende, seit er
das Rectorat führte. Er wünschte ihn in aller Stille zu be=
gehen; denn sich öffentlich feiern zu lassen, war ohnedies seine
Sache nicht; und jetzt legte er auf Ehrenbezeigungen immer
weniger Werth; nur dann war er empfindlich, wenn er in ihrer
Unterlassung Absicht vermuthen mußte. Die ein Jahr zuvor
geschehene Verleihung des Schulrathstitels, die ihn überraschte,
weil eine besondere Veranlassung dazu nicht vorlag, hatte ihn
ziemlich kalt gelassen. Bomhard's Fest hatte ihm überdies erst
jüngst gezeigt, wie aufregend für das höhere Alter solche Tage
sind, und er hatte deshalb seine Collegen besonders gebeten, von
jeder Feier abzusehen. Sie sind diesem Wunsche nachgekommen,
haben es sich aber doch nicht nehmen lassen, ihm eine Festschrift
zu überreichen, die sein ältester College, Professor Oppenrieder,

verfaßt hatte. Ein anderer College, Professor Cron, jetzt sein Nachfolger im Rectorate, hatte ihm dazu noch die eben erschienene neue Auflage seiner Plato-Ausgabe gewidmet; ein dankbarer Schüler, Pfarrer Prinzing in Memmingen, that dasselbe mit seinem Gebetbuch für Mittelschulen. Auch eine Gratulationsschrift der protestantischen Geistlichkeit aus Bomhard's Feder, sowie eine solche der Lateinschulen in Memmingen, Nördlingen, Oettingen und Lindau fehlten nicht. Trotz der gewünschten Nichtbeachtung kam dann von Nah und Fern noch manches Zeichen der Liebe und Hochachtung von Freunden und Schülern, das dem Herzen meines Vaters wohl that, weil er nun gewiß wußte, daß es auch aus dem Herzen kam. Es war aber noch ein anderer Grund, der ihn von jeder lauten Feier zurückhielt, ein Grund, den er gegen andere nicht aussprach, obwohl er ihm der schwerstwiegende war, und den auch von uns keines aussprechen wollte, obwohl wir ihn alle fühlten. Aber als wir beim Frühstück saßen, öffnete das ihn überwältigende Gefühl des Herzens auch die Lippen, und er sprach es aus, was ihm fehlte, unsere Mutter. Da klopfte es an die Thüre, und herein trat unvermuthet ein alter Freund, Oberbaurath Voit von München. Er war in dem Hause meiner Großeltern in Wassertrüdingen, in dem seine Eltern zur Miethe wohnten, geboren, ganz gleichalterig mit meinem Vater, der Genosse seiner Kindheit. Dann waren ihre Wege aus einander gegangen, bei dem einen durch das Gymnasium, bei dem andern in das Handwerk und auf die Schreibstube. Aber in der Oberclasse in Augsburg hatten sie sich wieder gefunden, und mit einander hatten sie ihr Maturitätszeugniß erhalten, um dann wieder ganz verschiedene Wege im Leben zu gehen. Ein Zufall hatte Voit jetzt gerade nach Augsburg geführt, wo er im Hause seiner Schwester erfuhr, welche Bedeutung der Tag für den alten Freund hatte. Wie freudig war mein Vater überrascht, als er so plötzlich in's Zimmer trat; vor dem alten Wassertrüdinger Gefährten brauchte er nicht zu verhehlen, was ihn drückte; der verstand es.

Der Wunsch der Seinigen wäre gewesen, daß er selbst nun auch an einen Abschluß seiner amtlichen Thätigkeit gedacht hätte; der durch die Ueberanstrengung einer so langen Reihe von Jahren hart mitgenommene Körper schien es gebieterisch zu fordern. Er wollte nie etwas davon hören. Das Einzige, was erreicht werden konnte, war, daß er im folgenden Jahre die Einberufung zur philologischen Prüfung ablehnte. Aber die Leitung der Anstalt, seinen Unterricht, die Vorstandschaft des Collegiums gab er nicht aus der Hand. Es war sein Begriff von Pflicht, der ihn auf dem Posten hielt; so lange man wirken konnte, mußte man nach seiner Ueberzeugung. Und es war staunenswerth, was er für eine Gewalt über seinen Körper hatte. Wer ihn im Garten gehen sah, konnte sich des Eindrucks nicht erwehren, daß das Greisenalter, das jetzt auch seine lange dunkel gebliebenen Haare zu bleichen, seinen elastischen Körper zu beugen anfieng und seinen raschen Schritt langsamer machte, sichtbar heranzog, ahnte aber ebenso wenig davon, wie das alte Feuer in diesen Körper strömte, sowie er vor die Schüler trat oder die Bücher aufschlug oder die Feder in die Hand nahm. Nur die Hast, mit der die letztere geführt wurde, zeugte von der außerordentlichen Reizbarkeit, welche sich der Nerven allmählich bemächtigt hatte. Seine früher so schöne und gefällige Hand=schrift wurde dadurch allmählich für fremde Augen fast unleser=lich, obwohl sie, wenn er es über sich gewann, einmal lang=samer zu schreiben, immer noch davon Zeugniß gab, daß er einst nicht ohne Grund auf die Schreibstube geholt worden war. Ebenso wuchs seine Heftigkeit im Reden. Es meldeten sich immer mehr Boten des Alters. Manche erschreckenden Erfahrungen legten die Befürchtung eines Schlaganfalles immer näher. Ein schwerer Sturz von einer steilen Treppe im Collegium, den er im Jahre 1869 erlitt, scheint schon eine derartige Veranlassung gehabt zu haben. Ruhe wäre dringend geboten gewesen, und die konnte er nur bekommen, wenn er sich ganz vom Amte loslöste. Aber davon sprach man ihm vergebens; er hoffte vielmehr, darin solle ihn der Tod einmal finden. Denn es beherrschte ihn das Gefühl, daß die Alten dem nachwachsenden Geschlecht auch ein Zeugniß schuldig seien, daß sie ihren Beruf höher, begeisterter und selbstloser aufgefaßt hätten, als die eigennützigere und weniger ideale Gegenwart. Je mehr die Reihen dieser Alten gelichtet wurden, um so mehr wollte er ausharren. Aber Labung war es ihm, auf die hinzusehen, die er als Gesinnungsgenossen aus seiner Zeit noch wirken sah. Als im Jahre 1869 Schulrath Elsperger in Ansbach sein fünfzigjähriges Jubiläum feierte, hat er es sich nicht nehmen lassen, die Gratulationsschrift des Sct. Anna-Gymnasiums selbst zu verfassen. So fügte es sich, daß die letzte Schrift, die er drucken ließ, an den nämlichen Ort und zu dem nämlichen Zweck und wieder an einen Rector des dortigen Gymnasiums sich richtete, wie seine erste, die Gratulationsschrift für Rector Schäfer. Es will mir dieses zufällige Zusammentreffen wie ein Sinnbild vorkommen von der Einheit eines Geisteslebens, dessen Ziel mit dem Ausgangspunkte sich wieder zusammenschloß, um ein harmonisches Bild darzustellen.

Es war ihm Stärkung und hohe Freude, daß er auch außerhalb des Berufs am Abend seines Lebens noch die Hoffnungen seiner Jugend sich erfüllen sehen durfte. Mit Dank gegen Gott hat er die große Zeit unserer nationalen Wiedergeburt durchlebt. Die Jahre 1866 und 1870 haben zwar in allen Kreisen eine durchschlagende Wirkung geübt; das Nationalbewußtsein ist in erfreulichster Weise erwacht; es ist seitdem der Patriotismus sogar etwas so Wohlfeiles geworden, daß einem wohl bangen kann, ob die künftige Generation noch genug erkennen und schätzen wird, was für ein theures Gut ein Vaterland ist. Für diejenigen, welche einst den tiefen Fall erlebt, allzu freudig das Morgenroth begrüßt haben, schwer enttäuscht worden sind, lange Jahre geharrt und gehofft haben, hatten sie mehr zu bedeuten. Obwohl mein Vater sich seit 1848 von jeder politischen Thätigkeit fern gehalten hat, fand doch, was draußen vorgieng, in seinem Herzen den lautesten Widerhall. Er gehörte unter diejenigen, in Süddeutschland damals nicht allzu zahlreichen, Patrioten, welche aus dem Kanonendonner von Königsgrätz das Glockengeläute einer neuen und großen Zeit heraushörten, weil sie rechtzeitig erkannten, daß Preußen zum Heile Deutschlands das Schwert zog, so schmerzlich für ihn auch der Gedanke war, daß der Staat, dem er sein Leben lang treu gedient hatte, damals die Waffen gegen Preußen trug. Für ihn wachten alle Erinnerungen der Jugendzeit mit erneuter Lebendigkeit auf; seine Wiege war ja in einem Städtchen des damaligen Königreichs Preußen gestanden. Die Katastrophe von Jena hatte schon in seiner Kindheit dieser Periode auch für die Markgrafschaft Ansbach ihren traurigen Abschluß gegeben. Aber die Erwachsenen lebten noch lange fort in diesen Traditionen, und mit ihren Gedanken war in den Freiheits= kriegen auch der Blick des Knaben hinübergeschweift auf die Schaaren, die Blücher's Heldengestalt bei Leipzig und Waterloo führte, und bewundernd hieng er immer an Scharnhorst, Gnei= senau, York und dem herrlichen Freiherrn von Stein. Zwar hatte ihn selbst die Neugestaltung der staatlichen Verhältnisse in den Dienst eines anderen Staatswesens gestellt, und mit der Treue und Gewissenhaftigkeit, welche der Grundzug seines Cha= rakters war, hat er die Pflichten gegen sein neues Vaterland Bayern stets erfüllt und ist ihm in aufrichtiger Anhänglichkeit zugethan gewesen. Aber daß die nationale Erneuerung Deutsch= lands von Preußen kommen müsse, das war ihm sein Leben lang unwandelbare Ueberzeugung gewesen. Was Wunder, daß sein Herz freudig schlug, als der Heldengreis, der als jüngster Prinz noch im letzten Ansbacher Staatshandbuch, das erschienen ist, steht, die Namen Gravelotte, Sedan, Paris mit lorbeer= umkränzter Schrift in die Tafeln der Geschichte einschrieb, und von Versailles her die Freudenbotschaft kam: das Haus Hohen= zollern gab Deutschland einen Kaiser; wir haben wieder ein deutsches Reich.

Unter dem Eindruck dieser Ereignisse hat er auch seine Heimat zum letzten Mal wieder gesehen. Es war im Sommer 1871, nach der letzten Visitation, die er an der Oettinger Lateinschule vorgenommen hat. Von dem Hause, wo er geboren war, hat er meine Schwester und mich noch einmal hingeführt vor das ärmliche Häuschen, das seine Großmutter bewohnt hatte, — sein „Fraale", wie man in Wassertrübingen sagt, — der er immer ein besonderes Andenken bewahrt hat. Dann gieng es zu den Gräbern der Großeltern zum letzten Abschied. Als wir dann draußen auf dem Bahnhof die Ankunft des Eisenbahnzugs erwarteten, befanden wir uns unter Soldaten, die eben vom Feldzug heimkehrten. Es waren keine Preußen, wie die, mit welchen soeben die Erinnerung an seine Kinderjahre die Straßen des Städtchens belebt hatte, sondern bayrische; aber eine höhere Einheit hatte die Unterschiede bereits verwischt und ausgeglichen: es waren deutsche Kämpfer aus dem glorreichen deutschen Krieg. So klang auch in die Wehmuth des letzten Besuchs etwas von der Erfüllungsfreude der Gegenwart und der stolzen Hoffnung der Zukunft hinein.

Als ich damals mit ihm durch Wassertrübingen gieng, konnte ich mir nicht verhehlen, daß diese schwanken Schritte, die mir an dem heißen Sommertag die Befürchtung eines Schlaganfalles sehr nahe legten, seine letzten in der Vaterstadt sein würden. Er fühlte es wohl selbst, obwohl er sich nicht darüber aussprach. Immer zahlreicher wurden die Mahnungen, daß seine Zeit zur Neige gieng. Seinen treuen Jugendfreund Mayer hatte er zu Grabe geleitet; nun war mitten in dem allgemeinen Siegesjubel während des Krieges ein anderer, noch viel schmerzlicherer Schlag auf sein Haupt gefallen, der um so weher that, als man ihn schon lange kommen sah. Mein ältester Bruder, der nach fast fünfzehnjähriger Dienstzeit als Studienlehrer bei Sct. Anna endlich im Jahre 1867 die längst verdiente Beförderung zum Gymnasialprofessor erhalten hatte, begann bald darauf an einem unheilbaren Herzleiden hinzusiechen. Er war des Vaters

Stütze in manchen Dingen gewesen, der gerechte Freude haben durfte an der Achtung, die sein ältester Sohn in weiteren Kreisen genoß. Schon schwer leidend hatte er sich noch in der letzten Zeit durch seine aufopferungsvolle Thätigkeit als Vorstand des Kreishilfsvereins von Schwaben und Neuburg ausgezeichnet und sogar noch wenige Wochen vor seinem Ende einen Hilfszug nach Frankreich begleitet. Bald nach seiner Rückkehr entblätterte der Todeshauch des November den jungen Stamm. Noch blutete die frische Wunde; da raubte der Tod auch einen treuen Freund unserer Familie, dem der Vater einst bei dem Hingang unserer Mutter die Vormundschaft über die noch minderjährigen seiner Kinder in die Hand gelegt hatte. Das Hinscheiden des biedern Collegen Greiff ergriff ihn tief und war wieder eine starke Mahnung, sich selbst fertig zu machen. Stärker noch pochte der Allbezwinger an, indem er ihn selber die Vergänglichkeit des Körpers fühlen ließ. Mühsam sich hinschleppend kam er an heißem Sommertage aus dem Garten herauf und erzählte meinen erschrockenen Schwestern, er sei lange auf einem Stuhle gesessen und wisse nicht, wie ihm zu Muthe gewesen sei: „mir war immer, als müßte mich ein Schlag treffen", — und es scheint das wirklich der Fall gewesen zu sein. Und doch konnte er sich nicht von seiner Thätigkeit losmachen, sah es sogar ungern, wenn man ihm etwa in den Garten nachgieng, um ihn im Falle der Noth nicht hilflos zu lassen; man mußte die Absicht verhüllen, um ihn nicht unwillig zu machen. Immer häufiger stellten sich Leidenstage ein, wie sie das Alter im Gefolge hat, oft von der bedenklichsten Art; aber sein Wille ließ sich nicht beugen; er überwand sie. Als die Absolutorialprüfung im Jahre 1872 gehalten wurde, fand man ihn Morgens auf dem Bette sitzen, auf das er beim Ankleiden zurückgesunken war, halb gelähmt; mit Schrecken erkannten die Seinigen, was vorgegangen war; aber er ließ sich durch keine Bitten abhalten, seiner Pflicht auch da noch nachzugehen; auch der gebrochene Körper mußte ihm gehorchen. Mit Bewunderung hat mir einer seiner Col-

legen erzählt, mit welcher Frische und Sicherheit er den ganzen
Vormittag examiniert habe, obwohl er nur mit fremder Unter=
stützung das Zimmer hatte erreichen können. Dann freilich brach
die Kraft zusammen; der Arzt staunte, daß der Wille vermocht
hatte, was ärztliche Kunst nicht zu leisten im Stande ist. Nach
der Erholung der Ferien glaubte er sein Amt wieder beginnen
zu können; da gebot ihm eine höhere Hand Halt. Kaum hatte
er seinen Unterricht wieder begonnen, so warf ihn ein schmerz=
hafter und langwieriger Gürtelausschlag auf das Krankenlager.
Eine Zeitlang versuchte er noch vom Bette aus den Unterricht
fortzusetzen; dann erkannte er die Unmöglichkeit und gab den
Bitten der Seinigen nach, um den Ruhestand nachzusuchen, auf
den er längst gesetzlichen Anspruch hatte. Zwar wurde ihm die
Hoffnung damit zu nichte, daß ihn der Tod in seinem Berufe
finden sollte; aber sein Pflichtgefühl sagte ihm andererseits auch,
daß es nicht recht sei, ein Amt länger zu behalten, als man
es führen könne. Mit schwerem Herzen hat er sein Enthebungs=
gesuch geschrieben, nicht ohne Vorschläge zu machen wegen der
Neubesetzung; denn das Werk, das seine Sorge Tag und Nacht
gewesen war, blieb es auch noch über den Abschied hinaus; als
er die Bitte abgesendet hatte, wurde er ruhiger; denn er hatte
seine Pflicht gethan. Sein körperlicher Zustand hätte ihn eine
rasche Erledigung doppelt wohlthuend empfinden lassen; denn
nicht nur die Schmerzen wuchsen, sondern die Krankheit wurde
auch immer mehr zum Nervenleiden. Ueber vier Monate giengen
hin, ehe er einen Bescheid bekam. In der trübsten Stimmung
schrieb er an zwei Mitglieder des eben erst in's Leben gerufenen
obersten Schulraths, unter dessen erste Geschäfte seine Quiescie=
rung gehörte. Nun erst erfolgte eine Antwort. Was weiter
geschah, davon will ich lieber schweigen.

Er war tief bewegt, als er die Wohnung verließ, in der
er so lange gelebt hatte, und besonders fiel es ihm schwer, von
dem Raume Abschied zu nehmen, in dem unsere Mutter den
letzten Athemzug gethan hat. Da er mitten im Jahre seine

Amtswohnung verlassen mußte, wo ein passendes Unterkommen nicht zu finden war, sah er sich genöthigt, sich mit den Erspar= nissen, die er unter manchen Entbehrungen für einen andern Zweck zurückgelegt hatte, ein Haus zu kaufen. Als er die freund= lich gelegene Gartenwohnung vor der Stadt bezog, hoffte er wohl, daß die frischere Luft ihm Stärkung seiner Gesundheit bringen würde. Aber, wie sich voraussehen ließ, schwanden die Kräfte mit der Entbehrung der gewohnten Thätigkeit rasch. Nur drei Vierteljahre noch genoß er die Ruhe. Von Genießen darf ich eigentlich nicht reden; denn es war ein wehmüthiger An= blick, wenn man den einst so rüstigen Mann nun gebrochen in seinem Lehnsessel, den er bis in die hohen Jahre gemieden hatte, sitzen sah. Hier las er, und es waren bis an sein Ende die Classiker, die er in den Händen hatte, Homer, Sophocles und zuletzt Lucan. Ermüdete sein Auge, so sah er schweigend hin= über nach der seinem Fenster gegenüber liegenden Forster'schen Fabrik, in der er seine Hofmeisterzeit zugebracht hatte. Hie und da zog dann ein freundliches Lächeln über sein Gesicht und kündete, woran er dachte. Die ungeschwächte Klarheit des Geistes behielt er bis in die letzten Lebenstage. In der Osterwoche 1874 habe ich ihn zum letzten Male im Leben gesehen und ihm mit dem Bewußtsein die Hand gedrückt, daß es der Abschied für dieses Leben war. Die besondere Innigkeit seines Händedrucks sagte mir, daß er das Nämliche fühlte. Wenige Tage später erhielt ich die Todeskunde; es war der 19. April, als er sanft in das bessere Leben hinüberschlummerte. Zwei Tage später haben wir ihn in das Grab unserer lieben Mutter und unseres ältesten Bruders gesenkt. Wohl selten hat der Augsburger Gottes= acker eine größere Leichenbegleitung gesehen, als die, welche seinen von dankbaren Händen mit Blumenkränzen überschütteten Sarg zum Grabe geleitete. Eine befreundete, und in der Stille auch eine uns unbekannte Hand hatten ihn auch mit dem verdienten Lorbeer geschmückt.

Am Pfingstsonntag jenes Jahres stand ich vor dem Luther-
denkmal zu Worms. Wer kann anders als mit Andacht diese
eherne Geschichte einer großen Zeit ansehen? Man steht hier
auf dem Grundstein unseres heutigen Lebens. Da erklangen
die Glocken von dem nahen Dom, und es wurde mir immer
festlicher zu Muthe, und ich dachte daran, was mir meine Geschwister erzählten, — denn mich selbst hat eine unerwünschte
Versetzung in weite Ferne der Anwesenheit am Sterbebette meines Vaters beraubt, — wie in dem Augenblick, wo er verschieden war, die Glocken der ganzen Stadt zu läuten begannen,
um zum Gottesdienst zu laden; denn es war ein Sonntags-
morgen; und wie das so feierlich gewesen sei. Und ich schritt
hinüber in den majestätischen Dom, und der stolze Bau schien
mir noch schöner als vorhin; meine Gedanken verbanden das
Wort des bekenntnißfreudigen Mönches draußen mit dem Gefühle der Ehrfurcht, mit welcher ich die hohen Hallen betrat.
Ein Prediger stand auf der Kanzel und beclamierte und gesti-
culierte, und eine sogenannte andächtige Zuhörerschaft sah hinauf
oder plauderte, und es strömten Menschen ab und zu. Da über-
lief es mich kalt, und ich flüchtete mich wieder hinaus in den
hellen Sonnenschein zu dem ehernen Manne, der mir schon von
weitem zurief: „Das Wort sie sollen lassen stan und kein
Dank dazu haben.“ Und ich schritt wieder herum bei den hehren
Gestalten; jede hatte etwas Erhebendes; und doch zog es mich
vornehmlich und immer wieder von neuem hin zu dem milden
Magister, der uns Lehrern vor allem die Bahn geöffnet hat, in
der wir wirken. Ich gedachte des 19. April 1860, wo mich eine
besondere Fügung der Umstände auf die Kanzel eines mittel-
fränkischen Städtchens geführt hat, ihm die Gedächtnißrede bei
der dritten Säcularfeier seines Todes zu halten. Und wieder
war es ein 19. April, — er lag noch so nahe hinter mir! —
da schlief ein anderer ein, der mir der Nächste im Leben war.
Was siehst du mich so freundlich an, ehrwürdiger Praeceptor
Germaniae? „Das war mein echter Jünger“, hörte ich ihn

sagen, und die Siegesfreude, mit der das eherne Bild, die Re=
präsentantin meiner Vaterstadt, zu Melanchthon herüberblickt,
kam mir vor wie das Zeugniß eines guten Gewissens, daß man
dort das Vermächtniß der Reformatoren wohl gewahrt habe,
und ihre Palme, wie wenn sie ihr Melanchthon jetzt eben ge=
geben hätte in einem höhern Auftrage. Da habe ich den Ge=
danken gefaßt: ich will das Bild meines Vaters zu entwerfen
versuchen. Ob es getroffen ist, mögen die entscheiden, die ihn
gekannt haben; ich hoffe es. —

Als einst Hieronymus Wolf's dankbare Schüler ihren
Lehrer in die Gruft senkten, schrieben sie auf seinen Stein die
Worte Theocrit's: τοῖς παισὶν εἶπε χρήσιμα· μεγάλη χάρις αὐτῷ.
Sie sind mir oft eingefallen, während ich das Vorstehende nieder=
schrieb. So mögen sie denn auch auf diesem Blatt zu deinem
Gedächtniß stehen, lieber Vater; schlafe wohl!

Druck der C. H. Beck'schen Buchdruckerei in Nördlingen.